Rita Laura Segato

Femizid

UNRAST

Rita Laura Segato

Femizid

Frauenkörper als Territorium des Krieges

Aus dem Spanischen übersetzt
und mit einem Glossar versehen
von Sandra Schmidt

UNRAST

Bibliografische Information der Deutschen Bibliothek
Die Deutsche Bibliothek verzeichnet diese Publikation in der Deutschen Nationalbibliografie; detaillierte bibliografische Daten sind im Internet über http://dnb.de abrufbar.

Rita Laura Segato: Femizid
1. Auflage, Juni 2022
ISBN 978-3-89771-338-3

www.unrast-verlag.de – kontakt@unrast-verlag.de
Mitglied in der assoziation Linker Verlage (aLiVe)

Umschlag: UNRAST Verlag, Münster
unter Verwendung eines Fotos von © Jetmir Idrizi von der Kunstinstallation *Thinking of You* von © Alketa Xhafa Mripa, KS, 2015, mit freundlicher Genehmigung der Künstlerin.
Satz: UNRAST Verlag, Münster
Druck: Multiprint, Kostinbrod

Inhalt

Ich widme dieses Buch meinen Schüler:innen und Mitarbeiter:innen der vergangenen Jahre; im Dialog mit und der bereichernden Gesellschaft von ihnen habe ich es geschrieben: Aída Esther Bueno Sarduy, Paulina Alvarez, Marcelo Tadvald, Livia Vitenti, Elaine Moreira, Vicenzo Lauriola, Luciana Santos, Cesar Baldi, Luciana Oliveira, Larissa da Silva Araujo, Mariana Holanda, Daniela Gontijo, Wanderson Flor do Nascimento, Elisa Matos, Juliana Watson, Saúl Hernández, Aline Guedes, Irina Bacci, Priscila Godoy, Vanessa Rodrigues, Tarsila Flores, Nailah Veleci, Ariadne Oliveira, Lourival de Carvalho, Douglas Fernandes, Larissa Vieira Patrocinio de Araújo, Paulo Victor Silva Pacheco y Alejandra Rocío del Bello Urrego. Mit ihnen gemeinsam habe ich gelernt, sie haben mich inspiriert und sie haben Hoffnung geweckt und genährt.

Vorwort zur zweiten Auflage von 2018

Die vorliegende zweite Auflage ist um zwei Kapitel erweitert, die ich 2017 und 2018 geschrieben habe. Das erste – »Von einem anti-punitivistischen Feminismus zu einem feministischen Anti-Punitivismus« – verbindet das anti-punitivistische Argument, das ich in einer öffentlichen Anhörung vor dem argentinischen Senat dargelegt habe, mit dem feministischen Argument, das die Grenzen der juristischen Ausbildung aufzeigt und erweitert. Dieses Kapitel fügt dem Buch somit eine kritische Reflexion über zwei Bestrebungen auf dem Feld des Rechts hinzu – der punitivistischen und der anti-punitivistischen –, um der Genderproblematik und der daraus entstehenden Gewalt, die sich auf unserem Kontinent maßlos ausbreitet, Grenzen zu setzen.

Der erste Teil des Kapitels reagiert auf den Versuch, uns Frauen unterzujubeln, wir trügen als Opfer sexueller und femizidaler Gewalt die Last und Verantwortung, ein Regierungsprojekt zu unterstützen, dessen Ziel es ist, die ›Konzentrationslager‹ für Arme und *Nichtweiße**, die man Gefängnisse nennt, auszuweiten. Die Verdopplung eines Übels war noch nie eine richtige Antwort. Die einzige Lösung liegt im Verständnis des Ursprungs des Übels. Ohne zu verstehen, ist es unmöglich, effektiv zu handeln. Den Vorsatz, der tatsächlichen Katastrophe der Geschlechter, die uns zu zerstören droht, Einhalt zu gebieten, werden wir ohne ausführliche und profunde Analysen nicht einlösen können.

Im zweiten Teil des Kapitels ist meine Antwort auf den am 18. Mai 2017 in *Página/12* erschienenen Artikel von Eugenio Raúl Zaffaroni über das, was er als »Epidemie der Femizide**« bezeichnet, abgedruckt. Dazu habe ich mich entschieden, weil er darin eine er-

---

* Anm.d.Ü.: Es handelt sich bei den Begriffen *schwarz/weiß/nichtweiß* um Zuschreibungen entlang des Konstrukts von *Raza,* sie werden daher in dieser Übersetzung kursiviert, s. Glossar.

** Anm.d.Ü.: Rita Segato benutzt die Begriffe Femizid und Feminizid – in Abgrenzung zu Femigenozid – synonym. Mit ihrem Einverständnis wird hier durchgängig der Begriff Femizid verwendet.

staunliche Oberflächlichkeit an den Tag legt, die öffentlichen Widerspruch und Korrekturen zwingend erforderlich machen. Hierzu ist anzumerken, dass das, was der angesehene Richter über Femizide sagt, in einem krassen Missverhältnis zum Scharfsinn und der Präzision steht, die ihn charakterisieren, wenn er die Selektivität der Justiz in Sachen Klasse und *Raza** verhandelt (Zaffaroni 1993, 2006). Wenn er allerdings über Femizid, Sexualverbrechen und geschlechtsspezifische Verbrechen schreibt, bleibt Zaffaroni im gemeinen Menschenverstand verhaftet. Deshalb dient mir meine Kritik an ihm auch dazu, meine eigenen Positionen zu diesem Thema klarer zu formulieren – wenn auch mittlerweile nicht ohne eine gewisse Ungeduld. Die Auseinandersetzung und das intensive Gespräch tragen dazu bei, mit größerer Klarheit zu denken, und sie erfordern die Verfeinerung des eigenen Vokabulars.

Ebenfalls neu in dieser zweiten Auflage ist das abschließende neunte Kapitel: »Zum Abschluss: Ein Leitfaden für die Lektüre geschlechtsspezifischer Gewalt in unseren Tagen«. Darin entwickle und gliedere ich jene Kategorien, die die Grundlage des analytischen Modells meiner gesamten Arbeit bilden. Dieser kurze Text ist somit ein Abriss der Grundfragen, mit denen ich geschlechtsspezifische Gewalt in den vergangenen 25 Jahren untersucht habe.

---

* Anm. d. Ü.: *Raza*, dt. ›Rasse‹; zum Konzept und der Beibehaltung des spanischen Originals in dieser Übersetzung s. Glossar.

Einleitung[1]

Erstes Thema: Die zentrale Bedeutung der Geschlechterfrage

Während ich an der Endredaktion dieses Buches arbeite, das Texte und Vorträge aus dem vergangenen Jahrzehnt (2006-2016) vereint, überkommt mich ein Gefühl offenen Staunens. Trotz all dem, was ich in diesen Texten bekräftige, kann ich gar nicht aufhören, mich darüber zu wundern, dass die jüngsten Manöver der Macht in den Ländern Amerikas – mit ihrer konservativen Rückkehr zu einem moralischen Diskurs als Pfeiler antidemokratischer Politik – unwiderruflich genau jenen Interpretationsvorschlag belegen, der dieses Buch durchzieht und seine thematische Klammer bildet; und zwar durch ihre familistischen und patriarchalen Feldzüge in den verschiedenen Strategien dieser Manöver. Man betrachte nur das Jahr 2016: Macri in Argentinien, Temer in Brasilien, das ›Nein‹ der Uribe-Anhänger und Unternehmer zum Friedensvertrag in Kolumbien, der Verlust bürgerlicher Rechte in Mexiko oder Trump in den Vereinigten Staaten. Der auf dem ganzen Kontinent entfesselte Druck, das, was sie übereinstimmend als ›Gender-Ideologie‹[2] bezeichnen, zu dämonisieren und wieder strafbar zu machen, sowie die betonte Verteidigung des Ideals der Familie als unbedingtem Rechtssubjekt verwandelt die Wortführer des historischen Projekts des Kapitals tatsächlich in Belege für genau das, was ich beschrieben habe: Weit entfernt davon, nur ein Rest, also minoritär und marginal zu sein, ist die Geschlechterfrage Fundament und Achse der Architektur aller Macht. Brasilien ist das Land, in dem die Bedeutung des moralischen Diskurses der Poli-

1 Ich danke Gustavo Augusto Gomes de Moura und Noemí Pérez Axilda für die aufmerksame Lektüre und ihre Hinweise, die diese Einleitung verbessert haben.

2 Für eine erhellende Geschichte darüber, wie die Formulierung der Kategorie der ›Gender-Ideologie‹ zustande kam, siehe Maria das Dores Campos Machado (Machado 2016). Dort wird z.B. aufgedeckt, dass das Konzept als Titel eines Buches von Jorge Scala, einem konservativen argentinischen Katholiken, im Jahr 2010 veröffentlicht wird. Das Buch wurde 2011 ins Portugiesische übersetzt.

tik der Eigentümer am offensichtlichsten zu Tage tritt: So vollzog sich die Amtsenthebung – das *impeachment* – der gewählten Präsidentin im Kongress der Nation mehrheitlich mit Stimmen, die ihr Votum öffentlich »im Namen Gottes« oder »Jesu« oder für den »Wert der Familie« proklamierten. Es sind exakt unsere historischen Gegenspieler, die gerade die zentrale These dieses Buches belegen, indem sie die Dämonisierung der ›Gender-Ideologie‹ als Speerspitze ihres Diskurses installieren.

Ich spreche von der ›konservativen Rückkehr zum moralischen Diskurs‹, weil sich hier mit Blick auf den bürgerlichen Diskurs der Ära nach dem Kalten Krieg ein Rückschritt manifestiert. Letzterer zeichnete sich durch einen ›inhaltsleeren Multikulturalismus‹ aus, der – wie ich an anderer Stelle dargelegt habe – den antisystemischen Diskurs der vorangegangenen politischen Phase abgelöst hat, und zwar durch einen inklusiven Menschenrechtsdiskurs während der Konstruktion der lateinamerikanischen post-diktatorischen ›Demokratien‹ (Segato 2007). Aktuell stellt sich daher folgende Frage: Aus welchem Motiv und auf der Basis welcher Belege sind die *Think-Tanks* des geopolitischen Nordens zu dem Schluss gekommen, dass die aktuelle Phase eine Richtungsänderung erfordert? Im vergangenen Jahrzehnt hatten sie noch einen Multikulturalismus propagiert, der die Herausbildung minoritärer Eliten – von *Schwarzen*, von Frauen, von Hispanics, von LGBTs etc. – zum Ziel hatte, allerdings ohne die Prozesse der Produktion von Reichtum oder die Muster von Akkumulation und Konzentration zu modifizieren, das heißt, ohne die wachsende Schere zwischen Armen und Reichen in der Welt zu verändern. Mit anderen Worten: Wenn die harmlose Dekade der ›multikulturellen Demokratie‹ die kapitalistische Maschinerie nicht beeinflusst, sondern vielmehr neue Eliten und neue Konsument:innen produziert hat, warum ist es dann jetzt notwendig, sie zu beenden und eine neue Phase eines christlichen familistischen Moralismus auszurufen, der der Kriegstreiberei von monotheistischen Fundamentalisten aus anderen Gegenden der Welt verdächtig ähnelt? Vermutlich deshalb, weil dieser Multikulturalismus zwar nicht die Grundlagen der kapitalistischen Akkumulation beschädigt hat, aber drohte, das Fundament der Geschlechterverhältnisse ins Wanken zu bringen. Und unsere Gegenspieler im historischen Projekt haben entdeckt, und das früher als viele von uns, dass das Patriarchat – aufgrund seiner grundlegenden historischen Tiefe und der konstanten Aktualisierung seiner Struktur – die Stütze, das Fundament und die Pädagogik ›aller Macht‹ ist.

Für mich als Anthropologin, mit ethnografischem Hinhören als meinem Werkzeugkasten, ist dieses Buch eine Ethnografie der Macht in seiner begründenden und dauerhaften Form – und das heißt: eine Ethnografie des Patriarchats. Hier tritt das Mandat der Männlichkeit als erste und dauerhafte Pädagogik der Wertenteignung und der daraus folgenden Beherrschung zutage. Doch wie kann man die Macht – mit ihrer klassischen Strategie eines unter Gleichen beschlossenen Paktes des Schweigens ethnografieren, der in seinen verschiedenen Szenarien – patriarchal, *rassial*, imperial, großstädtisch – nur allzu selten gebrochen wird? Wir können diese Macht nur anhand der Regelmäßigkeit einiger ihrer Effekte begreifen, die und bei der Entzifferung dessen, wohin ihr historisches Projekt führt, eine gewisse Orientierung bieten (Segato 2015a). Die patriarchale Gewalt, das heißt die misogyne und homophobe Gewalt der entwickelten Spätmoderne – also unserer Ära der Menschenrechte und der *Vereinten Nationen* – erweist sich als präzises Symptom. Denn die Gewalt breitet sich trotz der großen Erfolge, die auf dem Papier erreicht worden sind, ungebremst aus. Und in ihr manifestiert sich auf perfekte Art und Weise, nämlich in makelloser und klar lesbarer Schrift, die wachsende Willkür einer Welt, die durch ›Eigentümerschaft‹* markiert ist. Es handelt sich um eine neue Form des herrschaftlichen Besitzstandes, einer Lordschaft vergleichbar, die aus der beschleunigten Konzentration und Ausweitung von Sphären der Kontrolle über das Leben resultiert, die ich ohne Zögern als ›parastaatlich‹ beschreiben würde. Auf die Gründe dafür werde ich insbesondere im zweiten Kapitel des Buches eingehen. In diesen Verbrechen artikuliert das Kapital in seiner gegenwärtigen Form die Existenz einer auf Willkür basierenden Ordnung, indem es ein Schauspiel der Möglichkeit einer Existenz ohne institutionelle Grammatik

---

* Anm. d. Ü.: Im Orig.: dueñidad; Neologismus abgeleitet von el dueño, Eigentümer, Besitzer, folgend als ›Eigentümerschaft‹ übersetzt.

aufführt. Oder, anders formuliert, ein Schauspiel des institutionellen Versagens, das angesichts der beispiellosen Konzentration von Reichtum unvermeidbar ist. Betrachtet man das Tempo, in dem in dieser Phase des Kapitals die Konzentration von Reichtum voranschreitet, dann reicht es nicht mehr aus, von ›Ungleichheit‹ zu sprechen, wie wir es im militanten Diskurs der antisystemischen Phase während des Kalten Kriegs getan haben. Denn, so argumentiere ich im dritten Kapitel, das heutige Problem ist eines der ›Eigentümerschaft‹ bzw. des herrschaftlichen Besitzes.

Nach der Phase von scheinbar wirkmächtigen multikulturellen Slogans ist also nicht leicht zu verstehen, warum es für das historische Projekt dieser ›Eigentümer‹ so wichtig – wie es scheint: geradezu unvermeidbar – ist, in der Gesellschaft wieder einen militanten patriarchalen Fanatismus zu predigen und neu zu etablieren. Ein Fanatismus, von dem es schien, er sei für immer Vergangenheit. In Lateinamerika ist der Ausdruck ›Gender-Ideologie‹ vor Kurzem als Kategorie der Anklage aufgetaucht. In Brasilien sogar im Kontext eines nationalen Gesetzesentwurfs mit dem Titel »Unparteiische Schule«, das im Nationalkongress noch abgestimmt werden muss, aber bereits in einigen Bundesstaaten (so zum Beispiel in Alagoas) Anwendung findet. In diesem Gesetz verbietet der einzige Paragraf des ersten Artikels in der schulischen Ausbildung die »Anwendung von Postulaten der Gender-Theorie oder Gender-Ideologie« sowie von »jeder Handlung, die den Reifeprozess und die Entwicklung der Persönlichkeit in Harmonie mit ihrer entsprechenden biologischen Geschlechtsidentität beeinträchtigt, ihr vorgreift, oder sie lenkt«. Die enormen Anstrengungen auf dem Feld des ›Geschlechts‹ seitens der neuen Rechten, – repräsentiert durch die konservativsten Fraktionen aller Kirchen, die ihrerseits wiederum Repräsentanten des hartnäckigen extraktivistischen Unternehmertums sind, das im Agro-Business und dem Bergbau agiert –, ist mindestens rätselhaft. Was beabsichtigt man mit einer derartigen Überwachung des Gehorsams gegenüber der konservativen Geschlechtermoral? Worauf zielt diese Strategie ab? Nach einer Situation, in der ich selbst als Konferenzteilnehmerin in der *Pontificia Universidad Católica* in Minas Gerais von einer Gruppe ultrarechter in Spanien ansässiger Katholiken angegriffen und bedroht worden bin[3], habe ich plötzlich mit Schrecken begriffen, dass der brutale Stil und der Geist der Argumente etwas ähnelte, das ich bereits kannte: Er erinnerte mich nämlich – mit Blick auf die Position der Frau – an die Überwachung und die Gier nach Verfolgung im islamischen Fundamentalismus. Diesen habe ich an anderer Stelle als die am stärksten verwestlichte Version des Islam bezeichnet, und zwar, weil er eine Reaktion ist, nämlich eine aus dem Westen abgeleitete Version einer Nachahmung des identitätsbezogenen und *rassialisierenden* Essentialismus der westlichen Moderne (Segato 2008).

Folglich habe ich mich gefragt, ob wir hier vielleicht dem Versuch beiwohnen, unter uns den Keim eines religiösen Krieges zu säen und zu verbreiten, der jenem ähnelt, der dabei ist, den Nahen und Mittleren Osten zu zerstören. Und das exakt in Zeiten, in denen – wie ich im zweiten Kapitel erläutere – der politische und wirtschaftliche Verfall des Imperiums den Krieg zu seinem einzigen Bereich unangefochtener Überlegenheit macht.

Zweites Thema: Patriarchale Pädagogik, Grausamkeit und der gegenwärtige Krieg

Im vorliegenden Buch bleibe ich meinen ursprünglichen Formulierungen zu Geschlecht und Gewalt treu (Segato 2013). Erstens: Der Ausdruck ›sexuelle Gewalt‹ führt in die Irre, denn obschon der Angriff *mit sexuellen Mitteln* ausgeführt wird, ist sein Zweck nicht die Ordnung des Sexuellen, sondern die Ordnung der Macht. Zweitens: Es handelt sich nicht um Angriffe, deren Ursprung in einem libidinösen Trieb liegt, im Sinne eines Verlangens nach sexueller Befriedigung. Vielmehr richtet sich die Libido hier auf die Macht und ein Mandat unter Gleichen bzw. in der Bruderschaft, das einen Beleg für die Gruppenzugehörigkeit einfordert. Drittens: Was die Zugehörigkeit zu dieser Gruppe bestätigt, ist ein Tribut, der in Form einer

3 Siehe https://www.infocatolica.com/?t=noticia&cod=26336 zuletzt abgerufen am 23.11.2016 [15.03.2022].

Abgabe von der weiblichen Position auf die männliche Position übergeht, die sich als Resultat dieses Prozesses konstituiert. Viertens: Die funktionale, hierarchisch aufgebaute Struktur, die aus dem Mandat der Männlichkeit hervorgeht, ist analog zur Struktur einer mafiösen Vereinigung. Fünftens: Mittels dieser Form der Gewalt drückt sich die Macht aus, sie stellt sich zur Schau und sie konsolidiert sich auf grausame Art und Weise vor den Augen der Öffentlichkeit. Das bedeutet, es handelt sich um eine expressive Art der Gewalt, nicht um eine instrumentelle.

Trotz der gesamten jüngeren Debatte über dieses Thema bleibt meine Überzeugung, dass das Patriarchat, bzw. ein auf Ungleichheit basierendes Verhältnis der Geschlechter, die archaischste und dauerhafteste politische Struktur in der Geschichte der Menschheit ist. Diese Struktur, die das Verhältnis zwischen Positionen in jeder differenzierten Konfiguration von Ansehen und Macht formt, geht – obschon sie durch den Prozess der Conquista und die Kolonisierung eingehegt, radikal verschärft und in eine Ordnung extremer Tödlichkeit verwandelt wird – gleichwohl als einfache Hierarchie und in einem Patriarchat geringer Intensität oder geringer Auswirkung der kolonial-modernen Ära voraus. Der Ausdruck patriarchal-koloniale Moderne beschreibt zutreffend das Vorzugsrecht des Patriarchats als dem Aneigner des Körpers der Frau und ebenso zutreffend diesen Körper als die erste Kolonie. Die Conquista selbst wäre ohne die vorherige Existenz des Patriarchats niedriger Intensität, das die Männer dem Mandat der Männlichkeit gegenüber gefügig und somit für die Beispielhaftigkeit der siegreichen Männlichkeit empfänglich macht, unmöglich gewesen. Die Männer aus den besiegten *Pueblos** funktionieren so als das Scharnier zwischen zwei Welten: Sie sind zwischen den Loyalitäten zwiegespalten: ihren eigenen Leuten gegenüber einerseits und dem Mandat der Männlichkeit gegenüber andererseits.

Dieser Analyse zufolge ist ›Geschlecht‹ die elementare historische Form oder Konfiguration jeder Macht zwischen Menschen und damit auch jeder Gewalt, denn jede Macht ist das Ergebnis einer unvermeidlich gewaltvollen Enteignung. Genau aus diesem Grund wird

* Anm. d. Ü.: Dt.: Völker; zur Beibehaltung des Originals s. Glossar.

die Demontage dieser Struktur die Möglichkeitsbedingung für jeden Prozess sein, der imstande ist, die Geschichte im Sinne einer ›Ethik der Unzufriedenheit‹ neu auszurichten (Segato 2006). Ich habe dieses archaische Gebilde, von sehr langsamer, aber vollständig historischer Zeit an anderer Stelle mit dem Begriff ›patriarchale Vorgeschichte der Menschheit‹ umschrieben (Segato 2013). Meine Überzeugung der Vorgängigkeit und der Universalität wird durch die Beobachtung gestützt, dass es eine weltweit verbreitete mythische Formel gibt, die einen zweifellos historischen Moment nacherzählt. Wäre sie nicht historisch, würde es sie heute nicht im Form einer Erzählung geben. In ihr wird die Frau besiegt, beherrscht und diszipliniert, das heißt, in einer Position der Unterordnung und des Gehorsams verortet. Nicht nur die biblische Erzählung der *Genesis*, sondern eine Vielzahl ursprünglicher Mythen aus verschiedenen *Pueblos* erzählen diese gleiche, wiedererkennbare Geschichte. Im Fall von Adam und Eva führt der Akt des Verzehrs des Apfels für beide zum Verlust ihres paradiesischen Spielplatzes voller ungeregelter Vergnügungen und einer inzestuösen Brüderlichkeit, und bestraft beide ... indem sie verheiratet werden. Es sind Mythen, die über alle Kontinente verstreut vorhanden sind: bei den Xerente, den Ona, den Baruya, den Massai etc.; bis hin zur Aussage Lacans über einen Phallus, der weiblich ist, den aber der Mann »hält«. Im mythischen Sinne verstanden, erzählen sie alle von einem Gründungsmoment aus einer sehr frühen Zeit (Segato 2013). Es könnte sich um den Übergang zur Menschheit handeln, den Moment, in dem sie noch eins ist, vor der Zerstückelung in Abstammungslinien und der Bildung von *Pueblos*. Um jene Phase also, in der die muskuläre Vorrangstellung der Männchen in die politische Vorrangstellung der Männer verwandelt wurde, und zwar in einem langen Übergang von einem Programm der Natur in ein Programm der Zivilisation, also einem historischen Programm. Über die Zeit hat sich das, was eine historische Erzählung hätte sein können, zu einem Mythos verdichtet.

Das führt zu dem Gedanken, dass kein bedeutsamer Wandel der Gesellschaftsstruktur möglich scheint, solange wir das patriarchale Fundament nicht demontieren, auf dem alle Ungleichheiten und Werteteignungen basieren, aus denen wiederum alle Formen der

Macht konstruiert sind – die ökonomische, die politische, die intellektuelle, die künstlerische etc. Und auch nicht, solange wir keinen definitiven Riss in das harte kristallartige Gebilde schlagen, dass von Beginn der Zeiten an die patriarchale Vorgeschichte der Menschheit stabilisiert hat. Und dieser Wandel scheint auch deshalb unerreichbar, weil er noch nie möglich gewesen ist. Somit wird jetzt wie nie zuvor das Drama und die Dringlichkeit des Geschlechterverhältnisses und seiner Struktur offenbar, die bis heute nichts Anderes als die im Ausgang der Geschichte fundierte patriarchale Ordnung ist – und das trotz all der Anstrengungen auf dem rechtlich-institutionellen Feld der Moderne. Das führt uns zum Thema des kolonialen Wandels dieser Struktur, und bis in die Gegenwart zur Frage der andauernden Kolonialität der republikanischen *Criollo**-Staaten auf unserem Kontinent.

Mit dem Prozess der Conquista und der Kolonisierung vollzieht sich eine Wende bzw. ein Anziehen der Schrauben, was das originäre hierarchische Muster verschärft. Auf diesen Prozess werde ich vor allem im vierten Kapitel des Buches eingehen. Aus *einem* Mann, mit seinen Aufgaben und seinen besonderen Räumen in der Stammeswelt ist *der* Mann geworden, das Synonym und Paradigma der Menschheit in der kolonial-modernen öffentlichen Sphäre.** Ich übernehme den Ausdruck ›modern‹ mit dem vorgesetzten Begriff ›kolonial‹, um die Notwendigkeit des ›amerikanischen‹ Ereignisses als Möglichkeitsbedingung der Moderne wie auch des Kapitalismus auszudrücken. Hierin folge ich der dekolonialen Wende, die Aníbal Quijano in das historische und soziologische Bewusstsein eingebracht hat (Segato 2015a). Ausgehend von diesem historischen Wandel der Geschlechterstruktur ist dies der Moment, in dem das männliche Subjekt das Modell des Menschlichen schlechthin und das Subjekt der paradigmatischen Äußerung in der öffentlichen Sphäre geworden ist – und das bedeutet, von allem, was mit Politizität, allgemeinem Interesse und universellem Wert ausgestattet ist. Gleichzeitig werden

* Anm. d. Ü.: Dt.: kreolisch; zur Beibehaltung des span. Originals s. Glossar.

**Anm. d. Ü.: Im Orig.: »El hombre con minúscula, [...] se transforma en el Hombre con mayúscula«. Das spanische hombre bedeutet gleichermaßen Mann und Mensch.

dem Raum der Frauen, also allem, was mit dem häuslichen Bereich zusammenhängt, seine spezifische Politizität und die inkorporierten Bindungen, die er im Leben der Kommunität* innehatte, genommen. So verwandelt sich dieser Raum in den Rand und den Rest der Politik. Der häusliche Raum wird dadurch mit den Attributen des Intimen und Privaten versehen, die er vorher nicht kannte, und aus dieser Verschiebung resultiert, dass das Leben der Frauen die Zerbrechlichkeit annimmt, die wir heute kennen. Auf diese Weise hat sich die Vulnerabilität und die tödliche Verletzbarkeit herausgebildet und beide nehmen bis zum heutigen Tag immer weiter zu.

Aus diesem Blickwinkel betrachtet offenbart der Staat seine männliche DNA. Denn er resultiert aus der Transformation eines partikularen Raums der Männer und ihrer spezifischen Aufgaben – die Politik im kommunitären und interkommunitären Leben und später an der kolonialen Front und mit dem Nationalstaat – in eine allumfassende Sphäre jeglicher Realität. Eine Realität, die alles in Beschlag nimmt, was für sich in Anspruch nimmt, einen politischen Charakter zu haben, also mit Politizität ausgestattet zu sein. Diese alles umfassende ›universelle und öffentliche Sphäre‹ stammt genealogisch aus jenem partikularen Raum der Männer, der durch die Etablierung und Expansion der Kolonial-Moderne verwandelt worden ist. Die duale und auf Gegenseitigkeit basierende Matrix mutiert so zur modernen binären Matrix, in der jegliche Alterität eine Funktion des Einen ist und alles Andere durch das Sieb einer universellen Referenz passen muss.

Dieser Transformationsprozess von einem hierarchischen Verhältnis zwischen männlich und weiblich hin zu einem allumfassenden Verhältnis wird von einem Wandel auf dem Feld der Sexualität und ihrer Bedeutung begleitet. Das habe ich andernorts beschrieben (Segato 2015a) und greife es hier im dritten Kapitel nochmals auf. Die Sexualität wird mit der Welt des Unheils und der Grausamkeit kontaminiert: Es geht nicht mehr allein um die Aneignung der Körper, ihre Annexion ›qua Territorium‹, sondern um ihre ›Verurteilung‹.

* Anm. d. Ü.: Im Orig.: comunal; zum Begriffsfeld comunidad, comunitario s. Glossar

Eroberung, Ausplünderung und Vergewaltigung sind in ihrer zerstörerischen Wirkung gleichsam verstrickt und bleiben über die Phase der Republiken und bis in die Gegenwart miteinander verknüpfte Ideen. Die männliche Pädagogik und ihr Mandat werden zu einer ›Pädagogik der Grausamkeit‹, die funktional für die enteignende Begierde ist, denn die Wiederholung der gewalttätigen Szene produziert einen Normalisierungseffekt in einer Landschaft der Grausamkeit. Somit senkt sie bei den Menschen die niedrigen Schwellen der Empathie weiter ab, was für die habgierige Unternehmung unerlässlich ist. Wie hat Andy Warhol in einem seiner berühmt gewordenen Zitate formuliert: ›The more you look at the exact same thing, the more the meaning goes away, and the better and emptier you feel.‹ Die habitualisierte Grausamkeit ist direkt proportional zur Isolierung der Mitmenschen mittels ihrer Desensibilisierung.

Ebenfalls im dritten Kapitel lege ich dar, dass die auf Konzentration abzielende Beschleunigung der aktuellen apokalyptischen Phase des Kapitals die institutionelle Fiktion, die zuvor eine stabile Grammatik für das soziale Leben angeboten hatte, zu Fall bringt. Es geht um mehr als um ›Ungleichheit‹, es geht um die Idee eines ›herrschaftlichen Besitzes‹, die mit einer ›Refeudalisierung‹ von gigantischen Territorien ihre Klauen in Richtung der letzten kommunitären Räume des Planeten ausfährt. Und es ist exakt diese Vorstellung der Verletzung auf dem Feld der Sexualität, die sich in diesem Bereich als Sprache für die Pakte profitorientierter Geheimbünde anbieten wird, ein Bereich, den ich im zweiten Kapitel als ›zweite Realität‹ bezeichne. Denn diese Pakte *und* das Mandat der Männlichkeit legitimieren zwar alle anderen Formen der Herrschaft und des Missbrauchs nicht, die in ihrem Umfeld kultiviert werden und von dort aus wuchern, aber sie schützen und verdecken sie. Was ich über Ciudad Juárez gesagt habe, gilt auch für die Logik des Menschenhandels und die Einrichtung sexueller Sklaverei: In diesem finsteren und zerstörerischen Raum werden alle mafiösen Geheimnisse besiegelt, die heute den Weg der Akkumulation ebnen.

Der Menschenhandel mit dem Ziel der Sexsklaverei illustriert diese Idee, denn sein Ertrag besteht nicht allein in der Zählbarkeit des materiellen Profits, den er abwirft, sondern in dem, was er im Hinblick auf die Schweigepakte und Komplizenschaft bewirkt, die sich in seinem Schatten festigen. Dieser Menschenhandel unserer Zeit ist – wie ich im Interview im siebten Kapitel argumentiere – anderer Art als jener, der die Einwanderungsländer in den ersten Jahrzehnten des 20. Jahrhunderts verheert hat. In den miteinander verflochtenen symbolischen und materiellen Ökonomien fungiert der Körper der Frau als Brücke zwischen monetärem Gewinn und der Macht, das Hoheitsgebiet zu beherrschen. Letzteres kommt in einer moralischen Ordnung zum Ausdruck, in der der Zugang zu Sexualität den Bund unter den Eigentümern zementiert, indem ihnen garantiert wird, anderen straffrei Schaden zufügen zu können. In den ersten beiden Kapiteln des Buchs argumentiere ich, dass im Menschenhandel und bei Femiziden, die charakteristisch für die mafiöse kriegerische Ordnung und die sich über den Kontinent ausbreitende parastaatliche Sphäre sind, nicht nur die Materialität des Frauenkörpers beherrscht und gehandelt wird, sondern dieser Körper funktional für die Aufrechterhaltung des Pakts der Macht ist. Vielleicht ist es aus diesem Grunde trotz aller Bemühungen unmöglich, dieses materielle und symbolische Geschäft abzuschaffen.

Dieser Aspekt spielt zweifellos auch in den gegenwärtigen informellen Kriegen eine Rolle; ebenso wie die ›Feminisierung‹ dieser Kriege und ihr schändender Charakter – Aspekte, die verschiedene hier zitierte Autor:innen als Methoden der neuen Kriegsformen bezeichnen.

Ich habe in meinem anthropologischen Gutachten im Fall Sepur Zarco, in dem eine Gruppe von Frauen der guatemaltekischen Maya-Q'eqchi-Gemeinde häuslich und sexuell versklavt worden ist, dargelegt, wie diese ›Methode‹ der Zerstörung des sozialen Körpers durch die Schändung und Entweihung des weiblichen Körpers für den genozidalen Krieg des autoritären Staates in den achtziger Jahren eine wichtige Rolle gespielt hat (Segato 2016). Es war eine Strategie wie aus dem ›Kriegshandbuch‹, die nichts mit der hierarchischen Ordnung eines Patriarchats niedriger Intensität zu tun hatte, wie sie für die ländlich-indigenen Haushalte charakteristisch ist. Die expressive Macht der moralischen Vernichtung eines Krieges gegen den Frauenkörper und sein absichtsvoller Charakter – von Strategen wie ein

Laborexperiment vorbereitet und dann mit chirurgischer Präzision in einer Befehlskette ausgeführt – waren offensichtlich. Und dieses Vorgehen offenbart die Rolle der weiblichen Position in den repressiven und mafiösen Kriegen, die die Sphäre der parastaatlichen Kontrolle über die Menschen ausweiten.

In Zeiten funktionaler und pädagogischer Grausamkeit ist es andererseits im Körper der Frau – oder des Kindes –, wo sich die Grausamkeit als Botschaft formiert, denn in der archaischen Vorstellungswelt repräsentiert dieser Körper nicht die Position des Kriegsgegners, sondern die eines ›unschuldigen‹ Dritten innerhalb der Kriegshandlungen. Deshalb wird in ihnen, als Geopferte, die Komplizenschaft der Macht in einem Pakt besiegelt und die exhibitionistische Willkür zum Schauspiel. Angesichts des öffentlichen Charakters dieses Typs femizidaler Gewalt, bei der man nicht auf das Motiv einer Beziehungstat verweisen kann, schlage ich im fünften Kapitel den Begriff des ›Femigenozids‹ vor. Und ich möchte hinzufügen, dass wir angesichts der Intersektionalitäten, die sich aus den verschiedenen Formen der existierenden Unterdrückung und Diskriminierung ergeben, dies mit der Kategorie der ›Amefrikanität‹ der großen, früh verstorbenen afrobrasilianischen Denkerin Lélia Gonzalez kombinieren und von einem ›Amefricafemigenozid‹ sprechen könnten. Und auch die Kategorie des ›Juvenizids‹, die von Rossana Reguillo und anderen mexikanischen Autor:innen benutzt wird (Valenzuela 2015, Reguillo 2015), um den Begriff des ›Amefricajuvenifemigenozid‹ zu konstruieren. Er benennt die grausame Hinrichtung des Opfers, die nicht zweckgebunden, sondern Ausdruck einer Souveränität ist, ein Akt, in dem die Macht ihren Spielraum und die Souveränität über ihr Hoheitsgebiet zur Schau stellt.

Kurzum, die Verbrechen des Patriarchats sind Ausdruck zeitgenössischer Formen der Macht, der Willkür über das Leben seitens der Eigentümer, sowie einer permanenten verletzenden und enteignenden ›Konquistualität‹, wie ich es im dritten Kapitel bezeichne. Der Begriff scheint mir zutreffender als jener der ›Kolonialität‹, insbesondere seit ich zu dem Schluss gekommen bin – und zwar angesichts von Situationen wie dem repressiven Krieg in Guatemala, der Lage an der Pazifikküste Kolumbiens oder dem Martyrium des *Pueblos* der

Guaraní Kaiowá in Mato Grosso und anderen Gegenden des Kontinents –, dass es falsch ist, zu glauben, die Conquista sei irgendwann beendet worden.

Drittes Thema: Was die zentrale Rolle des Patriarchats als Pfeiler der Machtarchitektur verschleiert

Was die zentrale Rolle der Geschlechterverhältnisse in der Geschichte verschleiert, ist exakt der binäre Charakter der Struktur, der die öffentliche Sphäre allumfassend und totalisierend über das restliche Andere erhebt, nämlich das private und persönliche Feld. Das heißt, es ist das Verhältnis zwischen dem politischen und dem außer-politischen Leben. Dieser Binarismus definiert die Existenz eines Universums, dessen Wahrheiten mit universellem Wert und allgemeinem Interesse ausgestattet sind. Die Verkündung dieser Wahrheiten wird dabei als von einer männlichen Figur ausgehend imaginiert; und die ›Anderen‹ werden darin als mit partikularer, marginaler und minoritärer Bedeutung ausgestattet gedacht. Die unermessliche Kluft zwischen dem Universalisierten und Zentralen einerseits und dem restlichen, zur Minderheit gemachten, dem ›Minorisierten‹ andererseits, konfiguriert eine unterdrückende binäre Struktur. Und damit auch eine inhärent gewaltsame Struktur und zwar in einer Art und Weise, in der andere hierarchische Ordnungen es nicht sind. Aufgrund dieses Mechanismus der Minorisierung in der binären Struktur der Moderne, auf den ich im fünften Kapitel eingehe, haben die Verbrechen gegen Frauen bzw. die weiblich markierte Position in der patriarchalen kolonial-modernen Vorstellungswelt nie den ihnen gebührenden Raum in der Gesetzgebung erhalten. Der völlig öffentliche Charakter dieser Verbrechen wurde ihnen niemals zugestanden.

An diesem Punkt können wir fast den Gedanken wagen, der andernorts ausgeführt werden müsste, dass die Hexenverbrennungen des europäischen Mittelalters nicht mit den zeitgenössischen Femiziden gleichzusetzen sind, denn erstere waren eine öffentliche Bestrafung des Geschlechts. Die zeitgenössischen Femizide hingegen schaffen es in der Vorstellungswelt der Richter, Staatsanwälte, Medienschaffenden und der allgemeinen öffentlichen Meinung nie aus der Einhegung ins Private heraus – und das, obwohl sie inmitten des Getöses, des Spektakels und der Strafaktionen in parastaatlichen Kriegen stattfinden.

Daher können wir sagen, dass die Moderne eine große Produktionsmaschine von Anomalien aller Art ist, die dann ausgesiebt – im Sinne einer Verarbeitung durch das Raster des universellen Bezugspunktes – und in multikultureller Hinsicht auf ›ikonisierte politische Identitäten‹ reduziert, typifiziert und klassifiziert werden müssen, um dann nur in diesem Format als mögliche Subjekte in die öffentliche Sphäre wieder eingebracht zu werden (Segato 2007). Alles, was sich dieser Praxis einer sich an die existierende Matrix – die wie eine große Verdauungsmaschine funktioniert – anpassenden Travestie nicht unterwirft, wird eine Anomalie ohne Ort bleiben und den Ausschluss und die Verbannung aus der Politik erleiden. Auf diese Art und Weise bietet die Moderne mit ihrem aus der patriarchalen Genealogie stammenden Staat ein Heilmittel gegen jene Übel an, die sie selbst produziert hat: Sie gibt mit der einen Hand und in schlechtem Zustand das zurück, was sie vorher mit der anderen genommen hat, und unterschlägt somit gleichzeitig das, was sie anzubieten vorgibt. In diesem Umfeld ist die radikale Differenz, die für den kolonial-modernen kapitalistischen Pakt weder typisierbar noch funktional ist, nicht verhandelbar. Im kommunitären Umfeld der amefrikanischen *Pueblos* des Kontinents hingegen ist die radikale Differenz möglich und wird unentwegt praktiziert.

Die Moderne, mit ihrer kolonialen Vorbedingung und ihrer patriarchalen öffentlichen Sphäre, produziert also massenweise Anomalien und verhängt Zensur: Sie positiviert die Norm, sie verbucht die Strafen, sie katalogisiert das Leiden, sie patrimonialisiert die Kultur, sie archiviert die Erfahrung, sie monumentalisiert die Erinnerung, sie fundamentalisiert die Identitäten, sie verdinglicht das Leben, sie macht die Erde zur Ware, sie egalisiert die Zeitlichkeiten (vgl. eine Zusammenschau ähnlicher Kritiken bei Gorbach/Rufer 2016).

Der Weg muss also folgender sein: Die Demaskierung des Binarismus dieser kolonial-modernen Matrix, die sich in zahlreichen anderen Binarismen wiederholt, unter denen jener der Geschlechter der am häufigsten zitierte ist. Und zwar mit dem Ziel, ihn zu zersetzen, indem man den Glauben an einen Staat aufgibt. Denn von ihm ist nicht zu erwarten ist, dass er aus seiner Verfasstheit selbst herausfindet, die dazu bestimmt ist, die Politik ihrer Pluralität an Wegen und Stilen zu berauben. Das gilt besonders für Lateinamerika, wo die von den *Criollo*-Eliten begründeten republikanischen Staaten keineswegs einen Bruch mit der kolonialen Verwaltung verkörperten, wie es uns die mythisch-historische Erzählung glauben machen will. Sie verkörperten vielmehr eine Kontinuität, in der sich die Regierung, nun in geografischer Nähe, etabliert hat, um die Territorien, die Güter und die Bevölkerungen zu erben, die zuvor in Hand der überseeischen Verwaltung lagen. Die sogenannten Unabhängigkeiten waren nichts anders als der Übergang dieser Güter von dort nach hier. Aber ein fundamentaler Aspekt ist geblieben: der stets äußerliche Charakter bzw. das äußerliche Gefühl der Verwalter in Bezug auf das zu Verwaltende. Diese der kolonialen Beziehung inhärente Exteriorität verschärft die Äußerlichkeit und Distanz der öffentlichen Sphäre und des Staates zu den Menschen. Die Regierten werden so auf unerbittliche Art und Weise marginalisiert und zurückgesetzt, was die Kluft, von der ich gesprochen habe, und die Vulnerabilität der gesamten Verwaltung zusätzlich erhöht.

Unsere Staaten wurden konstruiert, damit sich die Gründungseliten den veredelten Reichtum würden aneignen können. Bis heute ist die Anfälligkeit für derlei Aneignungen das Merkmal ihrer Struktur, und zwar dergestalt, dass jemand, der nicht zu diesen Eliten gehört, beim Eintritt in die staatliche Sphäre unweigerlich Teil dieser stets äußerlichen und auferlegten Verwaltungssphäre, also Teil der Elite wird. Die Krise des bürgerlichen Glaubens wird so unvermeidlich. De facto ist das Gründungssubjekt der Republiken auf unserem Kontinent – das heißt, der ›*Criollo*‹ – nicht der treue Diener der Demokratie und Souveränität wie die Historie es bewirbt, sondern ein Subjekt mit vier Merkmalen, die seine Exteriorität mit Blick auf das Leben bestätigen: er ist rassistisch, misogyn, homophob und speziesistisch.

So geht aus der Argumentation, die ich im vierten Kapitel entwickle, eine Umkehrung der berühmten inklusiven Menschenrechtsformel »anders, aber gleich« hervor: Ausgehend von der explizit hierarchischen Struktur von kommunitären Welten kann man die Alternative formulieren: »ungleich, aber anders«. An dieser Stelle würde ich auch für eine Wendung im Verständnis des feministischen Slogans der siebziger Jahre »Das Private ist politisch« plädieren. Der Weg, den ich im dritten Kapitel vorschlage, ist nicht eine Übersetzung des Häuslichen in die Begriffe des Öffentlichen, also die Verdauung durch die öffentliche Grammatik, um so ein wenig mehr Politizität zu erlangen. Vielmehr schlage ich den genau umgekehrten Weg vor: »Die Politik häuslich machen«, sie entbürokratisieren, sie häuslich kodiert vermenschlichen, hin zu einer re-politisierten Häuslichkeit. Das ständige Scheitern der Strategie, den Staat – mit Gewalt oder durch Wahlen – zu übernehmen, um zur Geschichte zurückzugelangen, zeigt, dass dies vielleicht nicht der Weg ist: Denn mit der Übernahme des Staates ist man noch nie ans Ziel gekommen, weil es die staatliche Architektur selbst ist, die – als Sitz der Verwaltungselite, die in unserem Fall auch noch kolonial ist – ihrem Personal die eigene Logik auferlegt. Die Pluralität der Räume und Politizitäten verschiedenen Stils, die das kommunitäre Leben zu bieten hat, sollte wieder anerkannt und genutzt werden, indem die Unterschiede zwischen der politischen Aufgabe der Menschen – im Weiler, zwischen den Weilern und vor der Kolonialfront – anerkannt werden. In der Zwischenzeit ist der Weg ein amphibischer: innerhalb und außerhalb des staatlichen Feldes, mit Maßnahmen innerhalb und außerhalb des Staates, organisiert von den Menschen selbst, indem sie an Bindungen wieder anknüpfen und die Kommunitäten neu aufbauen, die durch den Prozess der kolonialen staatlichen Intervention, die ›Modernisierung‹ genannt wird, angegriffen und gespalten worden sind.

Was wir durch die Demontage des Binarismus öffentlich-privat wiedererlangen müssen, sind die Techniken der Soziabilität und eine Politizität, die wieder einen Zugang zur häuslichen Politik, den ›Oikonomien‹, findet (Segato 2007). Genauso gilt es, die verschiedenen Stile der Verhandlung, der Repräsentation und der Verwaltung wiederzuerlangen, die Frauen als Erfahrung im Laufe ihrer Geschichte entwickelt und angesammelt haben, und zwar in ihrem Zustand einer differenzierten Gruppe innerhalb der Spezies und ausgehend von der sozialen Arbeitsteilung. Es gab Niederlagen, keine Frage. Aber die zeitgenössische Niederlage angesichts der Eigentümer auf ihrem Weg hin zu einer Katastrophe, zu der ihre Feindseligkeit dem Leben gegenüber führt, ist eine größere. Es handelt sich hier nicht um Essenzialismus, sondern um die Idee der Geschichte(n) im Plural, einer ›historischen Pluralität‹, in der Gesellschaften verschiedenen Typs und verschiedener Struktur ihre Projekte entworfen haben, in denen auch die Ziele von Glück und Wohlbefinden existieren, genauso wie sich darin weiblich und männlich kodierte Aktionsformen ausdifferenziert haben. Wir Frauen können diese weiblich kodierte Politizität wiedererlangen, und die Männer können hinzustoßen und beginnen, Politik anders zu denken. Es könnte der Beginn einer neuen Ära sein, deren Anzeichen in Wirklichkeit bereits zu vernehmen sind: Der Beginn eines neuen Paradigmas der Politik, und vielleicht der Anfang des Endes dessen, was ich an anderer Stelle die »patriarchale Vorgeschichte der Menschheit« genannt habe (Segato 2013).

Letztlich haben wir Feministinnen uns im Laufe der Geschichte unserer Bewegung bemüht, Schwesternschaft auszubilden, und zwar im Sinne von Abschirmung unserer eigenen Räume. Dabei haben wir vergessen oder vielleicht verlernt, dass es solche Abschirmungen in der kommunitären Welt schon immer gegeben hat, bis sie durch die Einhegung jeglicher Vereinigung, Repräsentation und Aufgaben in eine Sphäre, die die Politik totalisiert und ›nach dem Ebenbild‹ der Institutionen der Männerwelt modelliert ist, verdrängt worden sind. Die Geschichte der Männer kann man hören, die Geschichte der Frauen wurde gelöscht und zensiert; sie ist im Übergang von der Welt der Weiler zur kolonialen Moderne verlorengegangen.

Die Idee eines ›Totalitarismus der öffentlichen Sphäre‹ – um den Begriff aufzunehmen, den ich im vierten Kapitel nutze – und die daraus resultierende Vertrauenskrise in den Staat, führen hier zur kurzen Erwähnung eines Problems, das mit dem fatalen Missverständnis dieses Glaubens an den Staat verbunden ist. Ich beziehe mich auf das, was ich als ›Autoritarismus der Utopie‹ bezeichne, wohlwissend, dass ich damit Empfindlichkeiten berühre, die sich im Laufe der Geschichte des christlichen Monotheismus und der sozialistischen Überzeugungen gefestigt haben (vergessen wir nicht: »Der Weg in die Hölle ist mit guten Absichten gepflastert«). Vorstellungen einer perfekten Gesellschaft der Zukunft, in die uns die effiziente Aneignung des Staates und die Kontrolle über die Verwaltung triumphal führen sollten, haben sich immer als autoritär erwiesen. Die Utopie kann einen autoritären Effekt nicht verhindern. Wie ich andernorts formuliert habe, wird es das Beste sein, sich von der utopischen, evolutionistischen und eurozentrischen Abstraktion abzuwenden, die auf eine Zukunft gerichtet ist, von der man trotz ihrer tatsächlichen Unbestimmtheit und Unsicherheit glaubt, sie kontrollieren zu können (Segato 2007). Vielmehr sollte man sich den konkreten Erfahrungen zuwenden, die kommunitär und kollektiv organisierte *Pueblos* – auch heute noch und mitten unter uns – praktizieren, um die unkontrollierte Akkumulation zu begrenzen und die Kluft der Ungleichheit unter den Menschen einzudämmen. Die einzig mögliche Inspiration ist die konkrete historische Erfahrung von denjenigen, die sich auch nach 500 Jahren des andauernden Genozids, beratschlagt und sich rätselhafterweise dafür entschieden haben, auf ihrem historischen Projekt zu beharren, weiterhin *Pueblos* zu bleiben. Und es ist deshalb die einzig mögliche Inspiration, weil sie nicht auf einer Zukunftsillusion basiert, die sich *a priori* aus der für die europäische Zivilisation charakteristischen Kontrollneurose speist.

Und das, obschon sie auf unserem Kontinent leben, einem Kontinent der Deserteure: Deserteure von ihren *nichtweißen* Abstammungslinien und ihrer Zugehörigkeit zu einer menschlichen und historischen amefrikanischen Landschaft (vgl. Sahlins 1972 zu Gesellschaften, die entschieden haben, keine Überschüsse einzulagern und dem Aufkommen untätiger Klassen keinen Raum zu geben]; zu Gesellschaften, die entschieden haben, sich der Entstehung des Staates als Kontrollstruktur zu widersetzen, vgl. Clastres 2020). Selbst mitten in den großen lateinamerikanischen Metropolen können wir die Lektionen jener beobachten, die weiterhin an der Kommunität anknüpfen.

Viertes Thema: Hin zu einer weiblich kodierten Politik

Inspiration in der kommunitären Erfahrung zu suchen, also nicht wiederholt den strategischen Fehler zu begehen, die Geschichte als Projekt zu denken, das der Staat ausführt, erscheint also als Alternative zu all jenen Experimenten, die im Laufe der Geschichte bereits gescheitert sind. Die Losung würde lauten: Die Kommunität ausgehend von den existierenden Fragmenten neu knüpfen. Das würde auch bedeuten, einen Typ von Politizität zu rekonstruieren, der mit der Einnahme der politischen Äußerung durch die öffentliche Sphäre ausgelöscht wurde. Daraus resultierte die Minorisierung und Verwandlung in einen Rand oder Rest der Politik all jener Interessensgruppen, die sich nicht nach dem Ebenbild des Subjekts der öffentlichen Sphäre ausrichten. Auf die Genealogie und Verfasstheit dieses Subjekts gehe ich insbesondere im vierten Kapitel ein. Dieser Politikstil, der nicht Teil der historischen Herausbildung der Bürokratie und des modernen Rationalismus ist, hat seinen Ausgangspunkt in der häuslichen Logik, mit ihren eigenen Techniken der Soziabilität und ihrer eigenen Verwaltung. Kennzeichen der männlich kodierten historischen Erfahrung sind die Bewegungen im Raum, welche die Jagd erforderlich machen, sowie die Verhandlungen und Kriege mit den Weilern und später der kolonialen Front. Die Geschichte der Frauen hingegen hat ihren Schwerpunkt in der Verwurzelung und in Beziehungen der Nähe. Was wir wiederbeleben müssen ist ihre Art, in diesem Raum der Bindungen Politik zu betreiben, einem Raum engen körperlichen Kontakts und mit wenigen protokollarischen Vorgaben. Als das Imperium der öffentlichen Sphäre errichtet wurde, ist dieser Raum vernachlässigt und aufgegeben worden. Es handelt sich dabei eindeutig um eine andere Art und Weise, Politik zu betreiben, nämlich eine Politik der Bindungen und der Nähe mitsamt einer damit verbundenen Art der Verwaltung, und nicht eine Politik protokollarischer Distanz und bürokratischer Abstraktion. Wir müssen nicht nur die Fäden der Erinnerung wieder miteinander verweben, an die unsere *rassialisierte* Körperlichkeit uns erinnert, wenn wir in den Spiegel schauen, und – wie ich andernorts dargelegt habe – das *Mestizische* aufbröseln (Segato 2015a). Sondern wir müssen auch an die Erinnerung der verbotenen und entwerteten Art der Frauen, Politik zu machen, anknüpfen und diesen Wert zurückgewinnen, der durch den abrupten Verlust von Ansehen und Autonomie des häuslichen Raums im Übergang zur Moderne blockiert worden ist.

Aber ohne in einen Voluntarismus zu verfallen, denn nicht jedes kleine Kollektiv und jede Beziehung von Angesicht zu Angesicht ist eine Kommunität. Das ist der Irrtum von Versuchen der solidarischen Ökonomie oder einer restaurativen Justiz. Denn immer dann, wenn sich ein Kollektiv mit einer bestimmten Absicht organisiert, wie zum Beispiel die Linderung von Nöten in schweren Zeiten oder die Beilegung von Konflikten, dann löst es sich auch wieder auf, wenn das zu lösende Problem erledigt scheint. So wie wir es im Fall von Argentinien nach der Krise von 2001 beobachten konnten. Um eine Kommunität zu sein, müssen zwei Bedingungen erfüllt sein: eine symbolische Dichte, für die meist ein eigener Kosmos oder ein religiöses System sorgt; und eine Selbstwahrnehmung seitens der Mitglieder, die aus einer gemeinsamen Geschichte stammt, die nicht frei von internen Konflikten ist – ganz im Gegenteil –, die sich auf eine gemeinsame Zukunft hin orientieren. Das heißt, eine Kommunität ist eine solche, weil sie eine Geschichte teilt. Der Bezugspunkt einer Kommunität oder eines *Pueblos* liegt allerdings nicht im Erbe von unveränderlichen Sitten und Gebräuchen, sondern in dem Projekt, der gemeinsamen Existenz als kollektives Subjekt Kontinuität zu verschaffen (Segato 2015a).

Was eine Kommunität ausmacht, ist der Wunsch, in Verbindung und miteinander im Austausch zu stehen und die permanente Verpflichtung auf Gegenseitigkeit, die dazu führt, dass die verschiedenen Ressourcen unter den Mitgliedern hin und her fließen. Man könnte übrigens meinen, dass die neuen Pfingstkirchen und literalistischen Evangelikalen, deren Führungsspitzen den Willen einer wachsenden Zahl lateinamerikanischer Bevölkerungsanteile kontrollieren, exakt wussten, wie sie eine Mimesis der kommunitären Techniken der Soziabilität realisieren. Genauso wussten sie, die alten, aufgelösten Bindungen durch neue zu ersetzen, die sie ihres Sinnes der Verwurzelung und ihrer Geschichte entleert haben (Segato 2007).

Kommunität neu zu knüpfen, bedeutet, sich einem historischen Projekt zu verschreiben, das auf Ziele hin orientiert ist, die von jenen des historischen Projekts des Kapitals abweichen. Dabei spielt die Religion bzw. das, was ich als »eigenen Kosmos« bezeichnet habe, eine bemerkenswerte Rolle. Das habe ich begriffen, als ich auf dem von der Universität Pittsburgh betriebenen Universitäts-Schiff *SS Universe* unterrichtet habe: Hier schreiben sich nordamerikanische Student:innen reicher Familien ein – von denen viele dazu bestimmt sind, später öffentliche Posten zu bekleiden – um ein *semester at sea* zu absolvieren, in dem sie Kreditpoints in verschiedenen Fächern sammeln, während sie um die Welt reisen. Im Jahr 1991 musste dieser Ozeandampfer wegen des Golfskrieges seinen Kurs ändern und ich wurde zwischen den Häfen von Caracas und dem brasilianischen Salvador als Dozentin engagiert. Meine Aufgabe war es, die jungen Leute, die in Salvador just am ersten Tag des dortigen Karnevals ankommen würden, in das einzuführen, was Thema meiner Doktorarbeit in den achtziger Jahren gewesen war: die afro-brasilianischen Religionen (Segato 2005). Während einer meiner Vorlesungen erbat ein teilnehmender Herr das Wort. Ich gewährte es ihm und er wandte sich, mir den Rücken zukehrend, mit der Autorität eines Professors an die Stundent:innen und sagte: »Ich sage Ihnen, aufgrund von derartigen Religionen werden diese Länder nie vorwärtskommen können, denn sie sind dysfunktional für den Fortschritt.« Während ich ihn anhörte, wuchs meine Empörung. Obschon im Grunde völlig offen gewesen war, wohin diese Vorlesung führen würde, hat sie in meinem Fall natürlich sofort die entgegengesetzte Richtung von dem genommen, was dieser Herr sich so vorgestellt hatte. Nach der Veranstaltung erkundigte ich mich nach der Identität dieser rätselhaften Person, die sich angesichts einer offenbar gefährlichen Lektion über afrikanische Religionen in Brasilien viele Sorgen um die gute Ausbildung der Student:innen machte. Ich erfuhr, dass es sich dabei um einen Politiker handelte, der drei Mal Gouverneur von Colorado gewesen war und nun dem Politikwissenschaftlichen Institut der Universität seines Bundesstaats vorstand – links im Norden, rechts im Süden. Damals habe ich für immer verstanden, dass gewisse ›Kosmen‹ und Spiritualitäten, die weit davon entfernt sind, das »Opium des Volkes« zu sein, doch zweifelsfrei Hindernisse darstellen, die dysfunktional für das Kapital sind.

In einer etwas schematischen Darstellung kann das für das Kapital funktionale und dysfunktionale in der heutigen Welt mit den Begriffen zwei verschiedener historischer Projekte benannt werden: Das historische Projekt der Dinge und das historische Projekt der Bindungen. Sie definieren Zufriedenheit auf unterschiedliche Art und Weise, stehen in Spannung zueinander und sind in letzter Instanz inkompatibel. Um diese Idee anschaulicher zu machen, verweise ich auf die veröffentlichten Bilder und Erzählungen über die Pilgerreise lateinamerikanischer Migrant:innen, die im *La Bestia* genannten Zug durch Mexiko in das Land im Norden streben. Die Augenzeugenberichte, die man in diesen Dokumenten findet, sind sehr beeindruckend. Ich kann mich außerdem auf die Berichte von Protagonist:innen stützen, denen ich bei mindestens drei internationalen Veranstaltungen zum Thema gelauscht habe.

Ihre Erzählungen haben eine wiederkehrende Struktur: Die Migrant:innen besteigen den Zug, manche stürzen und verletzen sich dabei. Einigen müssen danach Gliedmaßen amputiert werden. Alle Frauen werden unausweichlich vergewaltigt, als sei das eine in Stein gemeißelte Regel. Viele Migrant:innen werden aufgegriffen, versklavt und gezwungen, auf großen Anwesen oder im Menschenhandel auf der einen oder anderen Seite der ›großen Grenze‹ zu arbeiten, und das oft für Jahre. Am Ende dieser Odyssee mit ihren extremen Entbehrungen, zu denen auch das Bezahlen von hohen Summen an die Schlepper und Schleuser gehört, werden die Migrant:innen häufig festgenommen und wieder an ihren Ausgangsort zurückgebracht. Und was macht eine beträchtliche Anzahl von ihnen? Sie beginnt die Reise von Neuem... Die übliche Herangehensweise bei der Erklärung für die Vertreibung aus ihren Heimatorten ist der Verweis auf ihre materielle Not und die dort herrschenden mafiösen Kriege. Nachdem ich tagelang die Bilder über das, was ich hier beschreibe, betrachtet habe, bin ich zu dem Schluss gekommen, es anders denken zu müssen – und ich wage hiermit, eine Wette auf das Verständnis dieses seltsamen und zwanghaften Phänomens unserer Zeit zu formulieren. Dabei beziehe ich mich auf unseren Kontinent, nicht auf Menschen, die zum Beispiel im Nahen und Mittleren Osten aufgrund von Kriegen aus ihren Ursprungsländern vertrieben werden. Ich wage es also, den Faktor der Attraktion höher zu bewerten als jenen der Vertreibung. Allerdings nicht ohne die Begriffe von Überfluss, Mangel und libidinöser Investition als Konstrukte einer historischen und apokalyptischen Phase des Kapitals mit speziellen Eigenschaften neu zu betrachten, wie es bereits Deleuze in seiner an Spinoza orientierten Kritik des Freudianismus getan hat. Denn es ist der Überfluss, der den Mangel produziert, indem er das zerstört, was zuvor zufriedengemacht und das Leben erfüllt hat. Zu Beginn werden die Beziehungen des Vertrauens und der Gegenseitigkeit durch den einschreitenden Effekt der Modernisierung und den Druck eines überregionalen Marktes ausgehöhlt, diskreditiert und zerstört. Sind die Bindungen einmal zerstört und hat sich eine Mangelsituation – die nicht allein materieller, sondern sozialer Natur ist – erst einmal eingestellt, verändert sich der Trieb und wird von dem aufgesogen, was ich die ›Welt der Dinge‹ nenne bzw. die Gegend, ›in der es die Dinge gibt‹. Eine neue Art des ›Kultes der Verpflichtung‹ drängt sich auf wie eine Mystik: Die Mystik eines vor Waren strotzenden Paradieses und seiner Ästhetik. Es ist der Fetisch des Nordens, oder besser gesagt, der Fetischismus des Norden als Königreich der Waren, der hier interveniert und sich Zugang zur Pluralität der Kosmen der Welt verschafft. Was den Kontinent gen Norden zieht, ist die Anziehungskraft einer Phantasie des Überflusses, eines Fetischismus einer Gegend des Überflusses, der auf die Psychen einwirkt, die in einer Leere des Seins schwimmen, in einem Raum, dem seine eigene Anziehungskraft, die zuvor durch die positiven Aspekte und Verpflichtungen der Gegenseitigkeit garantiert worden war, genommen wurde. Psychen, die von der Welt der Dinge aufgesogen werden, nachdem ihre verwurzelten Bindungen immer wieder verletzt worden sind. Um dieses Bild zu krönen, kommt einem die phantastische Szene aus dem Film *Purgatorium: Eine Reise ins Herz der Grenze* von Rodrigo Reyes in den Sinn. Darin sehen wir drei Migranten, die wie elektrisiert am Gitterzaun hängen, der die beiden Welten trennt, und haben den Eindruck, dass die Zombies der jüngeren Filmgeschichte diese Szene spiegeln: Auch sie sind nun entwurzelte Wesen, einsam und ohne eigenes Blut, die sich von der eingebildeten Vitalität der Bewohner der Welt der Dinge ernähren.

Diese triebhafte Strömung hin zur Welt der Dinge von Subjekten, die aus ihren Territorien herausgerissen wurden und für die Bindungen als Angebot und Anziehungskraft verlorengegangen sind, stellt die Art und Weise dar, in der das Begehren durch einen Exzess produziert wird, der sich als Fetisch präsentiert, das heißt, mystifiziert und potent. So produziert das Begehren von Dingen Individuen, während das Begehren nach relationaler Verwurzelung Kommunität produziert. Und letzteres ist dysfunktional für das historische Projekt des Kapitals, weil die Investition in Bindungen als Form des Glücks die Bande der Gegenseitigkeit und die kommunitäre Verwurzelung schützt. Dadurch werden die Subjekte weniger anfällig für die Anziehungskraft der Dinge. Nur bei entwurzelten und vulnerablen Subjekten gewinnt die Welt der Dinge die Oberhand: die Lehren der Dinge, die Natur als Ding, der Körper als Ding, die Personen als Dinge und ihre Pädagogik der Grausamkeit, die eine psychopathische Struktur aufdrängt, mit einem Trieb ohne Bindungen, der instrumenteller Art ist – als modale Persönlichkeit unserer Zeit.

Deshalb glaube ich, dass der Weg der Geschichte jener sein sollte, der an die Kommunität und die Verwurzelung der Bindungen anknüpft und sie festigt. Und deshalb glaube ich auch, dass die Politik ab diesem Moment weiblich kodiert sein sollte. Wir sollten die Strategien und den Stil der Frauen aufgreifen, indem wir den Faden der Geschichte und die Fragmente der Techniken der Soziabiliät, die es zwischen uns gibt, neu verweben. Bis dahin, dass wir an den Punkt zurückkehren, an dem der häusliche Raum und seine Formen des zwischenmenschlichen und körperlichen Kontakts noch nicht verdrängt und von der öffentlichen Sphäre und der männlichen Genealogie geschluckt worden sind. Diese öffentliche Sphäre hat mit dem Ereignis der kolonialen Moderne ihren bürokratischen Stil und eine Verwaltung der Distanz durchgesetzt und universalisiert. Das Format einer solchen Politik und ihre ›Staatsraison‹ ist von Natur aus monopolistisch und verhindert eine Welt im Plural. Sie zwingt der Politik die Kohärenz des Einen auf und verarbeitet alles andere durch das Sieb eines universellen Bezugspunktes. Die weiblich kodierte politische

Praxis ist demgegenüber nicht utopisch: Sie hat einen Ort, sie ist alltäglich; und sie ist eine Praxis des Prozesses und nicht des Produkts.[4]

Eine Welt im Plural ist vermutlich keine republikanische Welt, aber eine, die demokratischer ist. Wir müssen das wiedererlangen, was nach dem großen Niedergang in unseren Landschaften übriggeblieben ist und noch existiert, und das Leben rekonstruieren. Und während wir dies tun, müssen wir auch eine Rhetorik erfinden, eine Sprache, die diesem weiblichen und kommunitären Projekt mittels seiner Geschichte und seiner Techniken der Soziabilität einen Ausdruck gibt. Denn nur eine solche Einschreibung wird uns vor einer so machtvollen Rhetorik schützen, wie es jene des Güterwertes und der Verdinglichung des Lebens ist.

Olinda, Pernambuco, 21. November 2016

---

4 Ich habe Ondina Pena Pereira für die Idee der Politik der Frauen als eine topische – in der Gegenüberstellung zu utopisch – zu danken. Und dem verstorbenen John Blacking, der mir Orientierung gegeben hat, für seine ständige Betonung des Vorrangs des Prozesses beim gemeinsamen Musizieren gegenüber der relativen Bedeutung des Produktes (Blacking 1970).

Kapitel 1

Die Einschreibung in die Körper der ermordeten Frauen von Ciudad Juárez

Territorium, Souveränität und Verbrechen des ›Zweiten Staates‹

Ciudad Juárez, im Bundesstaat Chihuahua an der Nordgrenze Mexikos, ist ein emblematischer Ort für das Leiden der Frauen. Mehr als an jedem anderen Ort bewahrheitet sich hier die Devise ›Frauenkörper gleich Todesgefahr‹. Ciudad Juárez ist, bezeichnenderweise, auch ein emblematischer Ort der wirtschaftlichen Globalisierung und des Neoliberalismus mit seinem unstillbaren Hunger nach Profit.

Der finstere Schatten, der über dieser Stadt liegt, und die ständige Angst, die ich an jedem Tag und in jeder Nacht der einen Woche meines Aufenthalts dort empfunden habe, begleiten mich bis heute. An diesem Ort zeigt sich der unmittelbare Zusammenhang zwischen Kapital und Tod, zwischen Akkumulation und deregulierter Konzentration einerseits, und der Opferung armer, dunkelhaariger, *mestizischer* Frauen andererseits. Sie werden von dem Abgrund erfasst, in dem sich Geldwirtschaft und symbolische Ökonomie, Ressourcenkontrolle und die Macht, Menschen sterben zu lassen, miteinander verbinden.

Im Juli 2004 wurde ich nach Ciudad Juárez eingeladen, nachdem im Jahr zuvor zwei Frauen der mexikanischen Organisationen *Epikeia* und *Nuestras Hijas de Regreso a Casa* meine Ausführungen darüber gehört hatten, was mir die einzige annehmbare These zu den rätselhaften Verbrechen zu sein scheint, die diese Stadt plagen. Die unvergleichlich häufigen Morde an Frauen – alle von ähnlicher körperlicher Statur – scheinen schier unverständlich zu sein. Sie werden kontinuierlich über mehr als elf Jahre hinweg mit außergewöhnlicher Grausamkeit begangen. Die Leichen zeigen ausnahmslos Verletzungen von exzessiven Vergewaltigungen und Folter.

Mein ursprünglicher Plan, dort neun Tage zu bleiben, um an einem Forum über die Femizide von Juárez teilzunehmen, wurde durch eine Serie von Vorfällen torpediert, die am sechsten Tag im Ausfall einer Fernsehübertragung gipfelten, und zwar just in dem Moment, in dem ich meine Interpretation der Verbrechen in einem Interview mit Jaime Pérez Mendoza, einem Journalisten des lokalen Senders *Canal* 5, zu erörtern begann. Die schockierende zeitliche Präzision, mit der das Ausfallen des Übertragungssignals und das erste Wort meiner Antwort auf die Frage nach dem Motiv für die Verbrechen zusammenfielen, ließ uns am folgenden Morgen abreisen, zu unserem eigenen Schutz und aus Protest gegen die erlittene Zensur. Es war nicht wirklich unser eigener Eindruck, aber wir stellten fest, dass alle, mit denen wir darüber sprachen, bekräftigten, dass es klug gewesen sei, sofort abzureisen. Was wir aber nicht vergaßen, war, dass es in Ciudad Juárez keine Zufälle zu geben scheint, sondern dass vielmehr – und so werde ich im Folgenden argumentieren – alles Teil einer großen Kommunikationsmaschine ist, deren Mitteilungen nur für diejenigen lesbar, also verständlich sind, die aus dem einen oder anderen Grund den Code verstehen. Daher ist das erste Problem, das die schrecklichen Verbrechen von Ciudad Juárez für Außenstehende und ferne Betrachter:innen aufwirft, ein Problem der Verständlichkeit, der Lesbarkeit. Und es ist genau die Unverständlichkeit, in der die Mörder Zuflucht finden, wie in einem chiffrierten Kriegs-Code, einem Jargon, der vollständig aus Aufführungen besteht. Hier nur ein Beispiel für diese Logik der Bedeutung: Auch die Journalistin Graciela Atencio von der Tageszeitung *La Jornada* aus Mexiko-Stadt fragte sich in einem ihrer Artikel über die ermordeten Frauen von Ciudad Juárez, ob es etwas anderes als ein purer Zufall gewesen sein mag, dass just am 16. August 2003 Probleme bei der Post die Auslieferung der Zeitung in Ciudad Juárez verhindert hatten – an dem Tag, als ihr Blatt erstmals die Nachricht über einen enthüllenden »FBI-Bericht, der einen möglichen *modus operandi* in den Entführungen und dem Verschwindenlassen von jungen Leuten beschrieb« veröffentlichte (Atencio 2003).

Leider war die Episode im Fernsehsender nicht der einzige merkwürdige Zufall, der uns während unseres Aufenthalts in der Stadt von Bedeutung schien. Am Montag, dem 26. Juli, nachdem ich meinen ersten Vortrag beendet hatte, genau zur Halbzeit des Forums, das uns zusammengebracht hatte, und exakt vier Monate nach dem Fund des bis dahin letzten Körpers, wurde der Leichnam der *Maquiladora*-Arbeiterin Alma Brisa Molina Baca gefunden. Ich erspare mir hier eine Aufzählung der vielen Verfehlungen und Verirrungen, die den Ermittlern und der Lokalpresse rund um die Überreste von Alma Brisa unterlaufen sind. Es war, und das sage ich ohne jede Übertreibung, notwendig zu-sehen-um-zu-glauben, also notwendig, dort zu sein, um Zeugin des Unvorstellbaren, des Unbegreiflichen zu werden. Auf ein Detail möchte ich allerdings hinweisen: Der Körper wurde auf derselben Brache im Stadtzentrum gefunden, auf der bereits ein anderes Opfer im Jahr zuvor gefunden worden war. Dieses Opfer war die ermordete Tochter (noch ein Kind) der Mutter, die wir am Vorabend des 26. Juli im trostlosen Viertel Lomas de Poleo interviewt hatten, ein Viertel in der rauen Wüste, durch die sich die Grenze zwischen Chihuahua und dem benachbarten Bundesstaat New Mexico zieht.[5] Das Gros der Kommentare wies auch auf den Umstand hin, dass im Jahr zuvor, zeitgleich mit der von Präsident Fox angeordneten staatlichen Intervention im Bundesstaat Chihuahua ein weiterer Leichnam gefunden worden war. Die Karten waren verteilt. Der unheimliche ›Dialog‹ schien zu bestätigen, dass wir uns innerhalb des Codes befanden und dass die Spur, die wir verfolgten, zum Ziel führen würde.

Das ist die Interpretation, die ich im Folgenden darlegen möchte, und es ist genau das, was ich gerade hatte sagen wollen, als die Übertragung des Kabelsenders abbrach, an jenem frühen Freitagmorgen, dem 30. Juli 2004. Es geht konkret um den Zusammenhang zwischen den Todesfällen, den unrechtmäßigen Handlungen – die eine Folge des ungebremsten Neoliberalismus sind, der sich an den Rändern der ›großen Grenze‹ infolge des NAFTA-Abkommens entwickelt hatte – und der deregulierten Akkummulation, die sich in den Händen einiger weniger Familien aus Ciudad Juárez konzentrierte. Wenn man Ciudad Juárez aus nächster Nähe betrachtet, ist die Vehemenz tatsächlich äußerst beeindruckend, mit der die öffentliche Meinung

5 Die Überreste von Alma Brisa wurden zwischen Sonnenblumen auf dem gleichen Gelände im Stadtzentrum gefunden, auf dem man auch den Körper von Brenda Berenice gefunden hatte, der Tochter von Juanita, einer der Organisator:innen des Projekts *Epikeia*.

einen Namen nach dem anderen zurückweist, den die staatlichen Stellen als mutmaßlich Schuldigen präsentieren. Es wirkt, als wollten die Menschen in eine andere Richtung schauen, als hofften sie, die Polizei möge ihren Verdacht in eine andere Richtung lenken – und zwar in Richtung der wohlhabenden Viertel der Stadt.[6] Der illegale Schmuggel jeglicher Art auf die andere Seite der Grenze umfasst jene Güter, die den Arbeiterinnen in den *Maquiladoras* abgepresst werden, den Mehrwert, den der ausgebeutete Wertzuwachs dieser Arbeit hinzufügt, sowie Drogen, Körper und, kurz gesagt, die Summe des beträchtlichen Kapitals, das diese Geschäfte südlich des Paradieses generieren. Das illegale Überführen dieses Kapitals gleicht einem ständigen Rückerstattungsprozess an einen säumigen Steuerzahler, der zwar gefräßig und unersättlich ist, aber gleichwohl seine Forderungen verheimlicht und sich der Verführung, die er ausübt, nicht bewusst ist. Die Grenze zwischen dem Elend des Überflusses und dem Elend des Mangels ist ein Abgrund.

Es gibt zwei Dinge, die man in Ciudad Juárez aussprechen kann, ohne ein Risiko einzugehen und die auch die ganze Welt ausspricht (die Polizei, die Generalstaatsanwaltschaft, die zuständige Staatsanwältin, der Menschenrechtsbeauftragte, die Presse und Vertreter:innen der Nichtregierungsorganisationen). Das eine ist, dass »die Verantwortung für die Verbrechen bei den Drogenhändlern liegt«, was uns auf ein Subjekt mit dem Anschein eines Kriminellen verweist und unsere Angst vor den Rändern der Gesellschaft bekräftigt. Das andere ist, dass »es sich um ein sexuell motiviertes Verbrechen handelt«. Die Zeitung vom Dienstag, also dem Tag nach dem Fund des Körpers von Alma Brisa, schrieb zum wiederholten

6 Ich war zum Beispiel im November 2004 im Bürgerzentrum von Coyoacán in Mexiko-Stadt bei einer Veranstaltung von Müttern und Familienangehörigen der Opfer, die gleichermaßen das Ende der Straffreiheit für die tatsächlichen Mörder und die Freilassung von *El Cerillo*, einem verhafteten jungen Mann forderten, der nach übereinstimmender Ansicht der Teilnehmer:innen fälschlicherweise dieser Verbrechen beschuldigt wurde. Bekannt wurde auch der Auftritt der Anwältin Irene Blanco, Verteidigerin von Latif Sharif, der ebenfalls fälschlicherweise der Verbrechen beschuldigt wurde und dessen Sohn einem Attentat zum Opfer fiel; und auch der Protest der Mütter gegen die Festnahme der Bande *Los Rebeldes* aus dem gleichen Grund.

Mal: »Noch ein sexuell motiviertes Verbrechen«, und die zuständige Staatsanwältin unterstrich – einmal mehr das Offensichtliche durcheinanderbringend: »Es ist sehr schwierig, die Zahl der Sexualverbrechen zu verringern«, und führte so die Öffentlichkeit in die Irre, indem es ihr Denken auf eine Spur lenkte, die meines Erachtens falsch ist. Auf diese Art und Weise fördern Behörden und Meinungsmacher, obschon sie vorgeben, im Namen des Gesetzes und des Rechts zu sprechen, die undifferenzierte Betrachtung einer Vielzahl von frauenverachtenden Verbrechen, die in dieser Stadt wie in jeder anderen mexikanischen Stadt, und ebenso in Zentralamerika und in der ganzen Welt geschehen: Verbrechen aus Leidenschaft, häusliche Gewalt, sexueller Missbrauch, Vergewaltigungen durch Serientäter, Verbrechen wegen Schulden, Frauenhandel, Verbrechen der Internet-Pornografie, Organhandel usw. Ich kann diesen Willen zur Undifferenziertheit nachvollziehen, genauso wie die Nachgiebigkeit und Selbstverständlichkeit, mit der alle Verbrechen gegen Frauen in Ciudad Juárez nur durch einen Nebelschleier betrachtet werden, mit der Konsequenz, einen zentralen Aspekt, der spezifische und sich wiederholende Merkmale aufweist, nicht deutlich erkennen zu können. Es ist, als beherbergten aus verschiedenen Aggressionen gebildete konzentrische Kreise in ihrem Inneren eine ganz bestimmte Art des Verbrechens – nicht unbedingt das häufigste, aber schon das rätselhafteste aufgrund seiner präzisen, beinahe bürokratisch anmutenden Merkmale: die Entführung von jungen Frauen eines bestimmten körperlichen Typs, mehrheitlich Arbeiterinnen oder Schülerinnen, Freiheitsberaubung für einige Tage, ›exzessive‹, von einer Gruppe durchgeführte Vergewaltigungen (in einem Fall mehr als 17 wie es der ehemalige leitende Gutachter Oscar Máynez im Forum erläuterte), Verstümmelung, Erdrosselung, der sichere Tod, das Verwischen oder Verschwindenlassen von Spuren und Beweisen seitens staatlicher Stellen, Drohungen und Angriffe gegenüber Anwält:innen und Journalist:innen, unverhohlener Druck seitens staatlicher Stellen, Sündenböcke anzuklagen, die offensichtlich unschuldig sind, und eine ununterbrochene Kontinuität dieser Verbrechen von 1993 bis heute. Zu dieser Liste lässt sich der Umstand hinzufügen, dass kein einziger der Angeklagten in den Augen der Gemeinde als wahrscheinlicher Täter infrage kam und auch keine der »Richtungen, in die ermittelt wurde«, je zu Ergebnissen geführt hat.

Die Straflosigkeit über so viele Jahre hinweg ist erschreckend und kann in drei Momenten beschrieben werden: Erstens das Fehlen von Angeklagten, welche die öffentliche Meinung überzeugen, zweitens das Fehlen von konsistenten Ermittlungen und, als Konsequenz dieser beiden, drittens ein Kreislauf der endlosen Wiederholung genau dieser Art von Verbrechen.

Auf der anderen Seite trugen zwei mutige Investigativjournalist:innen – Diana Washington, Autorin von *Cosecha de mujeres* (Washington 2005) und Sergio González Rodriguez, der das Buch *Huesos en el desierto* (González Rodriguez 2004)[7] geschrieben hat – zahlreiche Fakten zusammen, welche die Polizei über die Jahre unberücksichtigt gelassen oder verworfen hatte, und erstellten so eine Liste von Orten und Personen, die auf die ein oder andere Weise mit dem Verschwindenlassen und den Morden an den Frauen in Verbindung stehen.

Ich habe bei zwei Gelegenheiten mit Diana Washington auf der anderen Seite der Grenze gesprochen (denn das FBI erlaubt ihr keinen Grenzübertritt ohne Personenschutz) und das Buch von Sergio González gelesen. Was zum Vorschein kommt, ist, dass ›rechtschaffende‹ Leute, große Grundbesitzer, etwas mit den Morden zu tun haben. Es fehlt allerdings ein entscheidendes Glied in der Kette: Was bringt diese angesehenen, in der Finanzwelt erfolgreichen Familienoberhäupter dazu, sich an solch makabren und, darauf deutet alles hin, kollektiv begangenen Verbrechen zu beteiligen? Was wäre eine plausible Verbindung dieser Herrschaften mit den Entführungen und Gruppenvergewaltigungen, die dazu führen könnte, sie strafrechtlich zu verfolgen? Hier fehlt ein Motiv. Und genau an dieser Stelle, bei der Suche nach einem Beweggrund, erweist sich die so häufig missbrauchte Idee des ›sexuellen Motivs‹ als unzureichend. Es bedarf neuer Straftatbestände und einer Verfeinerung der Definitionen, um

7 Er wurde vor vier Jahren, als er sich mitten in der Recherche zu seinem Buch befand, zusammengeschlagen und als vermeintlich tot in einer Straße von Mexiko-Stadt liegen gelassen. Er hat dabei alle Zähne verloren und lag einen Monat lang im Krankenhaus.

die Besonderheit gewisser Todesfälle in Juárez zu verstehen. Es bedarf darüber hinaus der Formulierung neuer juristischer Kategorien. Vor allem muss ausgesprochen werden, was offensichtlich zu sein scheint: nämlich, dass kein Verbrechen, das von gewöhnlichen Kriminellen begangen wird, über eine so lange Zeit ungestraft bleibt, und dass keine seriöse Polizeibehörde mit solch einer Leichtfertigkeit über das spricht, was normalerweise das Ergebnis langwieriger Ermittlungsarbeit ist: der Beweggrund, das Motiv, die Triebfeder für ein Verbrechen. Diese elementaren Wahrheiten würden Ciudad Juárez erschüttern, weshalb sie unaussprechlich bleiben.

Die Wissenschaft und das Leben

Eine Weile bevor ich zum ersten Mal von Ciudad Juárez hörte, zwischen 1993 und 1995, habe ich im Gefängnis von Brasília eine Studie zur Mentalität verurteilter Vergewaltiger durchgeführt (Segato 2013). Mein ›Hinhören‹ bei den Häftlingen, die alle wegen sexueller Übergriffe in der Anonymität der Straße und auf ihnen unbekannte Opfer verurteilt worden waren, stützt die fundamentale feministische These, dass Sexualverbrechen weder das Werk einzelner Abweichler oder Geisteskranker noch das Ergebnis sozialer Anomalien sind, sondern Ausdruck einer tief liegenden symbolischen Struktur, die unsere Handlungen und Phantasien organisiert und ihnen Verständlichkeit verleiht. Mit anderen Worten: Der Angreifer und die Allgemeinheit teilen eine gemeinsame Vorstellungswelt in Bezug auf die Geschlechter, sie sprechen die gleiche Sprache, sie verstehen sich. Was Menachem Amir bereits mit empirischen Daten und quantitativen Analysen herausgefunden hatte, geht aus den Interviews eindringlicher denn je hervor: Und zwar, dass im Gegensatz zu unseren Erwartungen, die Vergewaltiger in der Mehrheit der Fälle nicht alleine agieren, es sind keine a-sozialen Geschöpfe, die ihren Opfern wie einsame Jäger auflauern, sondern sie agieren gemeinschaftlich. Man kann die Bedeutung dieses Befundes und seine Konsequenzen für das Verständnis von Vergewaltigungen als tatsächliche Akte, die *in societate* stattfinden, das heißt in einer Nische der Kommunikation, in die eingedrungen und die verstanden werden kann, gar nicht genug betonen.

Als Gebrauch und Missbrauch des Körpers eines Anderen, und zwar ohne dessen absichtliche oder willentliche Beteiligung, zielt die Vergewaltigung auf die Vernichtung des Willens des Opfers, und seine Herabsetzung ist exakt durch den Verlust der Kontrolle über das Agieren des eigenen Körpers sowie die Übernahme dieser Kontrolle durch den Willen des Angreifers gekennzeichnet. Das Opfer ist der Kontrolle über seinen Körper-Raum beraubt. Deshalb kann man sagen, dass die Vergewaltigung der allegorische Akt *par excellence* der Schmitt'schen Definition von Souveränität ist: Gesetz setzende Kontrolle über ein Territorium und über den Körper des Anderen als Annex dieses Territoriums (Agamben 2002, Schmitt 1922). Die uneingeschränkte Kontrolle, der arbiträre und voluntaristische souveräne Wille, ist die Voraussetzung, um gleichwertige Zuschreibungen an Andere zunichte zu machen und allem voran ihre Fähigkeit auszulöschen, als Indiz für Alterität oder eine alternative Subjektivität zu fungieren. In diesem Sinne beinhaltet dieser Akt auch die Konsumierung bzw. den Verzehr der Anderen, einem Kannibalismus vergleichbar, durch den der Andere als autonomer Wille zugrunde geht und die Existenz nur insofern fortbesteht, als er angeeignet und im Körper desjenigen eingehegt wird, der ihn verschlungen hat. Der Rest seiner Existenz überdauert nur innerhalb des Projekts seines Beherrschers.

Warum kommt der Vergewaltigung eine derartige Bedeutung zu? Weil sie aufgrund der Funktion der Sexualität in der uns bekannten Welt die physische und moralische Beherrschung der Anderen in einem einzigen Akt miteinander vereint. Und weil es keine souveräne Macht gibt, die ausschließlich physisch wäre. Ohne die zugleich psychische und moralische Unterwerfung der Anderen ist das Einzige, was existiert, die Macht über den Tod, also die Macht zu töten, und diese Macht ist für sich alleine genommen keine Souveränität. Die vollständige Souveränität ist, in ihrer äußersten Phase, »das Recht, leben zu machen und sterben zu lassen« (Foucault 1999, S. 278). Ohne das Leben als solches zu beherrschen, kann Herrschaft nicht vollständig sein. Deshalb ist ein Krieg, der zur Ausrottung führt, kein Sieg, denn nur die Macht zur Kolonisierung erlaubt die Zurschaustellung der Macht über den Tod vor denjenigen, deren Schicksal es ist, lediglich zu überleben. Das entscheidende Merkmal der Souveränität liegt nicht in der Macht über den Tod dem Unterworfenen gegenüber begründet, sondern in seiner psychischen und moralischen Niederlage, sowie seiner Verwandlung in ein empfängliches Publikum für die Zurschaustellung der voluntaristischen Macht über den Tod seitens des Beherrschers.

Aufgrund ihrer Qualität als eher expressive denn instrumentelle Gewalt – eine Gewalt, deren Zweck es ist, absolute Kontrolle eines Willens über einen anderen auszudrücken – ist die Aggression, die der Vergewaltigung am ähnlichsten ist, die physische oder psychische Folter. Zum Ausdruck zu bringen, dass man den Willen der Anderen in der Hand hat, ist das *Telos* oder der Zweck dieser expressiven Gewalt. Beherrschung, Souveränität und Kontrolle sind ihr Bedeutungsuniversum. Es ist wichtig, daran zu erinnern, dass diese letztgenannten Aspekte nur gegenüber einer Gemeinschaft von Lebenden ausgeübt werden können und daher eine größere Affinität zur Idee der Kolonisierung als zur Idee der Ausrottung haben. In einem Regime der Souveränität sind einige dem Tod geweiht, damit sich die souveräne Macht in die Körper einschreibt; in diesem Sinne ist der Tod dieser Ausgewählten ein expressiver und kein utilitaristischer Tod, ein Tod, um die Beherrschung dramatisch zu inszenieren.

Man muss außerdem begreifen, dass jede Gewalt, selbst jene, in der die instrumentelle Funktion vorherrschend ist, also zum Beispiel die, die darauf abzielt, sich das Fremde anzueignen, eine expressive Dimension enthält. In diesem Sinne könnte man sagen, was jede:r Detektiv:in längst weiß, dass jeder Akt von Gewalt, ganz wie eine diskursive Geste, eine Signatur, eine Handschrift trägt. Und in dieser Signatur erkennt man die wiederholte Präsenz eines Subjekts, das hinter einer Handlung steht. Jede:r Detektiv:in weiß, dass wir die Signatur, das Profil, die Anwesenheit eines wiedererkennbaren Subjekts hinter der Handlung dann identifizieren können, wenn wir das erkennen, was sich in einer Serie von Verbrechen wiederholt. Der *modus operandi* eines Angreifers ist nicht mehr und nicht weniger als das Kennzeichen eines Stils in verschiedenen Äußerungen. Wenn man den Stil einer gewalttätigen Handlung so identifiziert, wie man den Stil eines Textes identifiziert, führt uns das zum Täter in seiner Rolle als Urheber. In diesem Sinne ist die Signatur nicht die Folge einer Absicht, eines Willens, sondern die Folge der Regelmäßigkeit der Äußerung selbst: der wiedererkennbare Abdruck, die Spur eines Subjekts, seiner Position und seiner Interessen in dem, was er sagt, in dem, was er ausdrückt, in Worten oder Taten (Derrida 1988). Wenn, wie ich behaupte, die Vergewaltigung eine Aussage ist, dann richtet sie sich notwendigerweise an einen oder mehrere Gesprächspartner, die entweder physisch am Ort des Geschehens oder in der mentalen Landschaft des Subjekts der Aussage anwesend sind.

Es kommt vor, dass der Vergewaltiger seine Botschaften auf zwei Gesprächsachsen aussendet und nicht nur auf einer, wie in der Regel angenommen wird, wenn man ihn nur in der Interaktion mit seinem Opfer betrachtet. In der vertikalen Achse spricht er tatsächlich zum Opfer: Sein Diskurs erlangt einen strafenden Charakter, der Angreifer das Profil eines Moralisierers, eines Wächters der Sozialmoral, denn in dieser mit der Allgemeinheit geteilten Vorstellungswelt ist das Schicksal der Frau dasjenige, im Zaum gehalten zu werden, zensiert, diszipliniert und herabgesetzt zu werden durch die gewalttätige Geste desjenigen, der mittels dieses Aktes die souveräne Funktion reinkarniert.

Aber der interessanteste Part meiner Untersuchung mit den Häftlingen in Brasília ist vielleicht die Entdeckung der horizontalen Gesprächsachse. Hier richtet sich der Angreifer an Seinesgleichen, und er macht es auf verschiedene Art und Weise: Er fordert sie auf, sich seiner Gemeinschaft anzuschließen, und in dieser Perspektive spielt die Vergewaltigung der Frau die Rolle der Opferung in einem Initiationsritus. Er tritt mit Seinesgleichen in einen Wettbewerb, indem er demonstriert, dass er – aufgrund seiner Aggressivität und seiner Macht über den Tod – einen Platz in der männlichen Bruderschaft verdient hat und sogar eine führende Position in dieser clanartigen Vereinigung, die ausschließlich eine hierarchische Sprache versteht und nur eine pyramidale Organisation akzeptiert.

Dem ist so, weil in der sehr langen Zeit der Geschichte der Geschlechter – so lang, dass man sie mit der Geschichte der Menschheit verwechseln könnte – die Produktion von Männlichkeit anderen Abläufen gehorcht als die Produktion von Weiblichkeit. Aus einer transkulturellen Perspektive zeigt sich, dass Männlichkeit ein Status ist, dessen Erlangung – die mit einer gewissen Regelmäßigkeit im Laufe der Zeit immer wieder bestätigt werden muss – durch einen Prozess der Billigung oder Eroberung bedingt ist und, vor allem, von der Eintreibung eines Tributs abhängig ist. Die Anderen, die diesen Tribut zollen, werden aufgrund ihrer naturalisierten Position in dieser Statusordnung als Lieferant:innen des Repertoires an Gesten wahrgenommen, welches diese Männlichkeit nährt. Sie produzieren in demselben Akt, mit dem sie den etablierenden Tribut abliefern, ihren eigenen Ausschluss aus der von ihnen geweihten Kaste. Mit anderen Worten: Damit ein Subjekt seinen männlichen Status als Titel, als Rang erwerben kann, ist es zwingend, dass ein anderes Subjekt diesen nicht innehat, ihn aber aus Überzeugung oder erzwungenermaßen gewährt, was sehr treffend als eine Art Besteuerung bezeichnet werden kann.[8] Unter soziopolitisch ›normalen‹ Bedingungen dieser Statusordnung sind wir es, die Frauen, die diesen Tribut zollen; sie, die Männer, sind die Empfänger und Nutznießer. Schließlich etabliert die Struktur, die beide in ein Verhältnis zueinander setzt, eine symbolische Ordnung, die durch Ungleichheit markiert ist. Diese Ungleichheit ist präsent und organisiert so alle anderen Szenen des sozialen Lebens, die durch die Asymmetrie eines Statusgesetzes aufrechterhalten werden.

Zusammengefasst resultiert das Verbrechen der Vergewaltigung nach diesem Modell aus einem Mandat, das aus der Geschlechterstruktur hervorgeht, und das, in bestimmten Fällen, einen Tribut garantiert, der den Zutritt eines jeden neuen Mitglieds zur männlichen Bruderschaft beglaubigt. Und es scheint mir, dass die spannungsreiche Überschneidung der beiden Koordinaten – die vertikale der Konsumierung des Opfers zum einen, und die horizontale, die durch den eingeforderten Tribut bedingt ist, zum anderen – imstande ist, grundlegende Aspekte des langjährigen und etablierten Kreislaufs der Femizide von Ciudad Juárez zu erhellen. In der Tat hatte mich die Tatsache nach Ciudad Juárez geführt, dass mein Interpretationsmodell der Vergewaltigung imstande ist, ein neues Licht auf das Rätsel der Femizide

8 Vgl. das Kapitel: »La célula violenta que Lacan no vio: un diálogo (tenso) entre la antropología y el psicoanálisis«. In: Segato 2013.

zu werfen und es erlaubt, die Teile des Puzzles so anzuordnen, dass ein erkennbares Bild entsteht.

Ausgehend von diesem Modell, das die Rolle der horizontalen Koordinate des Gesprächs zwischen Mitgliedern der Bruderschaft berücksichtigt und betont, tendiere ich dazu, die Femizide von Juárez nicht als Verbrechen zu begreifen, in denen der Hass auf das Opfer der vorherrschende Faktor ist.[9] Ich bestreite nicht, dass die Misogynie, im engen Sinne die Verachtung der Frau, in dem Umfeld, in dem diese Verbrechen stattfinden, generalisiert vorhanden wäre. Aber ich bin davon überzeugt, dass das Opfer der Abfall dieses Prozesses ist, ein Rest, der weggeworfen werden kann. Zudem gibt es hinter dem Rätsel von Ciudad Juárez außergewöhnliche Konditionierungen und Anforderungen, um über die Schwelle der Zugehörigkeit zur Gruppe der Gleichen zu gelangen. Diejenigen, welche die Szene dominieren, sind die anderen Männer und nicht etwa das Opfer, dessen Rolle es ist, konsumiert zu werden, um die Nachfrage der Gruppe der Gleichgesinnten zu befriedigen. Die privilegierten Gesprächspartner in dieser Szene sind die Gleichen, seien es Verbündete oder Rivalen: die Mitglieder der mafiösen Bruderschaft, denen gegenüber es darum geht, Zugehörigkeit zu garantieren und den Pakt zu zelebrieren; die Antagonisten, denen gegenüber es gilt, vor den Mitbewerbern um Geschäfte Macht zur Schau zu stellen; die lokalen und nationalen Behörden, die Aktivisten, Wissenschaftler und Journalisten, die es wagen, sich in den geheiligten Herrschaftsraum einzumischen; die untergeordneten Verwandten – Väter, Brüder, Freunde – der Opfer. Diese Anforderungen und Formen der Zurschaustellung sind charakteristisch für die patriarchale Herrschaft in einer mafiösen Ordnung.

Die Femizide in Ciudad Juárez: eine kriminologische Wette

Ich stelle hier eine Reihe von Gedanken vor, die sich zusammengefügt zu einem möglichen Bild anordnen, einem möglichen Bild des Ortes, der Motivationen, der Zielsetzungen, der Bedeutungen, der Anlässe

9 Wie es z.B. auch in Radford/Russell 1992 vertreten wird.

und der Möglichkeitsbedingungen der Femizide. Mein Problem dabei ist, dass diese Darlegung nur die Form einer Auflistung annehmen kann. Die dargelegten Themen bilden trotzdem einen Bedeutungszusammenhang; nicht eine lineare Abfolge von aufeinanderfolgenden Elementen, sondern eine Bedeutungseinheit: die Welt von Ciudad Juárez. Und deshalb ist es nicht erforderlich, dass die Taten Teil eines diskursiven Bewusstseins seitens der Urheber sind, denn sie sind allem voran konstitutive Handlungen in ihrer Welt. Von Ursachen und Wirkungen zu sprechen, scheint mir nicht angemessen. Von einem Universum von miteinander verwobenen Bedeutungen und nachvollziehbaren Gründen zu sprechen, schon.

Der Ort: Die große Grenze

Als Grenze zwischen Überfluss und Mangel, Nord und Süd, Mars und Erde, ist Ciudad Juárez kein fröhlicher Ort. Hier gibt es viele Tränen und große Angst.

Es ist die Grenze, die das Geld überwinden muss, um auf festen Boden zu gelangen, dorthin, wo das Kapital endlich in Sicherheit ist und seine Früchte in Form von Ansehen, Sicherheit, Komfort und Gesundheit trägt. Die Grenze, hinter der das Kapital zu etwas Gutem wird, und wo jene Banken sind, die sich lohnen. Die Grenze zu jenem Land, das das am stärksten kontrollierte der Welt ist, mit seinem geschlossenen und fast unfehlbaren Überwachungsnetz. Von diesem Punkt, von dieser Linie in der Wüste aus muss jedes illegale Geschäft unter besserer Tarnung und in klandestinen Gruppen stattfinden, die stärker zusammenhalten und eingeschworener sind, als irgendwo sonst auf der Welt. Ein rigoroses Siegel der Verschwiegenheit ist eine Voraussetzung. Es ist die Grenze, an der die großen Unternehmer auf der einen Seite leben und auf der anderen ›arbeiten‹. Die Grenze der großen Expansion und der territorialen Aufwertung im wörtlichen Sinne: Gebiete, immer näher am Río Bravo, die tagtäglich der Wüste genommen werden. Es ist die Grenze mit dem lukrativsten Schmuggel der Welt: Schmuggel von Drogen und von Körpern. Es ist (auch) die Grenze hinsichtlich des Wertes der Arbeitskraft: einer der niedrigsten hier, einer der höchsten dort. Diese Grenze ist der Schauplatz der häufigsten und über den längsten Zeitraum andauernden Angriffe auf Frauen und ihrer Ermordungen mit einem ähnlichen *modus operandi*, der in ›Zeiten des Friedens‹ bekannt ist.

Die Ziele

Die Offensichtlichkeit der über einen enormen Zeitraum hinweg anhaltenden Trägheit der Justiz in Bezug auf diese Verbrechen lenkt unsere Aufmerksamkeit direkt auf einen permanenten Subtext derselben: Diese Verbrechen zeugen von Straflosigkeit. Straflosigkeit ist ihr großes Thema, und deshalb ist die Straflosigkeit der Schlüssel zu ihrer Entzifferung. Es könnte zwar sein, dass der Nährboden für die Morde das von mir gerade beschriebene Umfeld ist, das durch die Konzentration von wirtschaftlicher und politischer Macht, und somit durch ein hohes Maß an Privilegien und Schutz für bestimmte Gruppen gekennzeichnet ist, aber ich glaube trotzdem, dass wir falsch liegen, wenn wir die Straflosigkeit ausschließlich als kausalen Faktor betrachten.

Ich möchte folgende Idee ins Spiel bringen: Die Femizide von Juárez werden verständlicher, wenn wir aufhören, sie als eine Folge von Straflosigkeit zu denken, um uns stattdessen vorzustellen, dass sie Straflosigkeit produzieren und wiederholen. Das war meine erste Hypothese; und es könnte sein, dass es im Laufe der Zeit auch die vorrangige Absicht der Täter geworden ist: mittels einer kollektiv geteilten Komplizenschaft in diesen abscheulichen Exekutionen einen Pakt des Schweigens zu besiegeln, der den mafiösen Bruderschaften, die an der weltweit am stärksten überwachten Grenze agieren, eine unverletzbare Treue garantieren. Und dabei auch eine Fähigkeit zur Grausamkeit und die Macht über den Tod unter Beweis zu stellen, welche bei extrem gefährlichen Geschäften erforderlich sind. Das gewalttätige und makabre Opferritual eint die Mitglieder der Mafia und macht ihre Verbindung unantastbar. Die Geopferte, Teil eines beherrschten Territoriums, wird gezwungen, das Tribut ihres Körpers für den Zusammenhalt und die Vitalität der Gruppe zu zollen, und ihr Blutfleck definiert die geheimnisvolle Zugehörigkeit zu dieser Gruppe seitens ihrer Mörder. Mit anderen Worten: Die Straflosigkeit kann eher als Produkt, als ein Resultat dieser Verbrechen verstanden werden, weniger als ihr Grund. Die Verbrechen selbst sind dann eine Art der Produktion und Reproduktion dieser Straflosigkeit: ein Blutspakt mit dem Blut der Opfer.

In dieser Perspektive kann schon hier auf einen grundlegenden Unterschied zwischen dieser Art von Verbrechen und geschlechtsspezifischen Verbrechen hingewiesen werden, die in der Intimität des häuslichen Raums und an Opfern begangen werden (Töchter, Stieftöchter, Nichten, Ehefrauen etc.), die aus dem Umfeld der Täter stammen. Wenn der Mann im Schutz des häuslichen Raums Frauen missbraucht, die von ihm abhängig sind, dann weil er es tun kann, das heißt, weil sie bereits Teil des Territoriums sind, das er beherrscht. Der Angreifer, der sich den Frauenkörper auf offener Straße, also im öffentlichen Raum aneignet, tut dies, weil er zeigen muss, dass er es kann. Es handelt sich also im ersten Fall um die Bestätigung einer bereits existierenden Herrschaft. Im zweiten Fall handelt es sich um die Zurschaustellung der Fähigkeit zur Herrschaft, die mit einer gewissen Regelmäßigkeit wiederholt werden muss und mit rituellen Gesten der Erneuerung des Gelübdes der Männlichkeit in Verbindung gebracht werden kann. Die Macht ist in diesem Fall an eine öffentliche Darstellung gebunden, in der häufig ein räuberischer Akt gegenüber dem Frauenkörper dramatisiert wird. Aber die Produktion und die Erhaltung der Straflosigkeit durch das Siegel eines Schweigepaktes unterscheidet sich in Wahrheit nicht von dem, was man als Zurschaustellung der Straflosigkeit bezeichnen könnte. Die klassische Strategie der Reproduktion souveräner Macht ist die Verbreitung und auch die Spektakularisierung der Tatsache, dass sie sich außerhalb des Gesetzes befindet. Wir können die Verbrechen von Ciudad Juárez auch so verstehen und annehmen, dass sie einerseits die Allianz des mafiösen Paktes besiegeln können, andererseits aber auch eine exemplarische Funktion erfüllen, mittels derer die disziplinierende Kraft aller Gesetze verstärkt wird. Mit dem wichtigen Zusatz, dass die mafiöse Vereinigung in einem Netzwerk und über weitverzweigte Glieder mit Subjekten zu agieren scheint, die auf verschiedenen Ebenen an offiziellen Stellen angebunden sind. Somit erweist sie sich also als ein ›Zweiter Staat‹, der Kontrolle ausübt und dem sozialen Leben unter dem Mantel des Gesetzes eine Form gibt.

Dem ist so, weil der Urheber dieser Verbrechen mit der Fähigkeit, wiederholt und ungestraft zu entführen, zu foltern und zu töten, zweifellos den Zusammenhalt, die Vitalität und die territoriale Kontrolle über das korporative Netzwerk, dem er vorsteht, zur Schau stellt. Die Kontinuität dieser Verbrechen seit 1993, ohne dass ihre Wiederholung irgendwie gestört würde, erfordert zweifellos eine beachtliche Menge von Personen und materiellen Mitteln. Dazu gehört: die Kontrolle über ein weites und loyales Netzwerk von Verbündeten, der Zugang zu Orten, an denen gefangen gehalten und gefoltert werden kann; Autos für den Transport der Opfer; der Zugang und Einfluss bzw. das Einschüchterungspotenzial – oder die Bestechungen – gegenüber den Mitgliedern der Regierungen und der öffentlichen Verwaltung, und zwar auf allen Ebenen, auch der nationalen. Dabei ist es wichtig, festzuhalten, dass dieses Netzwerk von Verbündeten durch denjenigen in Gang gesetzt wird, der die korporativen Verbrechen von Ciudad Juárez befiehlt, und dass gleichzeitig durch die offene Zurschaustellung der totalitären Beherrschung des Ortes seine Existenz zur Schau gestellt wird.

Die Bedeutungen

Um genau diese zuletzt benannte Funktion zu erfüllen, werden die Morde zu einem Kommunikationssystem. Wenn wir den Botschaften, die dort in Umlauf sind, aufmerksam zuhören, können wir das Gesicht des Subjekts erkennen, das sie ausspricht. Erst dann, wenn wir verstehen, was dieses Subjekt zu wem und mit welchem Ziel sagt, werden wir die Position lokalisieren können, aus der heraus es seinen Diskurs formuliert. Deshalb müssen wir darauf insistieren, dass jedes Mal, wenn die Rede vom sexuellen Motiv leichtfertig wiederholt wird, anstatt das in diesen Gesprächen ›Gesagte‹ minutiös zu analysieren, die Chance vergeben wird, auf die Spur desjenigen zu kommen, der sich hinter dem grausamen Text versteckt.

Mit anderen Worten: Die Femizide sind Botschaften, die von einem Urheber ausgehen, der nur durch ein rigoroses ›Hinhören‹ auf diese Verbrechen als Kommunikationsakte identifizierbar, lokalisierbar und als Profil sichtbar wird. Wir finden das sprechende

Subjekt in seinem Diskurs, hier schreibt sich die Realität dieses Subjekts als Identität und Subjektivität ein, und so wird es verfolgbar und wiedererkennbar. Genauso können wir in der Aussage das Gesicht des Gesprächspartners finden, seinen Abdruck, wie ein Negativ. Das trifft nicht nur auf gewalttätige ›Acting outs‹ zu, denen die Polizei nachgeht, sondern auf den Diskurs jeden Subjekts, wie es bereits eine Vielzahl von zeitgenössischen Philosoph:innen und Literaturtheoretiker:innen erklärt haben.[10]

Wenn der gewalttätige Akt als Botschaft begriffen wird und die Verbrechen im Stile einer Antwort orchestriert zu sein scheinen, dann befinden wir uns in einer Situation, in der die Gewaltakte sich wie eine Sprache verhalten, die für Kenner:innen, Expert:innen und diejenigen, die sprechen, effizient funktioniert, und das auch dann, wenn diese Personen nicht direkt an der Aktion der Äußerung beteiligt sind. Deshalb ist es sehr schwierig, ein Kommunikationssystem mit einem gewalttätigen Alphabet, das sich einmal installiert hat, wieder zu deinstallieren, es abzuschalten. Denn die Gewalt, die in Form eines Kommunikationssystems entstanden ist und Gestalt angenommen hat, verwandelt sich in eine stabile Sprache und geht dazu über, sich fast mit der Regelmäßigkeit jeder Sprache zu verhalten.

Sich in solchen Fällen zu fragen, warum an einem bestimmten Ort gemordet wird, ist, als würde man fragen, warum eine bestimmte Sprache gesprochen wird (das Italienische in Italien, das Portugiesische in Brasilien...). Jede einzelne dieser Sprachen hat sich im Zuge von historischen Prozessen der Eroberung, der Kolonisierung, der Migration oder der Vereinigung von Territorien zu einem Nationalstaat zu einem bestimmten Zeitpunkt etabliert. In diesem Sinne sind die Gründe, warum wir eine Sprache sprechen arbiträr und können nicht mit einer Logik der Notwendigkeit erklärt werden. Und genauso sind es historische Prozesse, in deren Zuge eine Sprache abgeschafft oder in einem Gebiet ausgerottet wird. Das Problem der Gewalt als Sprache verschärft sich noch, wenn wir bedenken, dass es gewisse Sprachen gibt, die unter bestimmten historischen Bedingungen dazu tendieren,

10 Ein Panorama der Formen des zeitgenössischen ›Hinhörens‹ von Texten bieten Autoren wie Bachtin, Lacan, Levinas u.a., vgl. Patterson 1988.

zu einer *lingua franca* zu werden, und sich jenseits ethnischer oder nationaler Grenzen, aus denen sie stammten, verallgemeinern.

Fragen wir uns also: Wer spricht hier? Zu wem? Was sagt er dieser Person? Wann? Welche ist die Sprache des Femizids? Welcher Signifikant ist die Vergewaltigung? Meine Wette lautet folgendermaßen: Der Autor dieser Verbrechen ist ein Subjekt, das den Profit und die territoriale Kontrolle höher bewertet, als alles andere; auch höher als sein eigenes persönliches Glück. Ein Subjekt mit einem Umfeld von Vasallen, das sehr deutlich zeigt, dass Ciudad Juárez Eigentümer hat, und dass diese Eigentümer Frauen ermorden, um zu zeigen, dass sie es sind. »Souverän ist derjenige, dem gegenüber alle Menschen potenziell *homines sacris* sind« (»nacktes« Leben, das ohne Konsequenzen ausgelöscht werden kann, weil – wie es ein Rechtstyp der Todesstrafe im römischen Recht vorsah – die Verurteilung darin bestand, ihnen jeglichen zivilen *und* humanen Status abzusprechen), »und *homo sacer* ist derjenige, dem gegenüber alle Menschen als Souveräne handeln« (Agamben 2002, S. 94). Wer weiß, ob der Autor dieser Zeilen ahnte, dass der Begriff des nackten Lebens gewissermaßen auf Frauen bezogen werden kann, denn es ist möglich – das zeigen Orte wie Ciudad Juárez –, ihr Leben auszulöschen, ohne dass es rechtliche Konsequenzen hat.

Die souveräne Macht setzt sich nicht durch, wenn sie nicht fähig ist, Terror zu verbreiten. Mittels des Terrors richtet sie sich an die anderen Menschen der Gegend, an den Vormund oder die Verantwortlichen für das Opfer in seinem häuslichen Umfeld und an jene, die als Repräsentant:innen des Staates für seinen Schutz verantwortlich sind. Die Macht spricht die Männer der befreundeten und der verfeindeten Bruderschaften an, um so die Vielfalt der eigenen Ressourcen und die Vitalität ihres Unterstützernetzwerks zu demonstrieren. Sie bestätigt ihren Verbündeten und Geschäftspartnern gegenüber, dass die Gemeinschaft und die Loyalität der Gruppe weiterhin intakt sind. Sie teilt ihnen mit, dass ihre Kontrolle über das Territorium total ist, dass ihr Netzwerk von Verbündeten kohäsiv und vertrauenswürdig ist, und außerdem, dass ihre Mittel *und* ihre Kontakte grenzenlos sind.

Sie bezieht auf diese Art und Weise in vielen Situationen Stellung: wenn eine Bruderschaft sich konsolidiert; wenn ein Geschäft geplant ist, dass durch die Gefahr der Illegalität an dieser überwachten Grenze bedroht ist; wenn sich die Türen für ein neues Mitglied öffnen; wenn eine andere mafiöse Gruppe die Kontrolle über das Territorium herausfordert; wenn es Eindringliche von außen oder Kontrollen in diesem totalitären Gebiet des Ortes gibt.

Die Sprache des Femizids nutzt den Signifikant ›Frauenkörper‹, um die Position zu bezeichnen, die für ein höheres Gut, ein kollektives Gut – wie es die Beschaffenheit einer mafiösen Bruderschaft ist – geopfert werden kann. Der Frauenkörper ist der Index *par excellence* für die Position, die einen Tribut zollt, das Opfer, dessen Opferung und Komsumierung durch die Gemeinschaft leichter aufgenommen und naturalisiert werden können.

Die übliche doppelte Viktimisierung derjenigen, die schon Opfer ist, ist Teil des Verarbeitungsprozesses, genauso wie die doppelte und dreifache Viktimisierung ihrer Familie, die in den meisten Fällen durch eine trauernde Mutter repräsentiert wird. Ein kaum kontrollierbarer kognitiver Verteidigungsmechanismus mit dem Ziel, die Dissonanz zwischen der Logik, die uns annehmen lässt, wie das Leben verläuft, und der Realität, in der das Leben dann tatsächlich verläuft, zu reduzieren, führt dazu, dass wir denjenigen hassen, der diese Umkehrung, diesen Verstoß gegen die Grammatik der Soziabilität verkörpert. Angesichts der realen Abwesenheit eines Angreifers muss irgendjemand für das angerichtete kollektive Unglück verantwortlich sein.

So wie der Verurteilte zumeist einen großen Groll gegen sein Opfer hegt, weil er es mit der Wendung seines Schicksals und dem Verlust seiner Freiheit verbindet, so versinkt die Gemeinschaft immer tiefer in einer misogynen Spirale, die es angesichts des Fehlens einer Alternative, sich von dem eigenen Unwohlsein zu befreien, möglich macht, die Schuld für die erlittene Grausamkeit im Opfer selbst zu verorten. Wenn die erlebte Ungerechtigkeit als nicht tolerierbar empfunden wird, sagen wir leicht, dass es ja ›einen Grund geben muss‹, um unser Leiden zu reduzieren. Und so werden aus den Frauen von Ciudad Juárez schnell Prostituierte, Lügnerinnen, Partygirls, Drogenabhängige und all das, was uns von der Verantwortung und der Verbitterung, die uns ihr ungerechtes Schicksal beschert hat, befreien kann. In der Sprache des Femizids bedeutet Frauenkörper auch Territorium – ein

Begriff, der etymologisch archaisch ist und jüngst einige Verwandlungen vollzogen hat. In der Sprache der Kriege, seien es Stammeskriege oder moderne Kriege, ist konstitutiv gewesen, dass der Frauenkörper als Teil (oder Annex) des eroberten Landes begriffen wird. Die sexuelle Handlung an diesem Körper ist Ausdruck des domestizierenden, aneignenden Aktes, wenn das Körper-Territorium der Frau besamt wird. Deshalb kann das Kennzeichen der territorialen Kontrolle der Herren von Ciudad Juárez als Teil oder Ausweitung der eigenen Herrschaft in den Körper der Frauen eingeschrieben werden. In der Gruppenvergewaltigung vermengen sich – hierin Blutspakten ähnlich – die Körpersubstanzen all derjenigen, die daran teilnehmen. Es ist der Akt, Intimität in ihrer grausamsten Form zu teilen und das, was man mit größter Inbrunst betrachtet, auszustellen. Wie der freiwillige Schnitt in die Haut, aus der Blut fließt, ist die Vergewaltigung eine Veröffentlichung einer Phantasie, die Überschreitung einer Grenze und eine radikal kompromittierende Geste.

Ein weiteres Merkmal der Vergewaltigung, der sexuellen Herrschaft, ist, dass sich darin die rein körperliche Kontrolle mit der moralischen Kontrolle über das Opfer und seine Verbündeten verbindet. Die moralische Herabsetzung ist eine Bedingung dafür, dass die Herrschaft konsumiert wird. Die Sexualität ist, in der uns bekannten Welt, mit Moralität imprägniert.

Was also ist ein Femizid in dem Sinn, der diesem Wort in Ciudad Juárez zugeschrieben wird? Es ist der Mord an einer allgemeinen Frau, einem Typ Frau, allein deshalb, weil sie Frau ist und weil sie diesem Typ angehört. Und zwar in derselben Art und Weise wie der Genozid ein allgemeiner und tödlicher Angriff auf all diejenigen ist, die zu einer ethnischen, *rassialen*, sprachlichen, religiösen oder ideologischen Gruppe gehören. Beide Verbrechen zielen auf eine Kategorie, nicht auf ein spezifisches Subjekt. Dieses Subjekt, das Opfer, ist im Grunde als solches entpersonalisiert, die Kategorie, der es angehört, wird im Vergleich zu seinen individuellen biografischen Zügen oder seiner Persönlichkeit vorrangig.

Aber mir scheint, als gebe es einen Unterschied zwischen diesen beiden Typen von Verbrechen, der genauer untersucht und diskutiert werden sollte. So leitet beim Genozid das rhetorische Konstrukt des

Hasses auf den anderen die Handlung der Auslöschung. Beim Femizid hingegen ähnelt die Misogynie als der Handlung zugrundeliegendes Gefühl jenem des Jäger für seine Trophäe: Sie ähneln sich in der Geringschätzung des Lebens bzw. der Überzeugung, der einzige Wert dieses Lebens bestehe in seiner Verfügbarkeit zur Aneignung.

Die Verbrechen scheinen also von einem wahrhaft bestialischen ›Ius Primae Noctis‹ zu sprechen, von einem feudalen und postmodernen Freiherrn mit seiner Schar von Gefolgsleuten als Ausdruck *par excellence* seiner absolutistischen Herrschaft über ein Territorium, in dem das Recht über den Frauenkörper eine Ausweitung des Rechts des Herrn über seinen Grundbesitz ist. In der ganz und gar schrecklichen zeitgenössischen postmodernen, neoliberalen, poststaatlichen und postdemokratischen Ordnung wurde der Freiherr in die Lage versetzt, eine nahezu uneingeschränkte Kontrolle über sein Territorium auszuüben. Und das als Folge der unkontrollierten Akkumulation, die für die Gegend der Expansion an der Grenze charakteristisch ist und durch die Globalisierung der Wirtschaft und die Deregulierung des herrschenden neoliberalen Marktes noch verstärkt wird. Die einzige regulierende Kraft besteht in der Habgier und der räuberischen Macht seiner Konkurrenten: den anderen Freiherrn der Gegend.

Regionale Mikrofaschismen und ihre totalitäre Kontrolle über die Provinz begleiten den Verfall der staatlichen Ordnung auf dieser Seite der großen Grenze und erfordern mehr denn je und dringend die Durchsetzung von Formen der Legalität und Kontrolle seitens internationaler Organisationen. Die mysteriösen Verbrechen an den Frauen von Ciudad Juárez deuten darauf hin, dass die Dezentralisierung – in einem Kontext von staatlichem Verfall und Neoliberalismus – nur in einem Totalitarismus der Provinz münden kann, in einer regressiven Verbindung zwischen Postmoderne und Feudalismus, in der der Frauenkörper der territorialen Herrschaft unterworfen wird.

Die Ermöglichungsbedingungen

Eine zentrale Bedingung dafür, dass sich ein Kontext der Straflosigkeit etabliert, ist die extreme Asymmetrie, die durch die deregulierte Gewinnmaximierung seitens einer Gruppe entsteht. Wenn die Ungleichheit der Kräfte so extrem ist wie im grenzenlosen neoliberalen Regime, dann gibt es keine reale Möglichkeit, legale Geschäfte von illegalen zu trennen. Die Ungleichheit ist derart ausgeprägt, dass sie auf einem substaatlichen Niveau die absolute territoriale Kontrolle durch einige Gruppen und ihre Unterstützernetzwerke und Verbündete ermöglicht. Diese Netzwerke installieren alsdann einen wahrhaftigen Totalitarismus der Provinz, mit dessen Hilfe sie das in ihrer Gegend herrschende Kontrollregime eindeutig markieren und ausdrücken. Die Verbrechen an den Frauen von Ciudad Juárez sind meines Erachtens eine Art der Markierung einer derartigen territorialen Kontrolle. Ein wichtiges Merkmal von totalitären Regimen ist die Weltabgeschiedenheit, also die Darstellung des totalitären Raums als ein Universum ohne ein Außen, eingekapselt und sich selbst genügend. Ein Raum, in dem eine Strategie des Sich-Verschanzens seitens der Eliten verhindert, dass die Bewohner:innen Zugang zu einer anderen, einer alternativen, einer äußerlichen Wahrnehmung der Realität haben. Eine nationalistische Rhetorik, die auf der vorrangigen Konstruktion einer nationalen Einheit (wie im Fall der ›Mexikanität‹ in Mexiko, der ›tropischen Zivilisation‹ in Brasilien oder dem ›nationalen Wesen‹ in Argentinien) besteht, nützt jenen, die unrechtmäßig die territoriale Kontrolle und das Monopol der kollektiven Stimme innehaben. Diese Metaphysiken der Nation, die – so sehr sie sich auch als popular und progressiv präsentieren – auf einem ahistorischen Essenzialismus basieren, arbeiten mit der gleichen logischen Herangehensweise, mit der man auch den Nazismus verteidigt hat. Den gleichen Typus nationaler Ideologie kann man in den Provinzen finden, wenn eine regionale Elite ihre Herrschaft über den Raum gefestigt und ihre Privilegien durch eine vorherrschende Ideologie dieser Gegend legitimiert, das heißt, indem sie ihre Identifikation mit einer ethnischen Gruppe oder einem Erbe der Zivilisation entwickelt. Wirkmächtige nativistische Slogans drängen auf die Ausbildung eines Gefühls der Loyalität zu den Emblemen der territorialen Einheit, mit denen die Elite andererseits ihre Heraldik gestaltet. In einem totalitären Umfeld bedeutet populare Kultur in Besitz genommene, angeeignete Kultur: Die Bewohner:innen des kontrollierten Territoriums sind das *Pueblo*, doch die Autoritäten sind die Eigentümer des Diskurses, der traditionellen Kultur, des vom *Pueblo* produzierten Reichtums und des totalisierten Territoriums. Genauso wie in einem nationalen Totalitarismus besteht auch im regionalen Totalitarismus eine der Hauptstrategien darin, das Kollektiv gegen jeden Diskurs zu schützen, der als nicht autochthon bezeichnet werden könnte, der also nicht von der internen Loyalitätsverpflichtung ausgeht und durch diese besiegelt ist. ›Fremder‹ und ›in der Gegend fremd‹ werden in Kategorien der Anklage verwandelt und die Möglichkeit, ›von außen‹ zu sprechen, wird außer Kraft gesetzt. Deshalb ist die Rhetorik die eines kulturellen Erbes, das gegen alles verteidigt werden muss, und eine Rhetorik der territorialen Loyalität, die vorherrschend ist und andere Loyalitäten ausschließt; so um Beispiel die Loyalität dem Gesetz gegenüber oder die Treue zum Kampf um die Ausweitung von Rechten und die Forderung von Aktivist:innen und internationalen Schiedsgerichten zum Schutz der Menschenrechte.

Wenn also ›das Innen‹ und die mediale Kampagne die unmissverständliche Strategie der totalitären Anführer ist, dann ist ›das Draußen‹ immer der Ansatzpunkt für Aktionen auf dem Feld der Menschenrechte. In einem totalitären Umfeld ist das ›Wir‹ der am häufigsten wiederholte Begriff. Das Konzept des ›Wir‹ wird zu einer Verteidigung, zu etwas, das Halt gibt und patriotisch ist, und wer es verletzt, wird des Verrats bezichtigt. In einer solchen Form des Patriotismus sind die ersten Opfer die Anderen innerhalb der Nation, der Region oder des Ortes – also immer die Frauen, die *Schwarzen*, die autochthonen *Pueblos*, die Dissidenten. Diese Anderen im Inneren werden im Namen der sakralisierten und essenzialisierten Einheit der Kollektivität gezwungen, sowohl ihr Leid als auch das Argument ihrer Andersartigkeit zurückzustellen, zu verschweigen und zu opfern.

Es ist bezeichnend für dieses Konstrukt typisch totalitärer Darstellungen, in einem Totalitarismus der Provinz, dass die Medien in Ciudad Juárez jeden fremden Beobachter disqualifizieren. Wenn man beim Subtext der Nachrichten genau ›hinhört‹, wenn man zwischen den Zeilen liest, dann ist der Diskurs der Medien folgender:

»Lieber ein Mörder von hier, so grausam auch immer er sein mag, als ein fremder Gerechtigkeitsfanatiker, selbst wenn der recht hat.« Diese bekannte elementare propagandistische Strategie konstruiert, jeden Tag aufs Neue, den totalitären Schutzwall von Ciudad Juárez gegenüber jeder Bedrohung durch einen Blick von außen. Außerdem hat sie über die Jahre dazu beigetragen, dem *Pueblo* die Wahrheit vorzuenthalten und jene Kräfte innerhalb der Justiz zu neutralisieren, die sich weigern, ein Scharnier zwischen lokalen Mächten zu werden.

Unmöglich nicht an Ciudad Juárez zu denken, wenn wir Hannah Arendt lesen:

> »Totalitäre Bewegungen sind mit ›Geheimgesellschaften‹ verglichen worden, die sich im vollen Licht der Öffentlichkeit etablieren.[11] Die Struktur der Bewegungen [...] weist in der Tat auffallende Ähnlichkeiten mit gewissen bekannten Charakteristiken von Geheimgesellschaften auf. Gleich den Rängen in den Bewegungen beruhen die Hierarchien geheimer Gesellschaften auf dem Grad des ›Eingeweihtseins‹ ihrer Mitglieder, deren Leben nach den Vorschriften einer geheimgehaltenen Lebenssicht reguliert werden, derzufolge jede Tatsache und jedes Ereignis etwas anderes ›bedeutet‹, als was es in Wirklichkeit ist (oder zu sein scheint). Diese ständige Uminterpretierung der Wirklichkeit im Sinne des Schlüssels der Eingeweihten führt notwendigerweise zu einer konsequenten Lügenstrategie gegenüber allen Uneingeweihten. Die Mitglieder von Geheimgesellschaften werden durch absoluten Gehorsam zu einem oft unbekannten und stets in ein Geheimnis gehüllten Führer zusammengehalten, der von einer kleinen Gruppe völlig Eingeweihter umgeben ist; um diese wiederum bildet ›der Kreis der nur teilweise Eingeweihten ... gewissermaßen einen Puffer-Rayon gegen die gar nicht Eingeweihten‹. [...] Auch die Dichotomie der gesamten Welt, die organisatorisch verankerte ›absolute Feindseligkeit‹ gegen alle, die nicht zur Bewegung gehören, durch die totalitäre Bewegungen bereits vor der Machtergreifung ihre Mitglieder so wirkungsvoll aus ihrer normalen Umgebung herauslösen, haben sie mit Geheimgesellschaften gemeinsam. [...]
>
> Die Rolle des Rituals in den Bewegungen ist überhaupt für ihre Affinität mit Geheimgesellschaften bezeichnend. [...] Diese Idole sind jedoch keine eigentlichen Götzen und die Rituale kein Göt-

11 Arendt hier Koyré zitierend, s. Koyré 1997.

zendienst im Sinne einer pseudoreligiösen oder häretischen Bewegung. Sie sind nichts als organisatorische Attrappen gleich den furchteinflößenden Symbolen und Handlungen, mit denen Geheimgesellschaften seit eh und je ihre Mitglieder in Geheimhaltung und Treue hineinzuängstigen pflegten.
Was produziert wird, ist das Erlebnis einer mysteriösen Handlung, das offenbar als solches Menschen besser und sicherer aneinanderkettet als das nüchterne Bewusstsein, ein Geheimnis miteinander zu teilen.« Arendt 1958, S. 149-152)

Aber: Was für ein Staat ist das? Was für eine politische Führung ist es, die einen regionalen Totalitarismus produziert? Es ist ein Zweiter Staat, der einen Namen braucht. Einen Namen, der als Grundlage für die juristische Kategorie fungieren könnte, die imstande wäre, die Eigentümer dieses Zweiten Staates und das Netzwerk aus Komplizen, das von ihnen kontrolliert wird, rechtlich greifbar zu machen.[12] Die Femizide von Ciudad Juárez sind keine gewöhnlichen Sexualverbrechen, sondern korporative Verbrechen, und genauer gesagt, Verbrechen des Zweiten Staates, des parallelen Staates. Sie ähneln in ihrer Phänomenologie eher den Ritualen, die die Einheit von Geheimgesellschaften und totalitären Regimen begründen. Beide Verbrechen eint eine spezifische Charakteristik des Missbrauchs politischer Macht: Sie stellen sich als Verbrechen ohne personalisiertes Subjekt dar, die an einem Opfer begangen werden, das auch keinen Namen hat, ganz so, als entführe eine geheime Macht einen Typ Frau, die zum Opfer gemacht wird, um die eigene Fähigkeit zur Kontrolle zu bestätigen und zu stärken. Von daher handelt es sich viel eher um staatliche Verbrechen, Verbrechen gegen die Menschlichkeit, in denen der parallele Staat, der sie produziert, nicht gefasst werden kann, weil uns Kategorien und effiziente juristische Verfahren fehlen, um ihm die Stirn zu bieten. Deshalb müssen neue juristische Kategorien geschaffen

12 Giorgio Agamben erkennt den Begriff des ›dualen Staates‹ als adäquat dafür an, über das Funktionieren von totalitären Systemen wie dem Faschismus und dem Nazismus zu sprechen. Dieser Begriff spielt darauf an, dass diese einen konstitutionellen Rahmen und sekundäre Regeln hatten, eines ›Zweiten Staates‹, die das System zusammengehalten und funktionierend erhalten haben. S. Agamben 2004.

werden, um diese Verbrechen greifbar, juristisch nachvollziehbar und klassifizierbar zu machen: Es sind keine gewöhnlichen Verbrechen, das heißt keine geschlechtsspezifischen Verbrechen, die mit sexuellem Motiv oder aufgrund von Streitigkeiten im häuslichen Raum begangen werden, wie es Justizbeamte, Behörden und Aktivisten leichtfertig behaupten. Man könnte sagen, es sind Verbrechen des Zweiten Staates bzw. einer Korporation, in denen die expressive Dimension der totalitären Kontrolle überwiegt. Als ›Korporation‹ bezeichne ich hier die Gruppe oder das Netzwerk, das die Ressourcen sowie die Rechte und Pflichten eines parallelen Staates verwaltet, der fest in der Region etabliert ist, und dessen Tentakeln bis in die Großstädte des Landes hineinreichen. Kehren wir nun also die Begriffe für einen Moment um und sagen nicht, dass das *Telos* oder der Zweck des Kapitals und der ›Gebote der Kapitalbildung‹ der Prozess der Akkumulation ist – denn das würde letztlich bedeuten, in eine Tautologie zu fallen (der Zweck der Akkumulation ist die Akkumulation; der Zweck der Konzentration ist die Konzentration), womit wir den geschlossenen Kreis eines Selbstzwecks beschreiben würden. Sagen wir also anstatt dessen, dass der Zweck des Kapitals die Produktion der Differenz ist, und zwar mittels der Reproduktion und fortschreitenden Ausweitung der Hierarchie bis hin zur Auslöschung als unbestreitbarem Beleg seines Erfolgs. Dann würden wir schlussfolgern können, dass nur der Tod einiger Menschen den Ort und die Position aller Beherrschten, des beherrschten *Pueblos* und der beherrschten Klasse treffend und einleuchtend allegorisieren kann. Das Kapital bestätigt sich in der Ausschließung und seinem Signifikanten schlechthin, also der Macht zur Unterdrückung des anderen. Und was könnte den Ort der Unterwerfung besser versinnbildlichen als der Körper der *mestizischen* Frau, der armen Frau, der Tochter und Schwester der Anderen, die arm und *mestizisch* sind? Worin könnte sich die Andersartigkeit, die produziert wird, um besiegt zu werden, besser ausdrücken? Welche Trophäe könnte ein besseres Sinnbild für die Vorliebe für bestmögliche Geschäfte jenseits aller Regeln und Restriktionen sein? Diese in doppelter Weise andere Frau tritt somit als der Ort der Produktion und Signifikation der ultimativen Form totalitärer territorialer Kontrolle – über Körper und Gebiete, über Körper als Teil von Gebieten –

durch den Akt ihrer Erniedrigung und Unterdrückung auf den Plan. Wir befinden uns also vor der Grenzenlosigkeit beider Ökonomien, der symbolischen und der materiellen. Das Plündern und Ausrauben von Umwelt und Arbeitskraft gehen mit der systematischen und korporativen Vergewaltigung Hand in Hand. Vergessen wir nicht, dass der spanische Begriff für ›Raub‹ seine Herkunft mit dem englischen Begriff für ›Vergewaltigung‹ teilt.* Wenn dem so ist, dann können wir zum einen festhalten, dass das Verständnis des größeren ökonomischen Kontextes hilfreich ist, um die Vorgänge in Ciudad Juárez zu begreifen. Und zum anderen, dass es die aus einfachen Verhältnissen stammenden toten Frauen von Juárez in ihrer lokalen beengten Situation sind, die uns aufrütteln und uns zu der klarsten Lesart jenes Wandels führen, den die Welt unserer Tage erlebt – einer Welt, die in jedem Augenblick unwirtlicher und erschreckender wird.

Epilog

Die Tode und wir

Letztlich ist auch die Frage, welche persönlichen Motive dazu geführt haben, mich in den Fall Ciudad Juárez einzumischen, mit Bedacht zu prüfen. Ich habe dort zum Beispiel neben anderen Dingen folgendes verstanden: Obschon das größte Leid die Opfer selbst, ihre Mütter und die nächsten Angehörigen trifft, liegen die grausamen Verbrechen an Frauen in Ciudad Juárez in der obligatorischen Zuständigkeit aller Gerichtsstände und erfüllen alle Menschen, denen Gerechtigkeit und kollektives Glück am Herzen liegen, mit Sorge. Das ist in zweierlei Hinsichten so: Einerseits ähnelt das Thema der Femizide theoretisch, ethisch und juristisch dem großen Thema des Holocausts und seinen Dilemmata; beide Verbrechen sind Erbe, Lehre und Lektion für die gesamte Menschheit. Weder stehen die Täter außerhalb des Horizonts einer gemeinsamen Menschheit noch sind die Opfer mit einer essenziellen und idiosynkratischen Qualität ausgestattet, die sie von allen anderen massakrierten *Pueblos* der Geschichte unterscheiden

* Anm. d. Ü.: Raub, span. rapiña; Vergewaltigung, engl. rape.

würde. Die historischen Bedingungen, die uns zu Ungeheuern werden lassen oder zu Komplizen von Ungeheuern, belauern uns alle. Die Gefahr, zum Ungeheuer zu werden, schwebt über allen, ausnahmslos, genauso wie die Gefahr, zum Opfer zu werden. Es reicht, eine rigorose und präzise Grenze zwischen einem ›wir/uns‹ und einem ›die Anderen‹ zu ziehen und der Prozess nimmt seinen Lauf.

Andererseits, und um ein anderes Beispiel zu geben, ist auch das Problem des Rassismus ein Problem aller und nicht nur derjenigen, die ihn erleiden. »Das Problem des Rassismus ist euer Problem, das von euch *Weißen*, die ihr ihn produziert«, hat mir mal jemand gesagt. Und wer zusieht, wie sich der Rassismus um einen herum ausbreitet, und denkt, dass er einen nicht betrifft, wird einen hohen Preis zahlen. Während das Opfer, in seinem Leiden, vielleicht klarer sieht und ein Bewusstsein wiederherstellen kann, wird die angeblich ›nicht betroffene‹ Menschheit, ohne es zu merken und ohne dass es Abhilfe gibt, beschädigt und in einem unaufhaltsamen Zerfall versinken. Es kommen finstere Zeiten, deren Ursprung und Ursache wir nicht identifizieren können, weil es uns so vorkommt, als würde das verursachte Leid ausschließlich bei den Anderen manifest.

Aber das ist nicht der einzige Grund, weshalb wir es hier mit einem Problem aller Menschen zu tun haben. Wie bereits dargelegt, bin ich speziell im Fall von Ciudad Juárez davon überzeugt, dass wir es auch mit anderen Motiven zu tun haben, nämlich mit Verbrechen, die an uns verübt werden, die sich gegen uns richten – die Mexikanerinnen *und* die Mexikaner, Frauen aus anderen Ländern *und* die gesamte Menschheit. Und dass das, was uns mit den Tätern dieser Verbrechen ins Gespräch bringt, gewollt und absichtsvoll geschieht. Ich sage das nicht im Allgemeinen, sondern im engerem Sinne: Ich bin davon überzeugt, dass diese Verbrechen an uns gerichtet sind, lanciert aus einer vollständigen Kontrolle an dieser Grenze Mexikos und auf dieser Seite der Welt und als Aussage der totalitären Souveränität über das regionale Territorium. Anders gesagt: Ich behaupte nicht, dass wir darin verwickelt sind, einfach weil die Verbrechen uns angreifen, uns Leid zufügen, uns verletzen. Ich spreche vielmehr in einem strikt technischen Sinn. Und aus dieser Perspektive behaupte ich, dass die Zurschaustellung der willkürlichen Herrschaft über Leben und Tod der Bewohner:innen dieses Grenzgebietes – die auf den Körpern der Frauen als Dokument, als Erlass, als unanfechtbare Sanktion eines Dekrets dargestellt und in sie eingeschrieben wird – die Inszenierung eines Dialogs ist, der mit dem Gesetz und mit allen, die in ihm Zuflucht suchen, geführt wird. Diese Morde, die als Zurschaustellung der ausgeprägten Fähigkeit zum Töten, der Expertise in Sachen Grausamkeit und der souveränen Herrschaft über ein Territorium AN UNS gerichtet sind, sagen uns, dass es sich um ein fremdes, ein besetztes Hoheitsgebiet handelt, in das wir nicht eingreifen können. Und genau, weil wir damit nicht einverstanden sind, weil wir der Überzeugung sind, dass Ciudad Juárez sich nicht außerhalb von Mexiko und der Welt befindet, müssen wir die Position der antagonistischen, kritischen, uneinigen Gesprächspartner:innen einnehmen, in welche die Mörder uns versetzen.

Was tun?

Als ich glaubte, den gesellschaftlichen Kontext interpretiert und so meinen Beitrag für das, was ich gut als das »das Rätsel von Ciudad Juárez« bezeichnen könnte, geleistet zu haben, erinnerte ich mich einmal mehr an einen bestimmten Satz. Es ist ein Satz, der mich seit dem Tag verfolgt, an dem die Dokumentation *Señorita extraviada* von Lourdes Portillo dieses Thema in mein Leben gebracht hat: »Entziffere mich, oder ich verschlinge dich«, »Entziffere-mich-oder-ich-verschlinge-dich«. Offenbar unbewusst hatte ich die Herausforderung zwischen den rationalen Fähigkeiten und den Niederträchtigkeiten von Ciudad Juárez mit der Mahnung der Sphinx, die das Reich Theben zerstört, verbunden.

Als der Moment kam, in dem es galt, ein Fazit zu ziehen, kehrte die mokante Herausforderung der Sphinx mit ihrer ganzen bedrohlichen Kraft zurück: »Entziffere mich oder ich verschlinge dich«. Und im größten Zweifel denke ich an Ödipus, den Helden, der – wie wir glauben – die Sphinx besiegt und das Rätsel gelöst hat, das sie den Vorbeikommenden aufgab, und das sich heute in ein unschuldiges Spiel kindlicher Folklore verwandelt hat. Tatsächlich war Ödipus geschickt, listig und intelligent genug, um die richtige Antwort zu finden. Er hatte verstanden. Es war ihm gelungen, einen Sinn zu finden. Aber kurioserweise hat das weder ihn noch Theben vor dem tragischen Schicksal gerettet.[13]

Und just nach dem Moment, der den Anschein erweckt hatte, nun zu verstehen, zu begreifen, zu entziffern und zu enthüllen, nahm die tragische und unabwendbare Handlung ihren Verlauf. Ich glaube, das ist die Situation, in der wir uns jetzt in Ciudad Juárez befinden. Es mag sein, dass wir einen Schritt hin zum Verständnis der Tatsachen gemacht haben, denn ein blasses, aber erkennbares Bild des Puzzles verstreuter Teile, aus denen sich diese sinistre Scharade zusammensetzt, zeichnet sich ab. Gleichwohl scheint der erneute Fund einer Leiche, in der Gegend *Campo Algodonero* am 25. November 2004, dem Welttag zur Bekämpfung der Gewalt gegen Frauen, die Unsicherheit wieder zu vergrößern. Außerdem fällt der neue Fund, entsetzlicherweise, mit dem Jahrestag eines ähnlichen Fundes auf einer anderen Brache in Ciudad Juárez im Jahr 2003 zusammen. Ein hartnäckiger Gesprächspartner, der allen Interventionen gegenüber feindselig gesinnt ist, hört nicht auf, sich Gehör zu verschaffen.

Wir sagen, oder besser wir nehmen an, dass das Rätsel entziffert ist, dass wir wissen, was es uns sagen will. Trotzdem versinken wir, genauso wie der tragische Held, immer tiefer in einem Schicksal, das wir nicht aufhalten können.

Darüber grübelte ich nach, als mir das Buch *Die Erinnerung von Sciascia* von Federico Campbell in die Hände fiel. Aus dem Kapitel »Man wird nie erfahren«, in dem er das Buch *Schwarz auf schwarz* kommentiert, das Leonardo Sciascias Tagebucheinträge der Jahre 1969 bis 1979 versammelt, zitiere ich folgende Stelle: »Über Verbre-

13 »Ödipus, die Füße, die auf das Wissen zugehen, der berühmte Ödipus, der das berühmte Rätsel kennt, aber nicht weiß, dass es Tyche [die göttliche Ursache, die sich der menschlichen Logik entzieht und auf die Willkür des menschlichen Schicksals und der Geschichte anspielt] ist, die alles regiert, wie Iokaste es ihm vorhergesagt hatte, vergeblich« (Vicentini 1999). Und deshalb ist er, selbst wenn er es entschlüsselt, in den Begriffen des Rätsels gefangen. Tatsächlich gehören Ödipus und seine ganze Familie zu der Aussage: »Welches Wesen ist es, das gleichzeitig zwei-, drei- und vierfüßig ist?«, welche die Sphinx formuliert, und durch das Entziffern seiner offensichtlichen Bedeutung wird der verborgene Knoten der Zugehörigkeit zur Struktur der Geschichte nicht aufgelöst.

chen, die auch nur im entferntesten Zusammenhang mit den Praktiken der Macht stehen, wird man die Wahrheit nie erfahren.« Eine Gewissheit, die er mit zahlreichen Beispielen aus der jüngeren mexikanischen und italienischen Geschichte illustriert.

> »Man wird nie erfahren, wer Pasolini umgebracht hat. Man wird nie erfahren, wer Pisciotta vergiftet hat. Man wird erfahren, wer Manuel Buendía[14] mit Kugeln durchsiebt hat. Man wird nie erfahren, wer das Gemetzel von Tlatelolco ausgeheckt hat. Man wird nie erfahren, ob der Tod von Enrico Mattei ein Unfall oder ein Mord war. Man wird nie erfahren, wer die Bombe in der *Nationalen Bank für Landwirtschaft* auf der Piazza Fontana gelegt hat. Man wird nie erfahren, wer für das Gemetzel vom 10. Juni 1971 in San Cosme zur Verantwortung gezogen werden müsste. Man wird nie erfahren, wie und durch wessen Hände der Verleger Feltrinelli gestorben ist. Man wird nie erfahren, warum die Bewohner von *El Mareño* in Michoacán umgebracht wurden. Man wird nie erfahren, wer das Urteil von Huitzilac 1927 unterzeichnet hat. Man wird nie erfahren, wer auf Salvatore Giuliano und Francisco Villa geschossen hat. Man wird nie erfahren, ob die Tode von Benjamín Hill und Maximinio Ávila Camacho absichtliche Vergiftungen waren oder nicht. Man wird nie erfahren, ob die Flugzeugunglücke von Carlos Madrazo oder von Alfredo Bonfil tatsächlich Unfälle waren. Man wird nie erfahren, wer den Holocaust von Topilejo organisiert hat. Man wird nie erfahren, wer Rubén Jaramillo 1962 umgebracht hat. Man wird nie erfahren, wer, auf wessen Befehl hin und aus welchem Motiv heraus die Mitglieder des landwirtschaftlichen Betriebs von San Ignacio de Río Muerto in Sonora 1975 umgebracht worden sind. Man wird nie erfahren, wer 1988 die Ermordung des Journalisten Héctor Félix Miranda *El Gato* in Tijuana angeordnet hat. Man wird nie erfahren, wer dafür verantwortlich ist, dass Francisco Xavier Ovanda (einer der Kampagnenleiter während der Kandidatur von Cuauhtémoc Cárdenas für das Präsidentenamt) und der junge Aktivist Román Gil

14 Mexikanischer Journalist, der am 30. Mai 1984 ermordet wurde.

Heráldez am 2. Juli 1988 von Schüssen durchlöchert wurden.« (Campbell 2004, S. 23-25)

Gleichwohl, und an diesem Punkt zitiert Campbell Sciascia wörtlich: »Wir haben dagegen gleich nach wenigen Stunden erfahren, woher die Bombe stammte, die den Polizisten Marino tötete: ein sicheres Zeichen, daß die direkten und die indirekten Verantwortlichen keine Verbindung zur Hypermacht hatten.« (Sciascia 1988, S. 156f) In meinem tiefsten Inneren denke ich Folgendes: Ich fürchte, dass der tragische Charakter des menschlichen Schicksals das Muster ist, das das persönliche Leben und die Geschichte strukturiert. Und wenn die Tragödie ein Merkmal hat, eines unter vielen, dann, dass sie die Möglichkeit von Gerechtigkeit nicht zulässt, ohne ihr Wesen zu verfälschen. Und was, wenn Gerechtigkeit gar nicht möglich wäre, sondern nur Frieden? Würde irgendein Frieden genügen? Könnten wir uns damit zufriedengeben, dass die Frauenmorde in Ciudad Juárez irgendwann aufhören, und dann zur Vergangenheit gehören, ohne dass jemals Gerechtigkeit waltet?

Ich meine diese Fragen ernst, aufrichtig. Ich stelle sie mir allem voran selbst, in aller Stille. Falls sie uns sagen würden, dass der einzige Ausweg ein Waffenstillstand sei, wäre ich, wären Sie, in der Lage, diesen zu akzeptieren? Oder: Wären wir imstande, ihn nicht zu akzeptieren? Diese Frage befremdet und bestürzt mich, denn wenn Sciascia Recht hat, dann deutet das Jahrzehnt der Straflosigkeit darauf hin, dass die Verbrechen von Ciudad Juárez Verbrechen der Macht sind, und wir daher möglicherweise nur über den Niedergang und das Ende dieser Macht diskutieren müssten.

Kapitel 2

Die neuen Kriege und der Körper der Frauen

Einleitung

Die neuen, informalisierten Kriege finden heute in einem Zwischenraum statt, den wir als parastaatlich bezeichnen können, weil er von bewaffneten Unternehmen oder Korporationen unter Beteiligung von staatlichen und parastaatlichen Kräften kontrolliert wird. In dieser sich deutlich ausweitenden Sphäre der Parastaatlichkeit hat die Gewalt gegen Frauen aufgehört, ein Kollateralschaden der Politik zu sein, und sich in ein strategisches Ziel dieses neuen Kriegsszenarios verwandelt. Wir betrachten in diesem Kapitel den historischen Wandel, der mit der Informalisierung des Krieges einhergeht sowie die zentrale Bedeutung einer ›Pädagogik der Grausamkeit‹ denjenigen gegenüber, die sich in diesen Auseinandersetzungen nicht in der Rolle des bewaffneten Gegners befinden: Frauen und Kinder. Die Kriege haben sich grundlegend verändert. Sie sind nicht länger auf ein Ende hin ausgerichtet und ihr Ziel ist nicht länger der Frieden, in welcher Form auch immer. Das Projekt des Krieges ist heutzutage für seine Betreiber ein langfristiges Projekt, ohne endgültige Siege oder Niederlagen. Man kann tendenziell sagen, dass in vielen Regionen der Welt der Plan darin besteht, dass Krieg sich in eine Existenzform verwandelt. Einer der Gründe dafür ist, dass die imperiale Macht – angesichts des fortschreitenden Kontrollverlusts über die globale Ökonomie und der Verlagerung des Epizentrums des Kapitals – in der Ausweitung von Kriegen ihre ultimative Form der Herrschaft sieht. Die Vereinigten Staaten bereiten sich seit mindestens zwei Jahrzehnten auf diese apokalyptische Phase vor, und zwar mit unverhältnismäßig hohen Investitionen in die wissenschaftlich-technologische Forschung und die Kriegsindustrie. Der Krieg ist ihr letzter Trumpf angesichts des fortschreitenden Verlusts der eigenen Vorherrschaft. Der Krieg tritt heute eher mit Clausewitz denn mit Foucault in Erscheinung, als ultimative Materialität und irreduzibler Horizont der Politik, das heißt als Politik mit anderen Mitteln.

Es ist ein enteignender und ein lukrativer Krieg, ohne Anfang und Ende, von einem Ausnahmezustand hin zu einem Dauerzustand. Die Heiligtümer der besiegten Völker befinden sich heute nicht mehr unter jenen, die von den siegreichen Völkern auf ihnen errichtet wurden; vielmehr sind ihre freiliegenden Ruinen der Ort, an dem sich die räuberische Macht des Stärkeren offen zur Schau stellt. In diesem neuen weltweiten Kriegsszenario sind die Kriege auf unserem Kontinent nicht-konventionelle Kriege. Sie machen aus unserem Kontinent mit Blick auf kriegerische Auseinandersetzungen, die keine Staatenkriege sind, auch wenn an ihnen staatliche und nichtstaatliche Streitkräfte und Unternehmen beteiligt sind, die gewalttätigste Region der Erde. Auf unserem Kontinent befindet sich mit San Pedro Sula in Honduras die gewalttätigste Stadt der Welt, wenn man die Tötungsdelikte pro 100.000 Einwohner betrachtet; und mit Brasilien auch das gewalttätigste Land der Welt, denn hier liegen elf der 30 gewalttätigsten Städte der Welt (Vereinte Nationen 2014), gefolgt von Mexiko.

Ich werde im Folgenden die Auswirkungen dieser neuen Kriege auf das Leben der Frauen betrachten. Einige Wissenschaftler:innen beginnen, die neuen Muster und Merkmale des sich gewandelten Krieges zu untersuchen. Von den Stammeskriegen bis hin zu den konventionellen Kriegen, die es in der Geschichte der Menschheit bis zur ersten Hälfte des 20. Jahrhunderts gegeben hat, war der Körper der Frauen *qua* Territorium Teil der Eroberungen und Annexionen feindlicher Gebiete; mithilfe von Vergewaltigungen durch die Armeen der Besatzer. Dies hat sich heute – aus Gründen, die wir untersuchen werden – gewandelt, und zwar hin zur Vernichtung der Frau durch exzessive Grausamkeit, Ausplünderung bis zum letzten Atemhauch und Folter bis zum Tod.

Der Beutezug, der sich über das Weibliche erstreckt, äußert sich sowohl in noch nie dagewesenen vielfältigen Weisen der körperlichen Zerstörung, als auch in Formen des Menschenhandels und der Kommerzialisierung dessen, was diese Körper anbieten können, und zwar bis zum Äußersten. Trotz aller Erfolge im staatlichen Bereich und vermehrter öffentlicher Maßnahmen und Gesetze zum Schutz von Frauen, ist ihre Vulnerabilität angesichts der Gewalt gestiegen, und das gilt insbesondere für weibliche und weiblich markierte Körper im Kontext der neuen Kriege.

Das gilt auch für eine Sichtweise, in der die Kontinuität des Schicksals der Frauen in der Kriegsgeschichte betont wird, wie im Fall des inzwischen klassischen Textes der costa-ricanischen Juristin Elizabeth Odio Benito, Richterin beim *Internationalen Strafgericht* für das ehemalige Jugoslawien und erste Frau im Richteramt am *Internationalen Strafgerichtshof*. Darin räumt die Autorin ein, dass sich trotz der Entstehung und Unterzeichnung von humanitären Abkommen mit Klauseln zum Schutz der Frauen im Krieg in den Konflikten des 20. Jahrhunderts die Situation für die zivile Bevölkerung und insbesondere für Frauen und Kinder nicht nur verschlechtert hat, sondern auch, dass Vergewaltigungen und Formen sexuellen Missbrauchs »scheinbar immer grausamer werden« (Odio Benito 2001, S. 101).

In meiner Analyse werde ich versuchen, die Existenz eines Bruchs bzw. einer Diskontinuität in den gegenwärtigen kriegerischen Paradigmen aufzuzeigen: Sie sind durch ein Vorgehen, das eindeutig als parastaatlich beschrieben werden kann, zunehmend informalisiert, und zwar selbst in jenen Fällen, in denen der Staat eine unterstützende oder treibende Kraft des Handelns ist. Ich behaupte, dass die Rolle und die Funktion, die dem weiblichen oder weiblich markierten Köper in gegenwärtigen Kriegen zugewiesen wird, eine Verschiebung bzw. eine Umkehr des Kriegsmodells selbst offenbart. Die Kriege im ehemaligen Jugoslawien und in Ruanda stehen paradigmatisch für diesen Wandel: Mit ihnen hat eine neue Art der Kriegführung ihren Anfang genommen, in der die sexuelle Aggression eine zentrale Rolle als Kriegswaffe spielt, die Grausamkeit und Tod produziert, und zwar in Form einer Beschädigung, die gleichermaßen materieller und moralischer Art ist.

Diese neue Kriegführung deutet darauf hin, dass die Aggression, die Beherrschung und die sexuelle Ausbeutung nicht mehr wie zuvor, Elemente oder Kollateralschäden des Krieges sind, sondern dass sie eine zentrale Stellung in der Kriegsstrategie eingenommen haben. Und exakt wegen dieser zunächst unbemerkt gebliebenen Veränderung wurden »Vergewaltigung und andere unmenschliche Handlungen«, die während der Besatzung, Auslöschung oder Unterwerfung eines Volkes durch ein anderes begangen werden, auch auf Druck von Menschenrechtsorganisationen nach und nach in die Gesetzgebung über Kriegsverbrechen, Genozid und Verbrechen gegen die Menschlichkeit aufgenommen (Copelon 2000, S. 226). So wurde Vergewaltigung, »als Folter und Sklaverei« eingeordnet und ebenso wie »andere Formen sexueller Gewalt, erzwungene Nacktheit und sexuelle Darbietungen als unmenschliche Behandlung« in die Statuten des *Internationalen Strafgerichts* für das ehemal*ige Jugoslawien* und später als »konstitutive Akte eines Genozids« in die Statuten des *Internationalen Strafgerichts* für Ruanda aufgenommen (ebd., S. 230). Außerdem wurden diese Taten nach und nach als Kriegsverbrechen anerkannt, neben »Angriffen auf die persönliche Würde, insbesondere Vergewaltigung, erniedrigendes und herabwürdigendes Verhalten und sexuelle Nötigung« (ebd., S. 226). Auf diesem Wege gelangten die verschiedenen Formen sexueller Vergehen auch in das ›Römische Statut‹, die vertragliche Grundlage des *Internationalen Strafgerichtshofs*.

Um die neuen Kriege zu verstehen, müssen zunächst die veränderten Rahmenbedingungen betrachtet werden, welche sie erst ermöglichen, indem sie die Struktur der Konflikte beeinflussen. Diese Veränderungen entsprechen der globalen Marktwirtschaft der Spätmoderne, mit immer häufigeren kritischen Phasen des Kapitals, mit politischer Instabilität, dem Verfall der ›echten Demokratie‹ und mit einer wachsenden Durchlässigkeit der Staaten und der von ihnen verwalteten nationalen Territorien. Der Kontext dieses Wandels des Krieges – der heute nicht mehr der konventionelle Konflikt zwischen Nationalstaaten ist, wie er für das 20. Jahrhundert charakteristisch war – ist auch der Kontext des Wandels zahlreicher anderer Lebensbereiche: der Territorialität, der Politik, des Staates, der Wirtschaft und des Patriarchats selbst. Ich gehe im Folgenden auf die veränderten Rahmenbedingungen ein, die dem Kriegsszenario eine neue Struktur geben, indem sie dem weiblichen oder weiblich markierten Körper eine neue Rolle zuweisen, die ihn aus einer marginalen in eine zentrale Position überführt.

Informalisierung der kriegerischen Normen in der Gegenwart

Die neuen informellen Konfliktsituationen und nicht-konventionellen Kriege lassen ein Szenario entstehen, das auf der ganzen Welt viele verschiedene Gesichter hat, insbesondere in Lateinamerika: Die organisierte Kriminalität; die parastaatlichen repressiven Kriege der diktatorischen Regime mit ihren paramilitärischen Kräften bzw. offiziellen Sicherheitskräften, die aber paramilitärisch agieren; die Unterdrückung durch die Polizei, deren Agieren unausweichlich ein staatliches und ein parastaatliches Register kennt; das repressive und brutale Vorgehen privater Sicherheitsdienste, die Großbaustellen bewachen; die Unternehmen, die mit der Auslagerung des Krieges beauftragt sind; sogenannte ›interne Kriege‹ oder ›bewaffneten Konflikte‹ in den Ländern – all dies sind Beispiele dieser Kriegsordnung mit niedrigem Formalisierungsgrad. Es gibt weder Uniformen, noch Abzeichen oder Symbole, weder staatlich begrenzte Territorien noch Rituale oder Zeremonien, die eine ›Kriegserklärung‹, einen Waffenstillstand oder eine Kapitulation markieren würden. Und selbst wenn es eine Waffenruhe oder einen vermeintlichen Waffenstillstand gibt, bleibt dieser immer vage, provisorisch und instabil, und wird nie von allen Mitgliedern der Untergruppen der sich gegenüberstehenden bewaffneten Fraktionen eingehalten. In der Praxis haben diese Konflikte weder Anfang noch Ende, noch finden sie innerhalb klar abgrenzbarer zeitlicher und räumlicher Grenzen statt.

Bei den bewaffneten Gruppen oder Korporationen, die sich in dieser neuen Art des Krieges gegenüberstehen, handelt es sich um Banden, politische Gruppierungen, Maras, Cliquen, Gangs, Stammesgruppen, Mafias, von Unternehmen angeheuerte Söldner sowie parastaatliche und staatliche Streitkräfte, zu denen auch sogenannte Beamte der ›Öffentlichen Sicherheit‹ gehören, die ihren Ermessensspielraum in Staaten ausüben, deren wachsende ›Duplizierung‹ längst nicht mehr verheimlicht wird (auf diese doppelte Natur des Staates komme ich noch zu sprechen). Es handelt sich um ein diffuses kriegerisches Szenario, in dem die gewalttätigen Handlungen krimineller Natur sind oder sich an der Grenze zur Kriminalität bewegen.

Zudem sind die Handlungen ›korporativ‹, da die Verantwortung für dieselben bei den bewaffneten Mitgliedern einer parastaatlichen Korporation sowie ihren ›Köpfen‹ oder Anführern liegt, von denen das Mandat für die Handlungen der Täter ausgeht.

Dario Azzellini unterstreicht in seinem Buch *Das Unternehmen Krieg* und in einem ausführlichen Interview, in dem er seine Befunde zusammenfasst (Azzellini/Kanzleiter 2003, Azzellini 2007) die Differenz – bzw. die ›Diskontinuität‹ wie ich es oben bezeichnet habe – in der Geschichte des Krieges. Er stellt dabei fest, dass Söldner früher Individuen oder kleine Gruppen waren, marginal in Hinblick auf die Kriegführung. Heute hingegen sind sie eine Masse kriegerischen Humankapitals, das von großen Kriegsunternehmen unter der Bezeichnung ›Human Ressources‹ verwaltet wird, und ihre Handlungen sind frei von Kodizes, die das Verhalten der staatlichen Streitkräfte einschränken. Diese korporative und gesetzeswidrige Gewalt drückt sich insbesondere an den Körpern von Frauen aus, und diese Ausdruckskraft beschreibt genau den *Korpsgeist* derjenigen, die sie ausüben. Die Gewalt wird in die Körper der Frauen als den Opfern der informellen Konfliktsituation ›eingeschrieben‹, indem diese Körper zu einer Art Rahmen, einer Kulisse werden, in der sich die Struktur des Krieges manifestiert (Segato 2013, 2006, 2011a, 2012, 2013a). Mit anderen Worten, in diesen Kriegen mit niedrigem Formalisierungsgrad scheint sich eine Konvention oder ein Kodex zu verbreiten: die Bestätigung der Fähigkeit zum Töten der antagonistischen Fraktionen durch das, was ich als »Einschreibung in die Körper der Frauen« bezeichnet habe, und zwar in allgemeiner Form und mittels der Verbindung zum feindlichen Hoheitsbereich, als ein wirksamer Beweis eines flüchtigen Sieges über die Moral des Gegners (vgl. Segato 2013a).

Aber warum in die Frauenkörper und warum in Form sexualisierter Angriffe? Weil sexuelle Gewalt die moralische Vernichtung des Gegners bekräftigt, wo diese nicht durch eine öffentliche Unterzeichnung einer formellen Kapitulationsurkunde inszeniert werden kann. In diesem Zusammenhang ist der Körper der Frau die Kulisse oder die Stütze, in welche die moralische Niederlage des Gegners eingeschrieben wird.

Dabei ist es von zentraler Bedeutung, zu verstehen, dass es sich hierbei nicht um einen Angriff auf den Körper des Feindes handelt, auf den Körper des Killers der gegnerischen Seite, sondern um etwas Anderes. Die Angegriffenen sind fragile Körper, keine Kriegerkörper. Deshalb manifestiert sich in ihrem Leiden die Ausdruckskraft der brutalen Bedrohung gegen das gesamte Kollektiv so deutlich. Es handelt sich um die Botschaft grenzenloser Gewaltbereitschaft und einer niedrigen Schwelle menschlicher Sensibilität. Die Notwendigkeit, eine potenzielle Grenzenlosigkeit bei der Ausführung grausamer Handlungen nachzuweisen, ist bei Aktionen parastaatlicher Gruppen sogar noch entscheidender, da es keine anderen Dokumente oder Insignien gibt, die anzeigen, wer in einem beanspruchten Hoheitsgebiet die Autorität innehat. Einerseits wird die Brutalität so der einzige Garant für die Kontrolle über Territorien und Körper – und der Körper als Territorien – und andererseits ist die Pädagogik der Grausamkeit die Strategie zur Reproduktion dieses Systems. Die Ausdrucksfunktion dieser Verbrechen wird vor allem dadurch hervorgehoben und verstärkt, dass die Grausamkeit nicht an Kriegerkörpern verübt wird. Und diese Funktion ist, wie ich in all meinen früheren Analysen betont habe, allen Arten von geschlechtsspezifischer Gewalt inhärent und untrennbar mit ihr verbunden.

Wir haben es hier mit Kriegsverbrechen zu tun, mit Kriegsverbrechen in einer neuen Form des Krieges. Die Vergewaltigung und die sexuelle Folterung von Frauen und in einigen Fällen auch von Kindern und Jugendlichen, sind Kriegsverbrechen im Kontext neuer Konfliktformen, die für einen Kontinent mit expandierender Parastaatlichkeit charakteristisch sind. Und zwar deshalb, weil es Formen der Gewalt sind, die bestimmten Situationen innewohnen und die untrennbar mit diesen verbunden sind. Als da wären: die repressive Dimension des Staates gegen Andersdenkende, ausgeschlossene Arme und *Nichtweiße*; die Parastaatlichkeit, die für kriegerische Aktionen privater paramilitärischer Verbände charakteristisch ist; die Aktionen von Auftragsmördern – aus Banden und Maras stammend, die in peripheren Elendsvierteln der großen lateinamerikanischen Städte agieren, – und vermutlich klandestiner Verflechtungen all dieser genannten Gruppierungen. Der Zweck der Gewalt ist hier ein anderer als bei gewöhnlichen geschlechtsspezifischen bzw. sogenannten intimen Verbrechen. Gleichwohl bleiben die für die Konfiguration der patriarchalen Struktur zentralen Elemente bestehen und bedeutsam. So zum Beispiel das, was ich als Mandat der Vergewaltigung beschrieben habe, das von der männlichen Bruderschaft im geistigen Horizont des gewöhnlichen Vergewaltigers ausgelöst wird (Segato 2013). Dies entspricht letztlich dem Mandat der Bande oder bewaffneten Korporation, die befiehlt, die Frau, die mit gegnerischen Fraktion verbunden ist, oder das Kind, das sich nicht rekrutieren lässt oder ungehörig ist, durch Vergewaltigung herabzusetzen, zu unterwerfen und moralisch zu zerstören.

Man muss daran erinnern und man muss betonen, dass es sich hierbei nicht um sexuell motivierte Verbrechen handelt, wie es Medien und Behörden immer gern behaupten, um diese Art von Gewalt zu privatisieren und sie somit vor dem gemeinen Menschenverstand der öffentlichen Meinung zu verharmlosen. Es handelt sich vielmehr um Kriegsverbrechen. Um Verbrechen in Kriegen, die unbedingt neu definiert, unter einem anderen Licht betrachtet und auf der Grundlage anderer Modelle analysiert werden müssen; und die mit neuen juristischen Kategorien ins Recht, insbesondere ins Völkerrecht, also in den Bereich der Menschenrechte, des Humanitären Völkerrechts aufgenommen werden müssen. Verschiedene Wissenschaftler:innen haben begonnen, die Merkmale dieser neuen Form der Kriegführung zu umreißen. Dabei heben sie vor allem das Merkmal der Informalisierung des Krieges, der nicht länger als ein Konflikt zwischen Nationalstaaten beschrieben werden kann, hervor. Für Herfried Münkler zum Beispiel hat sich nach einer langen Phase der Verstaatlichung eine Rückkehr zur Privatisierung und Kommerzialisierung der Kriege vollzogen. Wie Azzellini unterstreicht auch Münkler den lukrativen Charakter dieser Kriege, ebenso wie den Einsatz von Söldnern und Kindern als Humankapital, die Transnationalisierung und »Entmilitarisierung«, also ihre Informalisierung (Münkler 2003, S. 202). In *Die neuen Kriege* spricht Münkler vom Übergang der Kontrolle über das Kriegsgeschehen von nationalstaatlichen Armeen hin zu kommerziellen, Warlords unterstehenden Banden, unter Beteiligung von staatlichen und parastaatlichen sowie privaten Akteuren (Münkler 2002, S. 11).

Durch diese Veränderungen löst sich die vormals klar gezogene Trennlinie zwischen »zulässiger Gewalt im Rahmen von Kriegshandlungen und Gewaltkriminalität« auf (ebd., S. 72). Im paradigmatischen Krieg der neuen Zeit, nämlich jenem im ehemaligen Jugoslawien, war es sowohl auf serbischer als auch auf bosnischer Seite »die Unterwelt der größeren Städte« mit ihren Schlägern und Mafiagangs, die »die entscheidenden Positionen in den sogenannten paramilitärischen Gruppierungen besetzte«.[15]

Was aber für unser Thema hier am wichtigsten ist, ist die Übereinstimmung in Bezug auf die Diskontinuität in der Behandlung von Frauen und Kindern in den neuen Kriegen. Zwar wurden Frauen immer als »Bestandteil der Beute, Preis des Sieges, Lustobjekt der Kämpfenden« behandelt, »aber solche stark generalisierenden Betrachtungen, für die Gewalt gegen Frauen in Kriegen zu einem identisch wiederkehrenden Ereignis wird, das auf anthropologische Konstanten verweist, übersehen das wechselnde Ausmaß und die unterschiedliche Intensität derartiger Gewalt. Selbstverständlich hat es auch in den klassischen Staatenkriegen immer wieder Gewalt gegen Frauen gegeben, aber spätestens seit dem 18. Jahrhundert handelte es sich dabei um ein Kriegsverbrechen, das verfolgt und bestraft wurde: üblicherweise mit dem Tode.« Die Kriege der vergangenen beiden Jahrzehnte hingegen nehmen keinerlei Rücksicht auf irgendwelche Maßnahmen oder Vorschriften zum Schutz von Frauen und Kindern. Münkler hebt hier die Wirksamkeit der Vergewaltigung als kostengünstiges Instrument der ethnischen Säuberung hervor: eine Form der Vertreibung ohne die Kosten von Bomben oder die Reaktion von Nachbarstaaten. Die drei Schritte einer »ethnischen Säuberung in großem Stil ohne Genozid« sind für den Autor folgende: »die Exekution des politisch-kulturellen Führungspersonals [...]; das Niederbrennen und Sprengen sakraler Gebäude und kultureller Denkmale; schließlich die systematische Vergewaltigung und Schwängerung von Frauen aus der zu vertreibenden Bevölkerungsgruppe«. Die Schlacht der konventionellen Kriege wird so wirksam und »mit weniger Kosten« verbunden durch die Massaker der zeitgenössischen Kriege ersetzt. Der Autor erwähnt

15 Für folgenden Zitate siehe Münkler 2002, S. 141-151.

auch die Demütigung und Entmännlichung, die dem Gegner seine Selbstbehauptung verwehrt, weil er nicht in der Lage ist, »seine« Frauen zu schützen. Hierin wird deutlich, dass es sich um einen Angriff handelt, der zwar auf den Gegner abzielt, aber »über die Gewalt, die dem weiblichen Körper zugefügt wird« erfolgt, und nicht wie vormals als Angriff »auf die bewaffneten Organe der Staatsmacht«. Und weil diese Praxis sich heute in Gesellschaften ausbreitet, in denen die Vergewaltigung zuvor selten vorkam, geht Münkler davon aus, dass es sich um eine kalkulierte und wohlüberlegte Gewalt handelt, die Teil einer Militärstrategie ist, die von traditionellen Verhaltensmustern unabhängig ist. Das heißt, es handelt sich hierbei nicht um »kulturell eingeübte Verhaltensweisen«, die sich auf dem Kriegsschauplatz Bahn brechen, sondern um ein geplantes militärisches Verhalten. Münkler konstatiert eine »umfassende Sexualisierung der Gewalt, wie sie in fast allen neuen Kriegen zu beobachten ist«.

Auch eine andere Expertin, die sich mit den neuen Kriegen befasst, Mary Kaldor, kommt ausgehend von ihrer Analyse der Geschehnisse in Serbien zu demselben Schluss: Seitens paramilitärischer Kräfte begann dort ein privatisierter Krieg, der sich der Demoralisierung der Eliten, der Schändung von Moscheen und heiligen Orte und der massiven Vergewaltigungen von Frauen als Methode maximaler militärischer Effizienz bedient hat. In Bezug auf die Massenvergewaltigungen geht die Autorin davon aus, dass sie – obschon es sie bereits in anderen Kriegen gab – angesichts des systematischen Charakters, den sie aktuell in Gefangenenlagern und an bestimmten anderen Orten annehmen, einen neuen Charakter als »Teil einer bewußten Strategie« des Krieges annehmen (Kaldor 2000, S. 85). Ausgehend von einem analytischen Rahmen, in dem sie die wirtschaftliche Globalisierung, die Identitätspolitik und den Kosmopolitismus als relevante Dimensionen für die Transformation des Krieges benennt, ist sehr interessant, wie diese Autorin eine Parallele zwischen drei Gewaltmustern zieht, die darauf abzielen, die territoriale Kontrolle zu erlangen. Und zwar nicht mit der Zustimmung der Bevölkerung, sondern vielmehr durch deren Vertreibung mittels des Einsatzes von Techniken der Aufstandsbekämpfung, die eine Atmosphäre permanenter Angst und Unsicherheit schaffen, dass gegen den Verbleib in den von ihnen bewohnten Gebieten spricht. Diese Techniken sind: Erstens, die Ausführung von Grausamkeiten in einer Art und Weise, durch die sie öffentlich werden. Zweitens, die Entweihung und Zerstörung all dessen, was gesellschaftlich bedeutsam ist, also der historischen und kulturellen Wahrzeichen, indem ihre physischen Spuren beseitigt werden, sowie die Zerstörung der religiösen Bauten und historischen Denkmäler, die einen territorialen Anspruch auf ein bestimmtes Gebiet symbolisieren. Und drittens, die Entehrung durch systematische Vergewaltigungen und Missbrauch. Die Autorin weist abschließend auf eine zentrale Differenz zwischen den Kriegen der Gegenwart und den konventionellen Kriegen der Vergangenheit hin:

> »Insgesamt betrachtet sind die unerwünschten und rechtswidrigen Nebenwirkungen der alten Kriege zu zentralen Bestandteilen des neuen Modus der Kriegführung geworden. [...] Diese Kriege hingegen sind rational in dem Sinn, daß in ihnen Kriegsziele zweckrational verfolgt und normative Beschränkungen abgelehnt werden. (Kaldor 2000, S. 160).«

In einigen Ländern Lateinamerikas haben sich in jüngster Zeit Forschungsgruppen gebildet, die Sexualverbrechen bei internen Konflikten in ihren Ländern untersuchen und forensische (Fernández 2009, Otero Bahamón/Quintero Márquez/Bolívar 2009) sowie juristische (u.a. Theidon 2004, Uprimny Yepes/Guzman Rodríguez/Mantilla Falcón 2008, Sondereguer 2012) Kategorien erarbeiten, um diesen spezifischen Typ der Gewalt als Kriegsverbrechen zu erfassen, zu analysieren und zu verfolgen. Ein Fall, zu dem es reichlich Literatur gibt, ist der von Guatemala. Diesbezügliche Arbeiten legen ihren Fokus auf die Analyse der systematischen Gewalt gegen indigene Frauen als zentrale Komponente des ›internen Konflikts‹. In Guatemala haben militärische Kräfte, die parastaatlich agierten, Frauen verschiedener Maya-*Pueblos* angegriffen, die die indigene Mehrheit in diesem Land bilden, Sie verübten an ihnen systematische Vergewaltigungen und Akte extremer Grausamkeit, die öffentlich wurden und in der Stigmatisierung und Ächtung dieser Frauen mündeten. Ihr Ziel war es, das soziale Gefüge zu untergraben, Misstrauen zu säen und die gemeinschaftliche Solidarität zu zerstören.

In ihrer interessanten Studie zum Fall Guatemala verweist Lily Muñoz auf eine aufschlussreiche Richtlinie im *Handbuch des Zentrums für Militärische Studien*, die genau das belegt, was die oben zitierten Autor:innen in Bezug auf den absichtlichen und kalkulierten Charakter der sexualisierten Gewalt behaupten (Muñoz 2013). Diese Richtlinie widerspricht der humanitären Vorschrift, derzufolge sexuelle Gewalt in Kriegen verboten und strafbar ist. Dort heißt es: »Truppen, die gegen subversive Kräfte vorgehen, sind einem andersartigen moralischen und psychologischen Druck ausgesetzt, als dies normalerweise in konventionellen Kriegsoperationen der Fall ist. Dies gilt insbesondere wegen der tief verwurzelten Abneigung des Soldaten, repressive Maßnahmen gegen Frauen, Kinder und Alte zu ergreifen.« Die Richtlinie endet mit der Betonung der Notwendigkeit, den Soldaten darin zu trainieren, diese Form von Gewalt gegen Subjekte auszuüben, die keine Kriegsteilnehmer oder bewaffnete Feinde sind, sondern gleichermaßen zivil und fragil. »Der Soldat ist normalerweise gegenüber polizeilichen Operationen und repressiven Maßnahmen gegen Frauen, Kinder und kranke Menschen der Zivilbevölkerung sehr ablehnend eingestellt, es sei denn, er wird äußerst gut auf die Notwendigkeit dieser Operationen vorbereitet.«[16]

Wandel des territorialen Paradigmas

Eine zweite Rahmenbedingung, die mit den Veränderungen in der Art der Kriegführung einhergeht und den Körper der Frauen betrifft, ist der Wandel des territorialen Paradigmas bzw. der Territorialität. In seiner Geschichte der Gouvernementalität legt Foucault eine Periodisierung der Beziehung zwischen Regierung und Territorium vor, die in diesem Kontext von Interesse ist. Foucault zufolge bestand das Regieren im Feudalismus und in der Frühen Neuzeit im Regieren eines Territoriums bzw. der ›Herrschaft‹ eines Feudalherrn oder Königs über ein Territorium, das alle Dinge und Subjekte dieses begrenzten Raums umfasste.

16 Zitiert nach Muñoz 2013, S. 15f.

Erst später, seit dem 18. Jahrhundert, hat sich das Regieren in ein Regieren der Bevölkerung verwandelt, also der Verwaltung der Menschen, die auf diesem Territorium ansässig waren. Diese Veränderung führte zu einem tiefgreifenden Wandel in der Auffassung von Eigentum und Besitz, der zweifelsohne – aufgrund der kognitiven Kontiguität zwischen dem Körper der Frau und dem Territorium – in einer tiefgreifenden Transformation der Konzeptionen von Geschlecht und Sexualität resultierte. Das Gleiche geschah in der nächsten Phase.

Die Disziplinartechniken und die exemplarische Zurschaustellung der Strafe, die Foucault im 18. und 19. Jahrhundert verortet, wurden im 20. Jahrhundert von der Kontrollgesellschaft abgelöst.[17] Die Ausübung der Pastoralmacht war ein zentrales Element dieser Transformation. Diese Technik, die ihren Ursprung in der jüdisch-christlichen Welt der biblischen Zeit hat, ist für Foucault die effizienteste Machttechnik, »eine zugleich individualisierende und totalisierende Form der Macht« (Foucault 2005, S. 277). Die Entwicklung der Regierungsformen schreitet bis zu einer letzten Stufe der Kontrolle über die Gesellschaft fort, und zwar jener der Macht als Bio-Macht, die mittels der Biopolitik ausgeübt wird, mit der entsprechenden Art der Regierung. Das heißt eine Regierung der Personen als biologische Wesen durch die Verwaltung ihrer Körper, einer Politik, die in dieser Phase auf die Körper Bezug nimmt (Foucault 1999, 2004a und 2004b).

Ich habe eben argumentiert, dass wir heute, was die Regierung und ihre Objekte der Verwaltung betrifft, vor dem langsamen Aufkommen eines dritten Moments stehen, in dem die Staaten mit nichtstaatlichen Agenturen konkurrieren, wobei beide die Kontrolle über die Bevölkerung mittels der Pastoralmacht ausüben, das heißt wie über eine Herde. Das entscheidende Merkmal der regierten Bevölkerung ist in dieser neuen Phase der dehnbare und fließende Charakter von Netzwerken, und nicht mehr die Fixierung auf ein Hoheitsgebiet, das staatlich verwaltet wird (Segato 2007, 2008).

Die vorherige Verankerung der regierten Bevölkerung innerhalb eines fixen und national begrenzten Territoriums wird umgestaltet,

17 Für ein neues Verständnis dieses Transformationsprozesses der Disziplinarmacht vgl. Deleuze 1993.

weil sich der Schwerpunkt der Kontrolle zunehmend auf eine mobile menschliche Herde hin verlagert, die nationale Grenzen überschreitet. Durch die Auswirkungen des Paradigmas der Bio-Macht wird aus dem Netzwerk der Körper das Territorium, und aus der Territorialität wird die Territorialität einer sich ausbreitenden Herde. Mit anderen Worten, das Territorium ist durch die Körper gegeben.

Aufgrund der Geschmeidigkeit der Netzwerke in Bezug auf den territorialen nationalstaatlichen Hoheitsbereich mit seinen Ritualen, Codes und Insignien, wird zum ersten Mal der Körper selbst zum Hoheitsbereich – mittels des Körpers und im Körper, der nun die Kulisse bilden muss, vor dem sich die Zeichen der Zugehörigkeit ausstellen.

Mit dieser letzten Phase wird also ein Wandel in der Territorialität selbst eingeführt, zumindest dann, wenn wir Territorialität als ein bestimmtes, historisch definiertes Konzept des Territoriums begreifen. Die Subjekte und ihre ›Territorien‹ werden durch jede Epoche und durch den Diskurs jeder Regierungsform mitproduziert. Daher sind die konstitutiven Elemente einer territorialen Erfahrung nicht fixiert, sondern werden historisch definiert. Man könnte auch sagen, dass diese zeitgenössische Form der Territorialität in Netzwerken ein Dispositiv ist, das die Subjekte in eine Zugehörigkeit hineinzieht, sie rekrutiert und markiert.

Die fortgeschrittene Moderne und die durch die Marktwirtschaft kolonisierte Lebensform tendieren dazu, die Subjekte von einem an den Staat gebundenen Territorium zu befreien. Sie produzieren Bevölkerungen und Territorialitäten, die in Netzwerken organisiert sind, die staatliche Hoheitsbereiche überschreiten und mit ihnen interagieren, aber nicht komplett mit ihnen zusammenfallen. Wie gesagt, staatliche und nicht-staatliche Agenturen der Verwaltung koexistieren. Einige nicht-staatliche Agenturen befinden sich komplett außerhalb der Legalität, andere stehen in einem Spannungsverhältnis zur staatlichen Institutionalität, wobei sie ihre unterschiedlichen Projekte und Interessen immer neu konturieren und abstimmen. Die Netzwerke produzieren ihrerseits ihre eigenen Landschaften.

Die neuen Verwaltungsagenturen der Netzwerke müssen nun zur Kontrolle der Herde ihre pastoralen Kontrollkapazitäten, ihre Biopolitik sowie ihre Strategien zur Markierung der Körper so weit als irgend möglich intensivieren, damit diese ihre Zugehörigkeit zur Schau stellen. Die Regierung hat sich ihrerseits vom Staat getrennt, und staatliche Regierungen – im Sinne von Verwaltungen – teilen sich nun den Raum auf. Sie koexistieren und konkurrieren, wie bereits gesagt, mit nicht-staatlichen Regierungen – Managementagenturen – seien sie korporativ-wirtschaftlicher, identitätspolitischer, religiöser, kriegerisch-mafiöser oder anderer Art. In Verbindung mit der Bio-Macht, welche die Körper in den Mittelpunkt der Verwaltung stellt, und der pastoralen Technik, welche die Herden durch die Produktion und die Kontrolle von Subjektivitäten anführt und produziert, resultiert daraus ein neues Paradigma der Territorialität. Und das heißt, der Konzeption und Definition dessen, was Territorium bedeutet. Dies hat seinerseits starke Auswirkungen auf die Position und die Rolle des Körpers der Frauen, weil dieser von alters her kognitiv mit der Idee des Territoriums verknüpft ist.

Im vorhergehenden Stadium der Kontrollgesellschaft setzte der Staat pastorale und biopolitische Techniken ein, um gefügige Untertanen zu produzieren. In der gegenwärtigen Übergangsphase sind die Managementorganisationen der Bevölkerungsnetzwerke selbst für die Politik der Subjektivierung zuständig. Der Staatsapparat und sein Territorium werden von diesen neuen Realitäten der Hoheitsbereiche durchkreuzt – wie schon gesagt: seien sie korporativer, unternehmerischer, identitätspolitischer, religiöser, kriegerisch-mafiöser oder anderer Art – die jeweils für sich einen wichtigen Einfluss auf die Entscheidungsfindung und den Zugang zu Ressourcen beanspruchen.

Diese Netzwerke sind intern diversifiziert und stratifiziert, sie durchqueren ein bereits bestehendes Territorium und unterliegen ihrer eigenen Nomenklatur. Da sich die Herden von den nationalen Territorien und stabilen Landschaften losgelöst haben, die ihnen zuvor als Referenz dienten und die sie zusammenhielten, müssen Unterordnung und Zusammenhalt zwischen den Mitgliedern jetzt ausschließlich durch ein einheitliches äußeres Bild ausgedrückt werden. Das heißt, die Einheit muss zur Schau gestellt, spektakularisiert werden und hängt von performativen Mitteln ab. Es bedarf klarer Zeichen der Zugehörigkeit einerseits und des Ausschlusses der Nicht-Zugehörigen andererseits. Loyalitäten gegenüber dem Netzwerk gestalten das Territorium als protopolitische Einheiten und ihre Oberhäupter verhalten sich wie parastaatliche Anführer, die bei der Kontrolle der Bevölkerungen mit dem Nationalstaat koexistieren. Jener Typ von Loyalität, den Habermas »Verfassungspatriotismus« (1987, S. 173) genannt hat, wird durch einen »Patriotismus den Regeln des Netzwerks gegenüber« ersetzt, und die neuen Territorien breiten sich in einem Prozess konstant weiter aus, den man als ›sanfte Annexion‹ bezeichnen könnte. Das Netzwerk verfügt im Gegensatz zum Nationalstaat über keine im herkömmlichen Sinne kriegerische Tradition, aber es konstituiert sich im Konflikt. Seine Entstehung und die Festlegung seiner Grenzen sind nicht kriegerischen Ursprungs, wie in der Geschichte der Nationalstaaten, vielmehr ist ihre Konflikthaftigkeit diffus, ohne Anfang und Ende, eine Existenzform. Die Netzwerke gehören zu dem Feld, das durch das umfassende Paradigma der Identitätspolitik geformt ist, und bieten den gewöhnlichen Menschen territoriale Ersatzheimaten (Segato 2007). In dem Maße, in dem einerseits die Territorien in jedem korporativen Netzwerk zu ausdehnbaren Bahnen gemeinsamer Identität und geteilter Interessen wurden, und andererseits die Rolle der stabilen Landschaften als Referenz für die Identität schwächer wurden, spielt die ritualisierte Zurschaustellung von expressiven Formen vernetzter Loyalitätsformeln zunehmend eine entscheidende Rolle. In diesem neuen Milieu sind die Menschen die Bewahrer und Träger des Territoriums, und die Reihe von Personen, die zu einem Netzwerk gehören, ist eine Bevölkerung. Mit anderen Worten: Die Personengruppe, die einem bestimmten Netzwerk angehört, konstituiert als solche das Territorium und die Bevölkerung dieses Netzwerkes. Deshalb können wir sagen, dass die Körper selbst die Landschaft bilden und den Bezugspunkt dieses Territoriums der Herde konstituieren, die sich immer weiter ausdehnt und konsolidiert, und zwar als Träger jener Zeichen, aus denen die Heraldik zusammengesetzt ist, die die eigene Existenz des Netzwerks symbolisiert.

Der Körper und aufgrund seiner archaischen Affinität mit der territorialen Dimension insbesondere der Körper der Frauen, stellt hier die Kulisse oder die Tafel dar, auf der Zeichen der Zustimmung eingeschrieben sind. Kodierte Attribute der Zugehörigkeit werden darauf eingraviert oder angebracht. In diesen Körper, speziell in den weiblichen oder weiblich markierten Körper meißeln die Feinde des Netzwerkes hasserfüllt die Zeichen ihrer Gegnerschaft.

Wenn die Betonung auf den äußeren Zeichen der Zugehörigkeit liegt – als den einzigen, die die Einheit der Gruppe ausdrücken –, dann müssen der innere Dissens und die Debatten notwendigerweise eingeschränkt und unterdrückt werden, so dass sich das territoriale Paradigma in der körperlichen Zurschaustellung der unterscheidenden Zeichen einer kohäsiven Loyalität durchsetzt. Die berühmten Tätowierungen der Mitglieder der zentralamerikanischen Maras sind ein perfektes Beispiel für diese Zurschaustellung von Zugehörigkeit. Diese so markierten Kollektivitäten prallen nicht aufeinander, da sie zivilisatorisch unterschiedlich sind, wie es die These Huntingtons besagt. Im Gegenteil, sie spektakularisieren ihre Unterschiede, sie überhöhen sie, denn sie konkurrieren um Ressourcen. Sie gehören demselben territorialen und politischen Paradigma an, und es gibt viel mehr, was sie eint und sie zu einem Teil derselben Welt macht, als was sie trennt. Ihre spektakulären Zeichen des Zusammenhalts und der Abgrenzung sind nur die Vitrine, die öffentliche Inschrift ihrer Existenz und ihres korporativen Zusammenhalts. Ihre Rolle besteht darin, die innere Einheit und Loyalität der Gruppe sowie die Fähigkeit ihrer herrschenden Klasse – also ihrer Eliten – diese Gruppe zu kontrollieren, ohne jeden Zweifel zum Ausdruck zu bringen. Die Zugehörigkeit muss daher externalisiert und dramatisiert werden. Wenn es sich bei dem Herrschaftsbereich oder dem Hoheitsgebiet nicht um ein bestimmtes Lehnsgut oder eine Nation handelt, sondern um einen fließenden Zusammenschluss, gewinnen die Ausdrucksformen der Zustimmung und der Gegnerschaft an Bedeutung. Die performative Wirksamkeit einer ritualisierten Identität, einer Identität als Politik, ist hier von entscheidender Bedeutung. Der gehorsame Körper wird somit nun zu einer Funktion eines Territoriums, dessen Einheit nicht anders ausgedrückt werden kann. In der Logik der Identitätspolitik ist das zentrale Thema weniger eine Frage der Überzeugung als eine Frage der Repräsentation.

Der als Territorium eingeschriebene Körper und seine Affinität zur Bio-Macht ist die ultimative Form der Kontrolle und komplettiert die Idee der neuen Territorialität und ihrer ostentativen Forderungen nach Loyalität und Gegnerschaft. Man könnte sagen, dass diese Territorialität para-ethnisch ist. Diese neue Territorialität ist nichts anderes als ein *hidden script* und Voraussetzung für die nicht-konventionellen Kriege, die neuen Kriege: Die Macht wirkt in dieser Phase direkt auf die Körper ein. Deshalb kann man aus dieser Perspektive auch sagen, dass die Körper und ihre direkte räumliche Umgebung sowohl das Schlachtfeld der konfligierenden Mächte sind, als auch die Kulisse bilden, vor der die Zeichen ihrer Annexion angeheftet und ausgestellt werden.

Wie gesagt, der weibliche oder weiblich markierte Körper eignet sich auf effektivere Art und Weise für diese Funktion des Ausdrucks, weil er schon immer mit territorialer Bedeutung durchdrungen war und ist. Das Schicksal der weiblichen Körper, die in Kriegen aller Epochen vergewaltigt und geschwängert wurden, geben davon ein beredtes Zeugnis ab (Segato 2013, 2006). Was sich allerdings mit der neuen Territorialität vollzieht, ist eine Umkehr dieses Zusammenhangs, weil der Körper von dieser Kontiguität und der Zugehörigkeit zu einem eroberten Land unabhängig wird – und selbst zum Terrain-Territorium der kriegerischen Auseinandersetzung wird.

Der entsprechende Wandel in der politischen Kultur oder: die Fraktionalisierung der Politik

Im Einklang mit dem Wandel des territorialen Paradigmas vollzieht sich auch ein Wandel auf dem Feld der Politik, das heißt auf dem Feld der Interessenkonflikte und des Ausdrucks von Antagonismen. In diesem neuen Kontext ist die Spektakularisierung von sichtbaren Aspekten der Differenz – ethnisch, religiös, *rassial*, altersmäßig etc. – zwischen den Antagonisten wichtiger als der Inhalt dieser Differenz. Und zwar angesichts ihres eigenen instrumentellen Handelns bei der Produktion und Reproduktion von Konflikten, die aufgrund ihres lukrativen Charakters für die Kriegsindustrie und die privaten Militärunternehmen in der gegenwärtigen Zeit zum Selbstzweck geworden sind (Azzellini 2005, 2007, Münkler 2002). In diesem neuen territorialen Entwurf liegt der Wert in der Zugehörigkeit, in der Mitgliedschaft, in der politischen Identität, in der Herdenexistenz. Und diese neuen korporativen Mechanismen in Wirtschaft und Politik kommen demjenigen zugute, dem es gelingt, sich als Mitglied des Netzwerks zu positionieren und zu verhalten.

An dieser Stelle muss ich allerdings auf den diametralen Unterschied hinweisen, der zwischen meinen Ansichten und der berühmten und vielgepriesenen These Huntingtons, die ebenfalls eine These über den Krieg ist, existiert. Huntington behauptet, dass sich die Kulturen in antagonistischen Blöcken formieren, weil sie unterschiedlich seien, und formuliert eine Perspektive, die man als ›ethnischen Determinismus‹ bezeichnen kann. Daraus leitet er eine Zukunft mit kriegerischen Auseinandersetzungen ab, deren Ursprung in den Differenzen der Weltanschauungen, Glaubenssystemen, Werten und sozialen Projekten der Kulturen liege, die heute enger zusammenleben als in der Vergangenheit. Für Huntington ist die zivilisatorische Differenz der entscheidende Faktor der Antagonismen. Meine These geht in die komplett entgegengesetzte Richtung: Ich behaupte, dass wir es gegenwärtig mit einer politisch-identitätsbezogenen Sprache zu tun haben, in der sich Positionen mit konkurrierenden Interessen – die ich vor allem als Interessen territorialer Natur im oben beschriebenen Sinne verstehe – mittels kultureller Markierungen ausdrücken, die zu genau diesem Zweck überhöht und instrumentalisiert werden (Segato 2007, 2008).

In diesem Antagonismus bedient man sich eines ethnischen oder religiösen Vokabulars, mit dem Ziel, das Eigene zu symbolisieren und zu politisieren. Das Muster der Identitätspolitik ist vorherrschend, aber es schwächt und entleert die Dichte und Profundität der substanziellen Inhalte der zivilisatorischen, ethnischen, ideologischen, doktrinären und theologischen Differenzen (Segato 2007). Es existiert eine ethnische oder religiöse Formatierung des Netzwerks politischer Zugehörigkeit, die immer auf Identität basiert, aber die gemeinsame Grundlage aller Auseinandersetzungen ist der Kampf um die territoriale Herrschaft und die Globalisierung des Kapital und des Marktes. Deshalb sind die Menschen verpflichtet und gezwungen, sich an den Zeichen zu orientieren, die diese Hoheitsbereiche markieren, denn die Gefahr, falls sie dies nicht tun, ist, dass sie ihre Interessen nicht mehr ausdrücken können und keine Mittel finden, sie durchzusetzen.

Die Formatierung der Identitäten als Pfeiler der Politik hat auch mit dem Territorialen zu tun, mit dem, was ich als den territorialen Charakter der heutigen Politik beschrieben habe. Die politische Kultur der Identitäten ist auch territorial, und das bis hinein in die Parteipolitik, die heute eine Frage der Identität und deshalb auch eine des Territoriums ist. Die Ausweitung von Identitäten in Netzwerken, die Formen der Annexion von Mitgliedern in auf Identität bezogenen Netzwerken – oder in anderen Worten: in Netzwerken als Territorien – ist aktuell das Thema und das Projekt der Politik. Genauso wie die Religionen sich heute der fundamentalistischen Kontrolle der Körper (und hier setze ich den obligatorischen Schleier im Islam und die Besessenheit im Kampf gegen den Schwangerschaftsabbruchs der Christen auf eine Stufe) verschrieben haben – und zwar aus Gründen der Souveränität über den Hoheitsbereich, der Kontrolle der Herde und der Zurschaustellung dieser Kontrolle, und nicht etwa aus theologischen, moralischen oder doktrinären Erwägungen – genauso haben die Motive der Politik ihren Fokus auf die ideologische Dimension verloren und sind heute von der Idee des Zusammenhaltes und der Allianzen geprägt. In diesem Sinne ist sogar die Parteipolitik heute ›Identitätspolitik‹ und auch ihr Projekt kann als ein territoriales verstanden werden, insofern als man das Netzwerk ihrer Mitglieder als ihr Territorium begreift.

Der einzige Wert, um den es geht, ist die Macht. Und der geheime Code dieser Strategie, die dem Zusammenhalt der Allianzen und seiner klaren Symbolisierung jenseits aller Dimensionen von Differenz den Vorrang gibt, ist das Konkurrenzverhältnis im Kampf um die Macht und der bestehende Pakt zwischen den konfligierenden Fraktionen oder Parteien hinsichtlich der Handlungsmuster, die darauf abzielen, eine Portion Macht – im Sinne der hoheitsgebietlichen Kontrolle über Ressourcen und Personen – zu erlangen. Diese Macht findet in der Kontrolle der Körper die entscheidende Stütze, um dargestellt werden zu können und die eigene Pädagogik auszuüben.

Wenn ich von einem geheimen Code und einem Pakt oder einer strategischen Vereinbarung zwischen den um die Macht kämpfenden Fraktionen spreche, dann meine ich damit, dass alle die Neukonfiguration des politischen Feldes – als ein Feld, in dem existierende Netzwerke Territorien markieren – anerkennen. Diese Netzwerke teilen spezifische menschliche, materielle und symbolische Ressourcen unter sich auf. Für die entsprechenden Territorien ist charakteristisch, dass sie nicht demokratisch und intern nicht sozial homogen sind, sondern stark stratifiziert: Eine politisch führende, doktrinär-religiöse oder unternehmerische Elite findet hier einen Weg, große finanzielle Ressourcen zu horten, die ihr das Monopol der Entscheidungsgewalt sowie eine strenge Kontrolle, Überwachung und Möglichkeit zur Zensur über all ihre Mitglieder verleiht. Dem ist so, weil man nur dann Zugang zu dieser *lingua franca* des politischen Managements hat, wenn eine interne Schichtung gelingt, in der die Auseinandersetzung zwischen Netzwerken eine Auseinandersetzung zwischen ihren Nomenklaturen und das Netzwerk selbst die Manövriermasse der Elite für ihr Projekt der Ausweitung territorialer Herrschaft ist. Ich behaupte nicht, dass es diese Strategie nicht schon vorher gegeben hätte. Was ich sage, ist, dass dieses Paradigma einer niedrigschwelligen Doktrin und des Vorrangs eines ›Projekts der Macht‹ vor einem ›politisch-ideologischen Projekt‹ zur allgemeinen Grammatik geworden ist, die das Agieren der politischen Fraktionen kompatibel macht. Aus Gründen, auf die ich weiter unten eingehen werde, antworten die neuen Formen des Krieges auch auf diese *lingua franca* der unterschiedlichen Fraktionen und sind perfekt auf das neue Paradigma der Politik abgestimmt.

Mafialisierung der Politik und die Einhegung des kriminellen Feldes durch den Staat

Ich spreche hier keineswegs, wie man meinen könnte, von einer Mafialisierung des Staates, sondern von einer Einhegung des kriminellen Feldes durch den Staat, also von der Institutionalisierung der Kriminalität. Dies ist meine aktuelle Lesart des Phänomens der Verbindungen und kommunizierenden Röhren zwischen dem Staat und der kriminellen Unterwelt. Meine Wette lautet folgendermaßen: Wir befinden uns in der letzten Phase der *Robin Hoods* à la Escobar oder Escadinha. Die Zeiten solcher Romantisierungen im kriminellen Feld sind Geschichte. Die moderne institutionalisierte Kriminalität von heute verhält sich zur Kriminalität von gestern wie Soja-, Eukalyptus- und Kiefernplantagen zum veralteten Geist klassischer Monokulturen wie Tabak, Weizen und Flachs.

Bislang habe ich mich auf die veränderten Rahmenbedingungen bezogen, die in der Welt eine politisch-kriegerische Sphäre konfigurieren, mit ihrem Spiel von Allianzen, Antagonismen und Fraktionen, und vor einem zunehmend homogenen Hintergrund, der sich aus der Ausweitung des globalen Marktes und der Vorherrschaft des Finanzkapitals ergibt. Nun werde ich meinen Fokus auf das mafiöse Universum der diffusen kriegerischen Szenarien richten, die sich insbesondere, aber nicht nur, in Lateinamerika transnationalisieren.

Die Gewalt in den Städten, insbesondere in den lateinamerikanischen Städten, bringt diffuse und stark expandierende kriegerische Szenarien hervor, die eng mit der Informalisierung der Wirtschaft und dem schwindelerregenden Zuwachs von nicht ausgewiesenem Vermögen zusammenhängen. Ihr Widerpart ist die Vertiefung des dualen Charakters des Staates, die wir auch als Entwicklung hin zum Parastaat, als Liminalität staatlichen Handelns oder als Zynismus des Ausnahmefalls bezeichnen können.

Um das Verhältnis zwischen der Wirtschaft und dem informellen mafiösen Krieg nachzuvollziehen, müssen wir uns notwendigerweise mit einem Modell behelfen. Denn es handelt sich um ein teilweise unsichtbares Universum, zu dem wir nur durch vereinzelte Indizien in Form fragmentierter und kaum verständlicher Gewaltakte Zugang haben. Das heißt, wir müssen auf die Existenz einer Beziehungsstruktur wetten, welche die Geschehnisse erklären kann, die in den Medien mit dem Begriff ›polizeilich‹ und in der öffentlichen Verwaltung mit jenem der ›Sicherheit‹ konnotiert werden. Angesichts der Tatsache, dass die organisierte Kriminalität heutzutage auf dem Vormarsch ist und es scheinbar keine öffentlichen Maßnahmen gibt, die in der Lage wären, ihr Einhalt zu gebieten, sind wir gezwungen, jenes Schubladendenken aufzugeben, das diese Vorkommnisse an den Rändern der Gesellschaft verortet. Wir müssen beginnen, anders zu denken. Wir müssen auf die Beziehungen und Verbindungen zwischen jenen Dimensionen des gesellschaftlichen Lebens setzen, die weit über die Ränder der Gesellschaft und die Kategorie ›polizeilich‹ oder die Frage der ›öffentlichen Sicherheit‹ hinausgehen.

Mein Modell basiert auf der Annahme, dass eine Unmenge von illegalen Geschäften enorme Mengen nicht ausgewiesenen Vermögens produziert. Es handelt sich dabei um verschiedenste Arten von Geschäften: Schmuggelgeschäfte wie Drogen- und Waffenhandel; der geduldete betrügerische Menschenhandel mit Erwachsenen und Kindern; der Organhandel; der Handel mit einer enormen Menge legaler Konsumgüter aus dem Ausland, darunter alkoholische Getränke, legale Drogen und elektronische Geräte, die dann im legalen Handel verkauft werden. Außerdem der Schmuggel von strategisch wichtigen Mineralien, Edelsteinen, Holz und sogar exotischen Tieren aus dem Land heraus. Außerdem entstehen enorme Summen durch die Ausbeutung der Prostitution in Ballungsgebieten, in denen vor allem, aber nicht ausschließlich Frauen als Sexsklavinnen arbeiten müssen. Andere Quellen dieses Ozeans, voller versunkenem, verdecktem, unversteuertem Kapital sind Spielhöllen, öffentliche und illegale Kasinos, in denen es sehr schwierig ist, die Menge des dort zirkulierenden Geldes zu ermessen. Außerdem stammt das Geld aus verschiedenen Formen mafiöser Schutzgelderpressungen einerseits und Zahlungen an private Sicherheitsdienste andererseits. Deren Buchführung ist nämlich immer eine doppelte, denn es ist üblich, dafür Polizeibeamte außerhalb ihrer Dienstzeiten ›bar‹ unter Vertrag zu nehmen.

Und dazu gehören auch: der unbezahlte Wert der Arbeit einer immer größer werdenden Masse von Menschen, die versklavt oder als Bedienstete in extrem abhängigen Verhältnissen arbeiten, und dafür nur ›unter der Hand‹ bezahlt werden sowie die Differenz zwischen den offiziell gemeldeten Löhnen und den nicht gemeldeten; die Unsummen an Bestechungsgeldern und das Geld, das im Bereich der Einflussnahme und des Kaufs von politischem Willen zirkuliert. Außerdem die Korruption rund um alle großen Bauvorhaben und die von Mega-Bauunternehmen mit transnationalen Verbindungen vermittelten Geschäfte; die Steuerhinterziehung bei großen Geschäften und den reichen Sektoren der Gesellschaft (nicht jene der übermäßig und dummerweise kontrollierten Mittelschicht, die von ihrem Lohn lebt) ... Die Liste könnte fortgesetzt werden. Wir kommen also zu dem Schluss, dass wir es hier mit einer zweiten Ökonomie von außergewöhnlichem Ausmaß und Vermögen zu tun haben.

Manuel Castells gibt im dritten Band seiner Trilogie *Das Informationszeitalter* unter der Überschrift *Die perverse Verbindung: Die Ökonomie des globalen Verbrechens* einen Überblick über das geschätzte Volumen des Kapitals kriminellen Ursprungs (Castells 1999). Er berichtet zum Beispiel, dass die *Weltkonferenz über grenzüberschreitende Organisierte Kriminalität* der Vereinten Nationen 1994 geschätzt hat, dass allein der Drogenhandel jährlich höhere Gewinne abwirft, als alle globalen Öl-Transaktionen zusammen. Das gibt uns eine Idee von der Bedeutung dieser zweiten Ökonomie, von der wir annehmen dürfen, dass sie der ersten, offen zirkulierenden Ökonomie gleichkommt oder sie sogar übertrifft. Der informelle Teil der Wirtschaft bildet aktuell einen riesigen Sektor, an dem Banken, Großunternehmen und Akteure aus ›guten Familien‹ beteiligt sind. Angesichts der enormen Menge an Vermögen, die dort verwaltet wird, könnte es auch gar nicht anders sein. Was wir in den Nachrichten präsentiert bekommen, ist aber leider nur das aus den armen und *nichtweißen* Vierteln stammende Fußvolk – die Arbeitskräfte, die angesichts der Not der Enteigneten oder gewaltsam rekrutiert werden – um als Kanonenfutter an der Front zu dienen; also dort, wo die Handlanger, die einfachen Soldaten dieser gigantischen Organisation, die alle Schichten und wirtschaftlichen Ebenen der Gesellschaft durchdringt, hingeschickt werden. Ziehen wir nun Folgendes in Betracht: Die Aufgabe des Staates, mit seinen Gesetzen und Vorschriften auf verschiedenen Ebenen, besteht in erster Linie darin, das Eigentum zu schützen, und zwar noch vor dem Schutz des Lebens. Das heißt, dass der rechtliche Wert *par excellence* in dieser Welt der zentrale Pakt der Staaten mit dem Kapital ist, und der Staat seine Rolle mittels des Gewaltmonopols ausfüllt, des Monopols auf das, was als ›legitime Gewalt‹ verstanden wird, also die Gewalt, die von staatlichen Beamten im Rahmen der öffentlichen Sicherheit ausgeübt wird. Wenn wir uns daran erinnern, dann kann man sagen, dass der Staat einen beträchtlichen Teil seiner Mittel und der ihm zur Verfügung stehenden legitimen Gewalt dem Schutz des Eigentums widmet.

Unweigerlich stellt sich also die Frage: Welche Mittel und welche Art von Gewalt schützen das enorme und vielfältige Eigentum unter der Oberfläche der Zweiten Ökonomie? Und mit dieser Frage gelangen wir zu der Annahme, dass es zwei Realitäten gibt: Eine Erste Realität, die aus all dem besteht, was durch die Sphäre des Staates gelenkt wird, also dem, was dem Staat gemeldet und auf den Bankkonten des Landes sowie auf der Website »Transparenz in der öffentlichen Verwaltung« sichtbar wird. Als da wären: gekaufte oder vererbte Wohn-, Gewerbe- und Industrieimmobilien; erhobene Steuern; öffentliche und private Gehälter sowie reguläre Zahlungen; alles, was produziert und gehandelt wird; die Unternehmen, gewinnorientierte Gesellschaften, eingetragene Nichtregierungsorganisation etc. Zum eigenen Schutz stützt sich dieses Universum auf Polizei- und Militär, auf Institutionen und Maßnahmen der öffentlichen Sicherheit sowie auf das Justiz- und Strafvollzugssystem, um diesen legitimen und legalen Reichtum zu bewahren.

Auf der anderen Seite gibt es unter der Oberfläche dieser vermeintlich transparenten Ordnung das, was ich in meinem Essay über Ciudad Juárez als »Zweiten Staat« bezeichnet habe, und was ich mittlerweile als »Zweite Realität« bezeichne (Segato 2013a). Denn es ist eine Realität, die in einem Spiegelverhältnis zur Ersten Realität steht, und in der es vermutlich um eine ähnlich große Menge an Kapital und Geldfluss geht. Sie kann auf eigene Sicherheitskräfte zählen, das heißt, auf bewaffnete Korporationen, die sich für ihre ›Eigentümer‹ um den Schutz ihres unermesslichen Reichtums kümmern, der in diesem Universum produziert und verwaltet wird.

Wir dürfen ›Gewalt‹ nicht so verstehen, wie sie uns in den Medien präsentiert wird, also als verstreut, sporadisch und anomal. Wir müssen uns des systematischen Charakters dieser gigantischen Struktur bewusst werden, die scheinbar gesellschaftlich sehr weit voneinander entfernte Elemente miteinander verbindet und die die repräsentative Demokratie selbst miteinschließt. Und wenn wir das Ganze weiterdenken, werden wir zu dem Schluss kommen, dass diese Struktur notwendigerweise eine globale Reichweite und eine politische Bedeutung hat, das heißt, dass sie sich in die Politik einmischt und Regierungen beeinflusst, aber auch umgekehrt von Regierungen beeinflusst wird, und das sowohl auf nationaler Ebene als auch in den Zentren der Imperien. Auf nationaler Ebene, weil sich diese Struktur entscheidend auf Wahlkämpfe auswirkt und die Wahlsieger in den Pakten gefangen bleiben, die sie eingegangen sind, um gewählt zu werden. Auf globaler Ebene, weil renommierte Banken des Nordens Geld waschen, das in der Ökonomie der Zweiten Realität produziert und akkumuliert wird, so dass es nicht möglich ist, sie mit aller Härte des Gesetzes zu untersuchen und zu verfolgen. Und zwar nicht einmal dort im Norden, weil – wie US-Justizminister Eric Holder 2013 erklärt hat – Korruptions- und Betrugsdelikte, die von US-Banken begangen werden, aufgrund der Größe dieser Institutionen und ihrer Auswirkungen auf die nationale (der USA) und die globale Wirtschaft nicht verfolgt werden können.[18] Wir haben es hier mit einer Verdopplung des Staates und mit der schlichten Inkaufnahme der Unantastbarkeit und Funktionalität der Zweiten Realität zu tun. Es ist ein weiteres Beispiel für die Verflechtung jener Geldströme, die unter der Oberfläche fließen mit jenen, die für alle sichtbar fließen. Auf diese Art und Weise haben Kriminalität und illegale Kapitalakkumulation aufgehört, eine Ausnahme zu sein, und sind zu strukturellen und strukturierenden Faktoren der Politik und der Wirtschaft geworden.

Zum anderen sehen die stets aufmerksamen Strategen des Nordens in dieser Aufteilung der staatlichen Kontrolle auch eine neue Möglichkeit, auf das Schicksal der Nationen Einfluss zu nehmen. Zweifellos tauchen sie hier auf, mit Agenten im Dienste der imperialen Interessen, die sich auf beiden Seiten der Realität einmischen, das heißt, sowohl in den zwielichtigen Geschäften unter der Oberfläche, als auch in repressiven politischen Maßnahmen.

Die Offenheit und Anfälligkeit dieser Geschäfte für die Einmischung imperialer Dienste samt ihrer Expertise ist eine zweifache:

---

18 Erklärung des Generalbundesanwalts der Vereinigten Staaten Eric Holder gegenüber der *New York Times* am 20.10.2013. Barry Grey liefert hierzu folgende Zusammenfassung: »Wie die *New York Times* es am Sonntag formuliert hat: ›Die Regierung zieht es vor, mit den großen Unternehmen zu verhandeln, anstatt sie anzuklagen, aus Angst, dass die Wirtschaft unter Druck gerät.‹ Im vergangenen März räumte Holder in seiner Aussage vor dem Senatsausschuss ein, dass die Obama-Regierung bewusst keinen einzigen Wall-Street-Banker strafrechtlich verfolgt habe. Er sagte vor dem Ausschuss, die Banken seien so groß und mächtig, dass ›wenn wir sie entlarven, dies eher negative Auswirkungen auf die nationale Wirtschaft, möglicherweise auch auf die Weltwirtschaft hat.‹« Vgl. Grey 2013.

Von der unteren Seite, auf der Ebene der Geschäfte der Unterwelt, ihrem Handel mit Kapital und illegalen Gütern, mit Vermögenwerten und Einfluss; wie es die Tatsache belegt, dass der US-amerikanische Generalbundesanwalt nicht erwähnt, dass die Banken seines Landes das Geld aus schmutzigen Geschäften in Lateinamerika waschen. Und von der oberen Seite, in Form von Beratungsdiensten für die Repression. Wenn wir diese beiden offenkundigen Aspekte verbinden – also die Komplizenschaft der Banken des Nordens, indem sie das Geld waschen, das mafiöse Geschäfte im Süden abwerfen einerseits, und das Angebot zur Ausbildung mit dem Ziel der Unterdrückung der Banden seitens nordamerikanischer Militärexperten andererseits –, dann können wir sagen, dass die neuen Formen der Konflikte Eingangstore für die Kontrolle nationaler Angelegenheiten in beiden Universen oder ›Realitäten‹ sind – in der Ersten und in der Zweiten Realität, wie ich sie hier nenne. Deshalb müssen wir das große Ganze denken und die ›polizeiliche‹ Nische, das ›Verbrechen‹ und die Fragen der ›öffentlichen Sicherheit‹ mit dem Staat und der Politik verknüpfen. Wir dürfen uns nicht mit Anhäufung der von den Medien angebotenen Begleiterscheinungen zufriedengeben.

Eine der Konsequenzen der Existenz dieser Zweiten Realität, mit ihrem eigenen Kapital, ihren ›Eigentümern‹ und ihren Geschäften, ist die Ausweitung eines Kriegsfeldes mit neuen, diffusen und schwer verständlichen Merkmalen, die zunehmend das Leben der Menschen beeinträchtigen. Die Methoden und Praktiken sind dabei in verschiedenen Ländern sehr ähnlich, sie transnationalisieren sich, und zeigen somit an, dass es eine gemeinsame Agenda geben könnte sowie Verbindungen, Bewegungen von Bossen, die mit ihren Methoden von einem Ort zum anderen ziehen, und einen Austausch von Informationen und Anleitungen in neuen Taktiken. Von Zentralamerika bis hin nach Argentinien befindet sich Lateinamerika in einem Prozess der Mafialisierung der Politik, die in Kriegen des mafiösen Parastaates und in Kriegen von Staaten resultieren, die immer mit einem parastaatlichen Arm agieren. Dabei vollzieht sich eine schwindelerregende Ausweitung dessen, was wir als ›parastaatliche Sphäre‹ bezeichnen können. Diese Sphäre hat immer existiert, da sie in ihren verschiedenen Ausprägungen immer operativ und dem Wesen des Staates inhärent ist. Nun aber droht sie erneut, sich in die staatliche Sphäre einzuschleichen, und zwar nicht mehr auf dem Weg eines Militärputsches, sondern von unten, durch eine neue Art und Weise der Aufblähung der parastaatlichen Dimension, die bereits im Staat angelegt ist.

Zudem sind diejenigen, die heute in den Tiefen dieses mafiösen Parastaates agieren, in vielen Fällen die gleichen Agenten der Repression aus Diktaturzeiten, manches Mal sogar als Personal privater Sicherheitsdienste oder als Söldner privater Militärunternehmen, die in den aktuellen transnationalen Kriegen agieren, wie es bereits Azzellini hervorgehoben hat.

Die Theorie des Doppelstaates hat Ernst Fraenkel für Nazi-Deutschland entworfen (Fraenkel 1974). Der Autor zitiert Toennies mit den Worten, dass das zentrale Charakteristikum jeden modernen Staates seine doppelte oder duale Natur sei. Die Gleichzeitigkeit von Regel und Ausnahme ist, wie Giorgio Agamben es in seiner Neuinterpretation von Schmitt, Benjamin und Kafka und Raúl Zafferoni in seiner Neuinterpretation von Gunther Jakobs feststellen, allen Staaten zu allen Zeiten eigen, im Frieden ebenso wie im Krieg, in der Demokratie und, natürlich, auch im Autoritarismus (Agamben 2004, Zaffaroni 2006). Diese duale Struktur ist auf die Tatsache zurückzuführen, dass keine Regierung allein auf staatlicher Ebene, nur normativ handeln kann, weshalb sie neben den ›normativen‹ Organen und Handlungen auch auf solche zurückgreifen muss, die Fraenkel als »Prärogative« oder Organe und Handlungen des Ermessens beschreibt (Fraenkel 1974).

Obschon diese Dopplung in autoritären Staaten sichtbarer ist, bleibt sie auch in demokratischen Zeiten operativ. Eine nationale Gesellschaft mit all ihrer Vielfältigkeit von Interessen und Gruppen kann nicht allein mit dem Verfassungsgesetz kontrolliert oder diszipliniert werden. Die sogenannte ›Schießwütigkeit‹ zum Beispiel ist eine Konsequenz der Tatsache, dass der Polizist auf der Straße die Macht eines Richters hat. Der staatliche Polizeibeamte verfügt über einen Ermessensspielraum, um die Gefährlichkeit einer Situation einzuschätzen und zu beurteilen, und aufgrund dieses Ermessens Bürger:innen zu töten, ohne sich dafür vor dem Gesetz verantworten zu müssen. Diese ›Souveränität‹ im Sinne Agambens, das heißt die Willkür oder der

Ermessensspielraum, der die Rolle der Polizei gegenüber der Bevölkerung kennzeichnet, stellt ein Vakuum der Legalität dar, das dennoch legal ist, und bildet eine natürliche Lücke, die untrennbar mit dem Gesetz verbunden ist.

Diese doppelte Zuständigkeit, die der Rolle der Polizei auf der Straße innewohnt, ist im Grunde nichts anderes als die Personifizierung der Struktur des Doppelstaates in der Figur des Polizisten. Des Polizisten, der exekutiert – in sogenannten ›außergerichtlichen‹ ungesetzlichen Hinrichtungen, die in jedem Land ›normale‹ Praxis sind – ohne dass diese Handlung eine Illegalität darstellen würde, da sie eine der natürlichen Formen der Verdopplung des staatlichen Handelns mittels seiner Agenten ist. Dualität wird hier als die Verdopplung in einem permanenten staatlichen und parastaatlichen Handeln verstanden. Die gerade beschriebene ist eine von vielen Formen, in denen der Staat auf legale Art und Weise doppelt bzw. dual ist und parastaatlich agiert, ohne seine Normen zu verletzen. Es gibt verschiedene Formen von Verdopplung, sowie ein Schwellenbereich zwischen dem Legalen und dem Kriminellen, sozusagen eine Vorhölle, die die fiktionale Natur des Rechtsstaats verdeutlicht.

Wenn schon die Erste Realität, auf die ich mich bezogen habe, diese Art der Spaltung, der Verdopplung aufweist, dann wird die Zweite Realität komplett von einem Zweiten Staat betrieben, der durch das Handeln eigener bewaffneter Korporationen und organisierter Auftragsmörder gekennzeichnet ist. Diese werden von Anführern dirigiert, die auf lokaler Ebene oder in Stadtvierteln agieren sowie von anderen, die weiter entfernt sind, die aufgrund der Menge an zirkulierendem Kapital aus großer Distanz agieren. Es handelt sich um eine räumliche Distanz, die wir zwar nicht genau bemessen können, aber die wir annehmen können, und zwar aufgrund der Wiederholung bestimmter Taktiken und der Systematik, mit der sie in weit voneinander entfernt liegenden Orten und sogar über nationale Grenzen und Kontinente hinweg operieren.

Wie bereits gesagt, zielt das Agieren dieser bewaffneten Korporationen auf den illegalen Markt, den Schutz des Eigentums und des versunkenen Kapitalflusses sowie auf die Unantastbarkeit dieses ganzen Komplexes ab. Deshalb handelt es sich um einen Zweiten Staat, mit seiner eigenen Wirtschaft, mit seinen eigenen Gesetzen, seinen eigenen Sicherheitskräften und seiner eigenen Organisation. Die Auswirkung der Existenz dieser Elemente auf die gesamte Gesellschaft ist die gegenwärtige Ausbreitung eines Kriegsszenarios, das sich durch Informalisierung auszeichnet: Formen nicht-konventioneller Kriege, in denen Fraktionen, die um die territoriale Aneignung von Stadtvierteln und Menschen – meist junge Rekruten, die sich ihren Truppen anschließen sollen – streiten, die keine Uniformen oder Insignien tragen und die ihr Hoheitsgebiet durch die grausame Exemplarität zum Ausdruck bringen, auf die ich mich eben bezogen habe. Auf der anderen Seite gibt es keine juristische Sprache, um über diese neuen Kriegsformen zu sprechen. Sie sind nirgends gesetzlich geregelt. Die Antifolterkonvention beispielsweise handelt von Folter durch Vertreter:innen des Staates, aber hier wird die Folter von Vertretern eines anderen Staates praktiziert, nämlich von Mitgliedern einer anderen Art bewaffneter Korporation. Diese Zweite Realität ist ein unbestimmtes Feld, ein unerforschter Sumpf.

Der Status der liberalen repräsentativen Demokratie – der ›echten Demokratie‹ oder der ›real existierenden Demokratie‹ – ist in diesem komplexen Szenario zwangsläufig betroffen. Man sollte die jüngst getätigte öffentliche Äußerung eines hochrangigen Polizeichefs, Leiter der Abteilung *Organisierte Kriminalität* der brasilianischen Bundespolizei nicht ignorieren, in der er behauptet, dass kein Politiker der existierenden Parteien ohne Wahlkampfspenden illegalen Ursprungs gewählt werden könne (Santana 2013). Investigativjournalist:innen aus verschiedenen Ländern und Polizeibehörden wie die gerade zitierte liefern Beschreibungen, die auf eine unbestreitbare Verbindung zwischen Politiker:innen aller Parteien und den Mafias mit ihren unverzichtbaren Zuwendungen im Wahlkampf im Rahmen der vom Staat abgesegneten politischen Prozesse hinweisen. Dies stellt die Struktur der repräsentativen Massendemokratie und der ›demokratischen‹ Ordnung selbst infrage, die sich weder gegen ihren parastaatlichen Schatten, noch gegen das Kapital in seinem doppelten Fluss verteidigen kann. Der Kapitalfluss in den Kreisläufen der Ersten Realität und der Kapitalfluss in der Zweiten Realität sind miteinander verbunden und beide werden durch gut funktionierende Blutgefäße kapillar versorgt. Diese Situation führt zu einer immensen Instabilität und einer Desintegration des Staates, die jedoch, wie gesagt, vom Staat selbst ausgehen. Und diese Desintegration öffnet die Türen hin zu einer Aggressivität, die sich, wie ich aufzuzeigen versuche, in besonderer Art und Weise durch Gewalt ausdrückt, die am Körper der Frau ausgeübt wird.

Wenn wir uns mit einer kaum verständlichen Gewalt konfrontiert sehen, wie eben der geschlechtsspezifischen Gewalt in Kriegssituationen, dann neigen wir – von einer instrumentellen Rationalität geleitet – quasi automatisch dazu, nach dem Zweck dieser Gewalt zu fragen. Kurzum: Wir betrachten die instrumentelle Dimension der Gewalt. Wir fragen: »Wozu?«, obwohl wir, wie ich oben erläutert habe, in diesen Verbrechen der expressiven Dimension nachgehen sollten.

Jede Form von Gewalt hat eine instrumentelle und eine expressive Dimension. Bei sexueller Gewalt überwiegt die expressive Dimension. Die Vergewaltigung, jede Vergewaltigung, ist keine Anomalie eines einsamen Subjekts, sondern eine Botschaft von Macht und Aneignung, die in (der) Gesellschaft ausgesprochen wird. Der Zweck dieser Grausamkeit ist nicht instrumenteller Art. Diese vulnerablen Körper werden in den neuen Kriegsszenarien nicht gezwungen, eine Dienstleistung zu erbringen; vielmehr existiert eine Strategie, die auf etwas viel Zentraleres abzielt: eine Pädagogik der Grausamkeit, auf die sich das gesamte Gebäude der Macht stützt.

Zentrale Elemente der militärischen Ausbildung, die in den Kriegen der Gegenwart weiter an Relevanz gewinnen, sind folgende: Den Blick auf die Natur und die Körper als einen Blick von außen lehren, sich selbst als Wesen außerhalb des Lebens begreifen, um aus dieser Äußerlichkeit heraus zu beherrschen, zu kolonisieren, zu plündern und zu rauben. Die wirtschaftlich-militärische Ordnung, die informell und unter der Oberfläche wirksam ist, scheint von Prozessen einer extremen und grenzenlosen ›Desensibilisierung‹ abhängig zu sein, das heißt, von Prozessen eines absichtlichen und systematischen Abbaus jeder menschlichen Empathie. Und sie ist ebenso – in einem kaum normierten Universum wie jenem der Zweiten Realität – von der Zurschaustellung der Grausamkeit als dem einzigen Garanten territorialer Kontrolle abhängig.

Formen furchteinflößender Bestrafungen, die ganz jungen Menschen auferlegt werden, um sie zum Militärdienst zu zwingen, etablieren unter der Bevölkerung der armen Peripherien der Großstädte Terror und Grausamkeit. Diese Bestrafungen zeigen auch, dass es einen Nährboden gibt, von dem eine klare Bedrohung für die Gesellschaft als Ganzes ausgeht. Wir haben es mit Signalen zu tun, die aus einer Deckung heraus, aber gleichwohl lauthals, ausgesandt werden, um zu verkünden, dass eine Gefahr für die Ordnung und die Vorhersehbarkeit der eigenen Existenz droht. Die Codes und Konventionen, die den Beziehungen zwischen den Menschen Stabilität verleihen, sind ab diesem Moment mit einem Fragezeichen versehen.

Ich habe mit Blick auf diesen Prozess der ›Mafialisierung der Republik‹ bereits an anderer Stelle auf das Bild des *Schlangeneis* – so der Titel eines Films des großen schwedischen Regisseurs Ingmar Bergman über die Ursprünge des deutschen Nationalsozialismus – verwiesen (Segato 2013a). Diese Art expressiver Grausamkeit, die auf die Existenz einer parastaatlichen Souveränität hinweist, die das Leben und die Geschäfte in einem bestimmten Territorium kontrolliert, ist dann besonders effektiv, wenn sie am Körper der Frauen praktiziert wird. Diese ›Methode‹ ist charakteristisch für die neuen nicht-konventionellen Kriege, die während unserer Militärdiktaturen und der dreckigen Kriege gegen die Menschen Einzug gehalten haben, und die sich in internen Konflikten, den sogenannten ›ethnischen‹ Auseinandersetzungen, unter Berufssoldaten privater Militärunternehmen, im Universum der Auftragsmörder der Mafia und im parastaatlichen Agieren staatlicher Sicherheitskräfte in den Zeiten ›echter Demokratie‹ wiederholen.

In den heute als konventionell bezeichneten Kriegen der Vergangenheit, also jenen von der Stammeswelt bis hin zu den formellen Staatenkriegen des 20. Jahrhunderts, wurde die Frau wie ein Territorium erobert: Sie wurde als Teil der eroberten Territorien angeeignet, vergewaltigt und geschwängert, in semantischer Verwandtschaft mit diesen Territorien und mit ihrem Körper selbst als Territorium. Es war ein Kollateralschaden der Kriege. Man pflanzte Samen in sie ein wie er in die Erde gepflanzt wird, im Rahmen einer Aneignung. Aber die öffentliche Vergewaltigung und die Folter der Frauen bis hin zu ihrer Ermordung, die es in den heutigen Kriegen gibt, ist eine andere Handlung mit einer anderen Bedeutung. Hierbei handelt es sich um die Zerstörung des Feindes am Körper der Frau, und der weibliche oder weiblich markierte Körper ist, wie ich bei unzähligen Gelegenheiten formuliert habe, das eigentliche Schlachtfeld, auf dem die Insignien des Sieges eingraviert werden. An ihm wird die physische und moralische Zerstörung des *Pueblos*, des Stammes, der Kommunität, der Nachbarschaft, des Ortes, der Familie, des Stadtviertels oder der Bande gekennzeichnet bzw. sie wird in ihn eingeschrieben, denn er ist es, der – mittels eines Prozesses der Bedeutungszuschreibung, die aus einer überlieferten Vorstellungswelt stammt, all das verkörpert. Was sich heutzutage vollzieht, ist nicht mehr die aneignende Eroberung des Frauenkörpers, sondern seine physische und moralische Zerstörung. Eine Zerstörung, die sich auf seine Beschützer ausdehnt und die, wie mir scheint, semantische Affinitäten bewahrt, und nicht zuletzt ein neues Verhältnis des Raubbaus an der Natur ausdrückt, bis hin zu einem Punkt, an dem nur noch Reste übrig sind. Dieses Schlangenei, das ausgebrütet wird, und dessen Existenz sich in verschiedenen Begleiterscheinungen offenbart, ist das historische Projekt einer neuen Ordnung, in der das Böse die Regel ist.

Ich möchte darauf aufmerksam machen, dass ich in meinen Analysen weder das Motiv der Genugtuung noch das des Hasses berücksichtige. Ich benutze zum Beispiel den Ausdruck ›Hassverbrechen‹ nicht, weil er eine monokausale Erklärung ist und weil er auf eine intime, emotionale Sphäre als einziges Motiv anspielt. Ich gehe vielmehr davon aus, dass die Angreifer ein Interesse daran haben, ihre Zugehörigkeit zu einer bewaffneten Korporation, zu einer Killerbande oder einer Mara anzuzeigen. Es handelt sich hierbei um Kalkül: Um dazuzugehören, sind einige Demonstrationen tödlicher und grausamer Fähigkeiten vonnöten, ohne daran zu zerbrechen. Deshalb wird das Mitglied der parastaatlichen bewaffneten Korporation darin eingeübt, die Schwelle seiner Empfindsamkeit zu senken und die Fähigkeit zur Grausamkeit zu erhöhen, ohne zu leiden oder dadurch verwundbar zu werden. Es bereitet sich darauf vor, in eine Welt einzutreten, in der Leiden ein Lebensstil ist. Ich glaube daher, dass ein derartiger Soldat sich diesem Befehl aus einem Interesse heraus unterwirft, einem

Interesse, das auf einem Nutzenkalkül basiert. Die Grausamkeit ist expressiver Art und vom instrumentellen Aspekt abzutrennen; aber die Entscheidung für diese Grausamkeit ist durchaus instrumenteller Art. Es ist ein Kalkül mit Blick auf die sehr begehrten Gewinne, die sich aus dem mafiösen Pakt ergeben, der, wie an anderer Stelle dargelegt, dem männlichen Pakt entspricht und ihn wiederholt. Daher muss festgehalten werden, dass es sich bei Sexualverbrechen, insbesondere jenen im Krieg, um Verbrechen hoheitsgebietlicher Souveränität und eines selbstbestimmten Ermessens über ein Territorium handelt und nicht um ›Hassverbrechen‹.

In diesem Sinne gilt: Obschon die Idee des ›Hasses‹ des Angreifers seinem Opfer gegenüber leicht zu erfassen und zu verstehen ist, gilt es, die Grenzen dieser Idee zu erkennen, die exakt in dieser Schlichtheit liegen. Wie gesagt, die Zuschreibung einer derartigen Komplexität in den Handlungen der neuartigen Formen kriegerischer Männlichkeit allein auf das Gefühl des Hasses, ist eine reduktionistische und simplifizierende Erklärung, weil sie monokausal ist. Erstens, weil sie vorgibt, hochkomplexe Szenarien zu erklären, in denen sich psychologische und gesellschaftliche Dimensionen – die Struktur des Patriarchats – mit unternehmerischen und politischen Interessen, mit Geschäften außerhalb des Gesetzes und Allianzen der politischen Elite verbinden. Und zweitens, weil es sich um eine Erklärung handelt, die auf private Emotionen, auf die Affekte des intimen Umfeldes abzielt, wie es ›der Hass‹ ist, obschon wir es in Wirklichkeit mit einem kriegerischen Panorama zu tun haben, das von Ordnungsinteressen gestaltet wird, die weit über die Sphäre der Intimität hinausgehen.

Die monokausale und dem gemeinen Menschenverstand entsprechende Erklärung, die die tödlichen geschlechtsspezifischen Verbrechen auf das Motiv ›Hass‹ zurückführt – also Femizide als ›Hassverbrechen‹ definiert – hat unserer Fähigkeit, die Vielfalt geschlechtsspezifischer Verbrechen zu begreifen, großen Schaden zugefügt. Kausalität, und schlimmer noch Monokausalität, ist eine äußerst oberflächliche Art und Weise, menschliches Verhalten zu verhandeln.

Hinsichtlich der Vergewaltigung als Methode insistiere ich darauf, dass es sich im Kontext der neuen Kriege nicht um Aneignung, sondern um Zerstörung handelt, nämlich um die physische und moralische Zerstörung eines *Pueblos* als Organismus. An diesem Punkt ist es von großer Bedeutung, auf ein weiteres Merkmal dieses neuen Kriegsszenarios hinzuweisen: Dieser Körper, der das feindliche Land, sein Territorium, den weiblichen oder weiblich markierten Körper – zumeist sind es Frauen, Kinder oder sehr junge Männer – repräsentiert, ist nicht der Körper des Soldaten, des Auftragsmörders oder des Söldners. Das bedeutet, dieser Körper ist kein aktives Subjekt der feindlichen bewaffneten Korporation, er ist nicht der eigentliche Kriegsfeind, er ist nicht das, wogegen gekämpft wird, sondern ein Drittes, ein Opfer, ein Kurier, in den die an den Feind gerichtete Botschaft der Souveränität eingeschrieben wird.

Und diese Viktimisierung desjenigen, der nicht der Gegner ist, entfaltet eine größere Wirksamkeit als Machtdemonstration, als Zurschaustellung von Barbarei und Grausamkeit, als Botschaft des Vorrechts hoheitlicher Willkür – mit anderen Worten: als Ausdruck einer gesetzlosen Überlegenheit. Das ist auch der Grund, warum diese Form der Gewalt aus einer konventionellen analytischen Perspektive kaum verständlich ist, aber diejenigen, an die sich die Botschaft richtet, sie quasi automatisch und ohne Umschweife deuten können: Sie wissen, dass es die Macht ist, die sich hier mittels ungesühnter Grausamkeiten ausdrückt.

So wie die Vergewaltigung von Männern die Feminisierung ihrer Körper und ihre Verschiebung auf die weibliche Position bedeutet, so bedeutet die Vergewaltigung von Frauen ebenfalls ihre Entmachtung und ein definitives Zuweisen auf die weibliche Position. Sie werden in dieser Position als ihrem Schicksal festgesetzt – dem Schicksal des viktimisierten, herabgesetzten, unterworfenen Körpers. Hierin reproduziert sich die Pädagogik der Weiblichkeit als Unterwerfung. Wenn sowohl eine Frau als auch ein Mann vergewaltigt werden, ist die Absicht ihre Feminisierung als ein endgültiges und unauslöschliches Zeichen. Und dieser Akt etabliert seinerseits auf unanfechtbare Art und Weise die Unmöglichkeit, aus der heterosexuellen Matrix als Fundament und erster Lektion aller anderen Formen von Herrschaftsbeziehungen auszubrechen (Segato 2013).

In der *lingua franca* der Geschlechter drückt diese Kriegshandlung direkt die hierarchische Vereinnahmung der Menschheit in der binären Matrix aus: von Unterdrückern und Unterdrückten, von Beherrschern und Beherrschten. In diesem kaum kodifizierten Kriegsuniversum ist der letzte *Nomos*, der inmitten eines normativen Vakuums zu herrschen scheint, der *Nomos* der Macht, der auf der Ebene der Geschlechter zu Ausdruck kommt. Die Bedeutung der Vergewaltigung als zentralem Akt dieser neuen Modalität des Krieges stammt auch daher. Die nicht-konventionellen Kriege bekräftigen und verfestigen auf diese Art und Weise – und im Gegensatz zu allen Kampagnen, die wir Frauen unternommen und in vielen Fällen auf dem Feld der Gesetzgebung auch gewonnen haben – das kolonial-moderne kollektive Imaginäre, die Vorstellungswelt also, die uns alle durchzieht. Es ist dieses Imaginäre, das der Vergewaltigung oder der erzwungenen sexuellen Handlung die Bedeutung einer unauslöschlichen moralischen Beschädigung des Opfers zuschreibt. Beschädigung des Opfers und auch all derer, die den Körper dieser Frau nicht schützen und bewachen konnten – ihre Väter, ihre Brüder, ihre Ehemänner und die politischen Institutionen, die für das Gebiet zuständig sind, in dem sie leben. Dieses Imaginäre etabliert die hierarchische Beziehung, die wir ›Geschlecht‹ nennen als eine binäre und ungleiche Struktur, durch die die männliche Position die Ebene der Äußerung von Wahrheiten universellen Interesses – die ›öffentliche Sphäre‹ genannt wird – für sich in Anspruch nimmt und sich selbst in die Position des paradigmatischen Subjekts, des vollständigen und umfassenden Menschen, setzt. Und sie tut dies mit einer Geste, die die weibliche Position auf die Qualität des Randes, des Restes, der Partikularität, einer Sache der Intimität reduziert (Segato 2011b, 2015).

Der sexualisierte Kriegsangriff auf Frauen und Kinder – das heißt auf jene, die nicht die Position des feindlichen Subjekts in diesem Krieg besetzen – stellt eine gleichermaßen physische wie moralische Aggression gegen Körper dar, deren Existenz unter Obhut gestellt gehört, weil es sich *per definitionem* um beschützte Körper handelt. Das Versagen, diese Körper vor der Bösartigkeit des Feindes zu schützen, ist ein Zeichen moralischen Bankrotts, eine der wichtigsten Formen der Niederlage in einer überlieferten archaischen Vorstellungswelt. Produktion und Reproduktion der Moral der Truppe ist ein zentrales Moment in der Ausbildung für den Krieg und ihre Aufrechterhaltung ist essenziell, um den Sieg über den Feind zu erringen. Auf der anderen Seite gibt es keine Niederlage des Besiegten, ohne dass darin auch seine moralische Zerstörung einen Anteil hätte.

Femigenozid: Die Schwierigkeit, die öffentliche Dimension des Femizids im Krieg wahrzunehmen

Ich habe bislang dargelegt, dass der weibliche und weiblich markierte Körper im informellen Krieg, der für die Moderne und den fortgeschrittenen Kapitalismus charakteristisch ist, eine besondere Bestimmung hat. In den konventionellen Kriegen der Vergangenheit wurde dieser Körper annektiert, massenhaft geschwängert, als Teil des eroberten Territoriums inkorporiert. Sein Besitz wurde unter Männern und Familien aufgeteilt: als Sklavenkörper, als Bedienstetenkörper oder als der Körper einer Konkubine. Heute können wir hinsichtlich dieser Rolle des weiblichen Körpers im Kriegsszenario einen Wandel konstatieren: In den sich aktuell ausweitenden informellen Kriegen wird der Körper der Frau mit sexuellen Mitteln zu Tode gequält. Seine Bestimmung ist es, zerstört zu werden, und zwar immer – wenn auch nicht ausschließlich – durch den Einsatz von sexuellem Missbrauch und sexuellem Eindringen, weil dadurch das, was geschützt werden sollte, entweiht wird. Wie wir bereits bei anderen Gelegenheiten formuliert haben: »der Körper der Frau ist ein Schlachtfeld«: Denn auf ihm werden Heerscharen von Männern, die ihn bewachen und beschützen sollen, angegriffen, demoralisiert, eingeschüchtert, demobilisiert und eventuell auch besiegt. Und zwar, indem eine bislang unbekannte Brutalität an Opfern ausgelassen wird, die keine Kriegerinnen sind und auch nicht direkt mit dem Krieg zu tun haben.

Auf der Basis dieser Überlegungen lässt sich also festhalten, dass es – obschon alle geschlechtsspezifischen Aggressionen und Femizide einer Ordnung gehorchen, deren Muster bereits früh im Leben, im familiären Umfeld, festgelegt werden und die das gesamte gesellschaftliche Leben durchdringen, das einer patriarchalen Struktur folgt, die das symbolische Feld ordnet und Affekte und Werte bestimmt – gleichfalls einen besonderen Typus geschlechtsspezifischer Gewalt gibt, der notwendigerweise mit Grausamkeit und Tötung einhergeht.

Dieser Typus grenzt sich von allen anderen ab und ist daher von spezifischer Art. Wenn jede geschlechtsspezifische Gewalt strukturell ist und Menschenleben in einem Ausmaß fordert, das einem systematischen Genozid ähnelt, und zwar in einer Vielzahl von Situationen, dann ist es für die Strategien zur Bekämpfung der Viktimisierung von Frauen – das heißt, um die Täter ermitteln und entlarven zu können – unabdingbar, zu verstehen, dass es eine Art der geschlechtsspezifischen Gewalt gibt, die in völlig unpersönlichen Situationen entsteht und sich dort vollzieht.

Mit anderen Worten: Obwohl alle Femizide einem geschlechtsspezifischen Dispositiv folgen und aus dem von Natur aus gewalttätigen* Charakter der patriarchalen Struktur resultieren, hängt die Beendigung der Straflosigkeit von einer rigorosen Typisierung ab. Sie muss weit über die bloße Verwendung des Begriffs ›Femizid‹ hinausgehen und sollte imstande sein, innerhalb dieser grundlegenden Kategorie zumindest zwei zentrale Typen zu unterscheiden und zwar ausgehend von der Betrachtung des unmittelbaren Beweggrundes, das den Femizid auslöst bzw. geschehen lässt: Einerseits jene Verbrechen, die auf persönliche oder zwischenmenschliche Motive zurückzuführen sind, also Verbrechen zwischenmenschlicher Natur oder häuslicher Gewalt und serielle Aggressionsdelikte. Und andererseits jene Verbrechen, die offensichtlich unpersönlicher Natur sind, die nicht auf die Intimsphäre als Auslöser bezogen werden können und bei denen die Kategorie ›Frau‹ als Gattung – bzw. Frauen eines bestimmten *rassialen*, ethnischen oder sozialen Typs, und insbesondere jene, die mit einer feindlichen bewaffneten Organisation in Verbindung gebracht werden, Frauen aus dem anderen Viertel, der verfeindeten Stammesgruppe oder Frauen im Allgemeinen wie beim Menschenhandel – im Zentrum steht.

Wir haben es also mit einem systematischen Angriff auf einen Menschentyp und dem Ziel seiner Eliminierung zu tun, einem Angriff, der nicht auf einen unmittelbaren Beweggrund oder einen bestimmten Auslöser reagiert, der auf die Intimsphäre bezogen werden

* Anm. d. Ü.: Im Orig. violentogénico, von violento, gewalttätig, und génico, auf Gene bezogen.

könnte. Dazu gehören auch die geschlechtsspezifischen Aggressionen im Kontext der neuen Kriege, der Menschenhandel mit seinen lagerähnlichen Bedingungen sowie die Aussetzung oder Unterernährung von weiblichen Babys und Mädchen, unter anderem in asiatischen Ländern, um nur einige Formen zu nennen. Diese Art von Femiziden, für die ich den Begriff ›Femi-geno-zid‹ vorschlage, stehen in ihrer Dimension der Kategorie des ›Genozids‹ nahe und zwar deshalb, weil sie sich mit der Absicht der körperlichen Beschädigung oder Tötung in einem unpersönlichen Kontext gegen Frauen richten; einem Kontext, in dem die Angreifer ein organisiertes Kollektiv darstellen, oder besser gesagt, deshalb Angreifer sind, weil sie Teil eines gemeinsam handelnden Kollektivs oder einer Korporation sind. Zudem gehören auch die Opfer einem Kollektiv an, einem Kollektiv im Sinne einer gesellschaftlichen Kategorie, in diesem Fall der des Geschlechts. In diesem Zusammenhang kann man festhalten, dass in Ländern, die ein hohes Maß an internen Konflikten erlebt haben oder noch erleben, die Zahlen tödlicher Gewalt gegen Frauen ansteigen. Das deutet darauf hin, dass das, was zum Anstieg dieser Zahlen führt, die Zunahme von Verbrechen in unpersönlichen Kontexten ist, und folglich auch darauf, dass es ein direkt proportionales Verhältnis zwischen Krieg und der bemerkenswerten Zunahme von Femiziden gibt.

Eine Stichprobe aus 54 Ländern und Gegenden, die Informationen über die Täter-Opfer-Beziehung enthält, zeigt, dass der Anteil von tödlichen zwischenmenschlichen Gewalttaten in Ländern mit höherer Femizidrate geringer ist. So werden zum Beispiel in El Salvador oder in Kolumbien, die zu den Ländern mit den höchsten Femizidraten gehören, nur drei Prozent der Taten von einem ehemaligen oder aktuellen Partner des Opfers verübt. Andererseits werden in Zypern, Frankreich und Portugal (Länder mit niedriger bzw. sehr niedriger Femizidrate) 80 Prozent der Morde an Frauen von früheren oder aktuellen Partnern begangen (Alvazzi del Frate 2011, S. 129f).

Außerdem kann man festhalten, dass in Ländern mit einer hohen Rate tödlicher Gewaltakte die Frauen häufiger im öffentlichen Raum und von *Gangs* und organisierten Gruppen ermordet werden (Segato/Libardoni 2013). Leider können wir nur über Tendenzen sprechen. Eine Präzisierung ist unmöglich, einerseits, weil es bei der Gestaltung der Fragenkataloge, auf deren Basis statistische Daten erhoben werden, noch an Bewusstsein mangelt, und andererseits, weil Verbrechen, die mit persönlichen Motiven in Verbindung stehen (häusliche, zwischenmenschliche, Serienverbrechen etc.) nicht getrennt von allgemeinen Verbrechen, die durch Banden oder bewaffnete Korporationen gegen die Kategorie Frau verübt werden, aufgeführt werden müssen.

Verbrechen des Typs ›Femigenozid‹ – also jene, die sowohl in Bezug auf die Täter als auch auf die Opfer generischer, allgemeiner Art, also komplett unpersönlich sind, massenweise vorkommen und sich aufgrund ihrer Charakteristik der Definition des Genozids annähern – nehmen im Verhältnis zu zwischenmenschlichen oder personalisierbaren Verbrechen zu. Das wissen wir aus den Ländern, für die Informationen vorliegen, die diese Unterscheidung ermöglichen. Guatemala, El Salvador und Mexiko in Lateinamerika, sowie der Kongo, der hierin den schrecklichen Ereignissen in Ruanda folgt, sind emblematisch für diese Realität. Im Kongo verwenden Ärzte bereits die Kategorie »vaginale Zerstörung« für jene Art des Angriffs, die in vielen Fällen zum Tod des Opfers führt. In El Salvador stieg zwischen 2000 und 2006, in der Hochphase der sogenannten ›Befriedung‹, die Mordrate bei Männern um 40 Prozent und bei Frauen um 111 Prozent an, ein fast drei Mal höherer Anstieg. Ähnlich in Guatemala zwischen 1995 und 2004, parallel zur Phase der Wiederherstellung der demokratischen Rechte: 68 Prozent mehr Morde an Männern, 144 Prozent – und damit ein mehr als doppelt so hoher Anstieg – mehr Morde an Frauen. Im Fall von Honduras ist die Kluft noch größer: Zwischen 2003 und 2007 gab es einen Anstieg um 40 Prozent bei männlichen Opfern und einen um 166 Prozent bei weiblichen Opfern, also vier Mal so viele (Carcedo 2010, S. 40ff).

In all diesen Ländern ist eine rasante Entwicklung des Zweiten Staates zu beobachten sowie ein ›interner Konflikt‹, der im Laufe der vergangenen Jahrzehnte nie gelöst worden ist, sondern sich weiterentwickelt und eingerichtet hat. Das informelle Kriegsgeschehen in diesen Ländern ist von enormer Intensität. Und eine weitere Veränderung hinsichtlich geschlechtsspezifischer Straftaten in dieser Region, die im Zeitraum der erfassten Daten durch informelle Konflikte regelrecht verwüstet wurde, ist auffällig: Die Morde an Frauen, die durch ihre Partner oder Ex-Partner verübt wurden, stellen nicht mehr die Mehrzahl dar, denn die Häufigkeit der geschlechtsspezifischen Verbrechen im privaten Bereich nimmt zahlenmäßig beträchtlich ab (Carcedo 2010, S. 49). So wurde zum Beispiel in Honduras festgestellt, dass bei einer insgesamt steigenden Rate von Morden an Frauen nur eines von vier dieser Verbrechen in der Familie stattgefunden hat (ebd. S. 53). Das zeigt, dass die Unpersönlichkeit ein Merkmal ist, das sich bei geschlechtsspezifischen Verbrechen verstetigt, und dass dieses Merkmal mit Szenarien wachsender Konflikte, das heißt den neuen, durch Informalisierung geprägten Kriegen, in Verbindung steht. Der Widerstand aus einigen Teilen der feministischen Bewegung gegen diese Unterscheidung hängt mit dem zusammen, was ich als »Willen zur Undifferenziertheit« angesichts von Verbrechen gegen Frauen bezeichnet habe, der beispielsweise im Fall von Ciudad Juárez bei Sicherheitskräften, Justizbehörden und Medien offenbar wurde. Dieser Wille zur Undifferenziertheit entspricht der konservativen Tendenz – und er verstärkt sie auch –, alle von Frauen erlittenen Aggressionen in der Privatsphäre, dem häuslichen Umfeld und der Zwischenmenschlichkeit zu verorten, und das Motiv auf Gefühle und Affekte zu reduzieren. Wir haben es mit einer Tendenz zu tun, die insbesondere in der öffentlichen Meinung und in der Mentalität der Behörden sehr stark ausgeprägt ist, und die durch mediale Stereotypen noch verschärft wird. Durch das Ignorieren und Verdunkeln der Existenz der komplett öffentlichen und unpersönlichen geschlechtsspezifischen Verbrechen – und zwar sowohl in der Klassifizierung und Statistik, als auch in der feministischen Reflexion selbst – trägt man dazu bei, das Stereotyp zu bedienen, demzufolge die Frau in der häuslichen Sphäre eingekapselt ist und ihre Forderungen partikularisiert werden, das heißt man hält an einer Ideologie der weiblichen ›Mystik‹ fest. An diesen öffentlichen und unpersönlichen Verbrechen sind bestimmte Teile oder Gruppen der Bevölkerung beteiligt, die mit den Konflikten und dem Druck verschiedener Interessen zu tun haben, die die Gesellschaft als Ganze betreffen. So werden Gruppen oder Teile – organisierte und bewaffnete Korporationen von männlichen Tätern einerseits und generische Kontingente oder Kategorien als Opfer andererseits – in der Rolle des Angreifers bzw. seines Opfers zu Protagonisten und bedienen das oben beschriebene Stereotyp.

Die Privatisierung, also die Zuweisung aller geschlechtsspezifischen Verbrechen zur Sphäre der Intimität, die sich in der Weigerung – einer Weigerung von Medien, Behörden und einiger sehr einflussreicher Teile der feministischen Bewegung, die Existenz eines besonderen Typs solcher Verbrechen zu akzeptieren, der in seiner Besonderheit und Differenz mittels spezifischer forensischer, polizeilicher und juristischer Protokolle untersucht werden müsste – beobachten lässt, leitet sich aus bestehenden Stereotypen ab, die eine Gleichsetzung von ›weiblich‹ und ›intim‹ vornehmen und damit genau diese Stereotypen erneut bedienen. Diese Stereotypen wirken sich negativ auf die polizeilichen und juristischen Untersuchungen und auch auf die Justizverwaltung aus, die die Aufgabe hat, auf Beschwerden von Opfern einzugehen. Sie tragen dazu bei, dass die Verbrechen gegen Frauen in der öffentlichen Wahrnehmung weiterhin nicht als vollwertige Ereignisse im öffentlichen Raum wahrgenommen werden, da alle Arten von Verbrechen gegen Frauen in der kollektiven Wahrnehmung durch die Sphäre des intimen Bereichs, das heißt der privatisierten, atomisierten Häuslichkeit, die für die Moderne typisch ist, markiert sind (Segato 2011a).

Wenn also Mitglieder einer bewaffneten Korporation, die aus parastaatlich agierenden Staatsbeamten besteht, oder einer paramilitärischen bewaffneten Korporation oder Miliz den Körper einer Frau, die sie entführt haben und gefangen halten, mittels Vergewaltigung und Missbrauch sexuell angreifen, dann kann man sagen, dass sie dieses Subjekt ›sexualisieren‹. Das bedeutet, sie drängen das Subjekt in die Sphäre der Intimität und halten es dort gefangen. Damit entpolitisieren sie den Angriff, reduzieren ihn auf das Feld der ungleichen Statusbeziehungen, die dem Muster der Geschlechter inhärent ist. Und damit erschweren sie auch die Möglichkeit einer vollständig öffentlichen Gerechtigkeit. Dabei können sie auf die Komplizenschaft einer kollektiven Vorstellungswelt setzen, in der die Sexualität und das Gesetz zu getrennten und unvereinbaren Sphären gehören: das Sexuelle zur privaten, intimen und häuslichen Ordnung, und das Gesetz zur öffentlichen Sphäre eines universellen und allgemeinen Interesses. Das bedeutet, dass es trotz der Predigten der feministischen Bewegung, und trotz der Existenz einiger diesbezüglicher Gesetze, immer dann einen schwer zu brechenden Widerstand geben wird, wenn es darum geht, sexuelle Delikte auf der universellen Ebene eines allgemeinen Interesses der Gesellschaft zu verhandeln.

Angesichts eines sich ausweitenden informellen und diffusen Kriegsgeschehens – das mit mafiösen Methoden operiert und ein parastaatliches Kontrolluniversum aufbaut, das zunehmend das soziale Leben und die Politik erfasst – ist es notwendig, in der juristischen Rhetorik und im Bewusstsein der öffentlichen Meinung die zentrale Bedeutung der neuen Formen dieser Viktimisierung des weiblichen Körpers in den Strategien zur Aufrechterhaltung einer Ordnung einzuführen, die auf der willkürlichen und souveränen Herrschaft über das Leben der Menschen und ihrer Territorien basiert. Es ist eine dringliche Aufgabe, dieses Herrschaftsdispositiv einzudämmen und zu zerschlagen.

Kapitel 3

Patriarchat: Vom Rand ins Zentrum.

Disziplinierung, Territorialität und die Grausamkeit in der apokalyptischen Phase des Kapitals

Die Geschichte der öffentlichen Sphäre ist die Geschichte des Patriarchats

Der koloniale Eingriff – in der Vergangenheit und in der Gegenwart – in das, was ich als die »Welt der Weiler« bezeichne, hat dazu geführt, dass alles, was Frauen betrifft, ›minorisiert‹ wurde (Segato 2015a). Der Begriff ›Minorisierung‹ bezieht sich auf die Darstellung und die Position der Frau in der gesellschaftlichen Wahrnehmung. Minorisieren spielt hier darauf an, dass Frauen als ›geringer‹ betrachtet werden und ihre Belange in den Bereich des Intimen, Privaten und vor allem des Partikularen abgedrängt werden, als ›Thema von Minderheiten‹, und folglich als ›Thema von wenigen‹. Für die Minorisierung der Frauen sind Momente verantwortlich, die mit dem Übergang vom kommunitären Leben zur modernen Gesellschaft zu tun haben, und in Lateinamerika mit dem Übergang der *Pueblos*, die die nationalen Territorien unseres Kontinents bewohnen, in die Kolonial-Moderne. Dieser Übergang wurde zunächst durch den Prozess von Conquista und Kolonisierung ausgelöst, dann zuerst durch das überseeische Zentrum und später durch die von den *Criollo*-Eliten errichtete staatliche Verwaltung gelenkt. Der Prozess kann somit auch als *Criollisierung* bezeichnet werden.

Die Ausbreitung der staatlich-unternehmerisch-medial-christlichen Front, die in der Gegenwart mit schwindelerregendem Tempo voranschreitet, greift in das Leben der Welt der Weiler ein, die mit der Zeit die Masse des nationalen ›Bürgertums‹ ausmacht. Dieser Übergang hin zur Kolonial-Moderne hat massive Auswirkungen auf die zwischenmenschlichen Beziehungen und die Organisation der

Geschlechterbeziehungen in den Gesellschaften, die durch kommunitäre und kollektive Muster des Zusammenlebens geprägt sind bzw. in denen es noch ein kommunitäres Geflecht gibt, das, wenn auch nicht mehr intakt, aber doch noch erkennbar und lebendig ist.

Ich argumentiere im Folgenden, dass das Verständnis der Veränderungen des ›Geschlechtersystems‹ und der Geschichte der patriarchalen Struktur ein entscheidendes Element ist, um die gesellschaftliche Kehrtwende nachzuvollziehen, die durch die Moderne als Ganzes eingeleitet worden ist. Wenn wir die Bedeutung dieses Wandels und die Art und Weise, in der dieser Eingriff die bereits existierenden Hierarchien wiederbelebt und verschärft hat, angemessen interpretieren, dann werden wir eine ganze Reihe von Phänomenen der Gegenwart begreifen, die die gesamte Gesellschaft betreffen und keineswegs nur ›das Problem der Frau‹ sind.

In diesem Sinne insistiere ich fortwährend darauf, dass gewisse feministische Strömungen – wie auch alle anderen kämpferischen sozialen Bewegungen – dabei sind, einem großen sowohl politischen wie auch epistemologischen Missverständnis aufzusitzen. Mit anderen Worten: Indem sie ihre Themen gettoisieren und das, was sie selbst als ›die Frauenfrage‹ betrachten, sowohl in der Analyse als auch in ihren Aktionen eingrenzen, begehen sie einen theoretischen und politischen Fehler mit enormen negativen Folgen. Wie ich in *Die elementaren Strukturen der Gewalt* dargelegt habe, verbirgt sich in den ›Geschlechtern‹ eine unterschwellige, schattenhafte Beziehungsstruktur zwischen Positionen, die durch ein Gefälle an Ansehen und Macht markiert sind (Segato 2013). Dieses Gebilde, hierarchisch strukturiert und extrem wirkmächtig, ist bereits in der ersten Szene unseres Lebens – in den heute geschmeidigen Formen des familiären Patriarchats – angelegt und wird manifest. Von dort spiegelt es sich in anderen Beziehungen, die ebenbildlich organisiert sind: die *rassialen*, die kolonialen, jene der Metropolen mit ihren Peripherien und viele andere mehr. In diesem Sinne ist die erste Lektion in Macht und Unterordnung das familiäre Theater der Geschlechterbeziehungen, aber das Verhältnis zwischen den Positionen wiederholt sich *ad infinitum*, und wird zu einer Struktur, auf die man immer wieder trifft und die man in den verschiedensten Situationen einübt, in denen ein Macht- und Wertegefälle besteht.

In den dekolonialen feministischen Strömungen gibt es eine etablierte Debatte darüber, ob es das Patriarchat – also ›Geschlecht‹ als Ungleichheit – bereits in der vorkolonialen Welt gegeben hat. Der unwiderlegbare Beweis für eine Art von Patriarchat oder männlicher Vorherrschaft in der Statusordnung von Gesellschaften, die nicht durch den kolonialen Prozess beeinflusst wurden, besteht in der Tatsache, dass die Ursprungsmythen einer Vielzahl, wenn nicht aller *Pueblos*, einschließlich der jüdisch-christlichen Genesis selbst, eine Episode enthalten, die jeweils in der Gründungszeit angesiedelt ist und in der von der Niederlage und der Disziplinierung der ersten Frau oder der ersten Gruppe von Frauen erzählt wird. Diese Gründungsepisode der gesamten Geschichte der Menschheit, omnipräsent in den mythischen Erzählungen der *Pueblos*, ist ein Beleg für die Bedeutung geschlechtsspezifischer Unterwerfung als der Urform aller weiteren Formen von Herrschaft und Beherrschung. Und diese Episode ist deshalb vollständig historischer Natur, weil sie in der kompakten Form des Berichts über die Vergangenheit erzählt wird, die die Mythologien darstellen. Auf der anderen Seite ist es genau das Einhegen einer bereits existierenden privilegierten Männlichkeit durch die *weiße* und raubgierige Männlichkeit der Welt des Eroberers, was die Conquista erst ermöglicht hat. Denn der *nichtweiße* Mann fungiert, in seiner militärischen Niederlage, letztlich als das Scharnier zwischen den zwei Welten, und das heißt, als Kolonisator im eigenen Haus. In einem Konflikt zwischen Loyalitäten – gegenüber seinem Mandat der Männlichkeit einerseits und der Verbindung zu seiner Gemeinschaft und seinen Verwandtschaftsbeziehungen andererseits – hin- und hergerissen, ahmt er schließlich im eigenen Haus die männliche Aggressivität des Siegers nach. Schließlich ist er derjenige, der die aneignende Gewalt der Welt bis in das Innere der Beziehungen seiner eigenen Welt transferiert. Wir können das heute in jener Haltung beobachten, die ich als Fundamentalismus der Kaziken oder fundamentalistischen Kazikismus* bezeichnet habe. Die Frauen als stärker

* Anm. d. Ü.: Als *cacique*, dt. Kazike, wurden während der Conquista höchstrangige indigene Autoritäten, Vorstände bedeutender Familienverbände und Nachfahren vorspanischer Territorialherrscher bezeichnet.

verwurzelte, kommunitäre Subjekte sind für diese Art der Eroberung weniger anfällig, und ihr Loyalitätskonflikt, den es gleichwohl gibt, nimmt eine andere Form an: Die Existenzform des *Pueblos* loyal zu verteidigen, ohne auf die eigenen Ansprüche als Frau zu verzichten, ist generell keine leichte Aufgabe.

Die Welt, in die die koloniale und später die kolonial-staatliche Front eindringen und eingreifen, ist eine Welt, in der die Geschlechter zwei verschiedene ›Räume‹ des sozialen Lebens besetzen. Wie ich schon oft betont habe, ist in dieser Perspektive die Struktur dieser Welt von dualer Natur und durch eine beständige verbindende Reziprozität gekennzeichnet. Das Duale ist eine Variante des Vielfachen, und zwischen den Formen der Dualität existieren Übergänge, in denen die Positionen austauschbar sind. In der dualen Welt, sind beide Begriffe ontologisch komplett, vollständig, und das, obschon sie eine hierarchische Beziehung einnehmen können. Es existiert kein Inbegriffensein des einen im anderen: Der öffentliche Raum, der von den Männern und ihren Aufgaben – der Politik und der Vermittlungstätigkeit (die Geschäfte, die Verhandlungen, der Krieg) – bewohnt wird, schließt den häuslichen, von den Frauen und Familien bewohnten Raum mit seinen vielfältigen Aufgaben und gemeinsam geteilten Aktivitäten weder ein, noch ordnet er ihn unter.

In diesem kollektiven und kommunitären Milieu existiert nichts Allumfassendes, es gibt kein universelles Subjekt, nicht *den* Mann, der durch den kolonial-modernen Humanismus in die Position des Universalsubjekts katapultiert wurde, und es gibt auch keine Äußerungen von allgemeinem Wert, die alle Menschen repräsentieren könnten. Und es gibt auch weder einen universellen Bezugspunkt für das, was als menschlich zu gelten hat, noch ein universelles Äquivalent des Wertes, die es erlauben würden, den Lebensraum zur Ware oder die territoriale Nische und ihre Landschaft verhandelbar zu machen. Keine Natur ist auf die andere reduzierbar.

Diese duale Struktur wird durch den sich durchsetzenden kolonialen Binarismus eingehegt und neu formatiert. Die binäre Struktur resultiert aus dem modernen Einhegen der zwar hierarchischen, aber reziproken, also auf Gegenseitigkeit basierenden Dualität der Welt der Weiler. In der binarisierten Welt der Moderne wird das

Andere des Einen seiner ontologischen Vollständigkeit beraubt und auf die Funktion des *alter* reduziert, des Anderen des Einen als Repräsentant und Referent der Totalität. Diese Rolle des ›Anderen‹ (weiblich, *nichtweiß*, kolonial, marginal, unterentwickelt, defizitär) wird, wie es Edward Said und eine ganze Generation von postkolonialen Theoretiker:innen gezeigt haben, zur Möglichkeitsbedingung der Existenz des ›Einen‹ (universelles Subjekt, verallgemeinerbarer Mensch, *der* Mann). Der Tribut, die Gabe desjenigen, von dem genommen wird, fließt in Richtung des Zentrums, jener Ebene des universellen menschlichen Subjekts, baut dieses Subjekt auf und nährt es.

Das ist, knapp formuliert, der Entstehungsprozess der ›öffentlichen Sphäre‹, oder besser gesagt, die Art und Weise, in der sich im historischen Prozess das, was in der kommunitären Welt ein ›öffentlicher Raum‹ oder eine ›männliche Domäne‹ gewesen ist, in die ›öffentliche Sphäre‹ oder die ›universellen Domäne‹ verwandelt. Wie wir sehen, ist die Geschichte und Konstitution der öffentlichen Sphäre mit der Geschichte des Patriarchats selbst und seines strukturellen Wandels seit der kolonial-modernen Eroberung der Welt der Weiler verwandt und verwoben. So betrachtet ist die Geschichte der öffentlichen bzw. staatlichen Sphäre nichts anderes, als die Geschichte der Geschlechter. Diese öffentliche Sphäre oder staatliche Agora verwandelt sich in den Ort der Äußerung jeden Diskurses, der darauf abzielt, einen politischen Wert zu erlangen. Mit anderen Worten, diese Sphäre wird ab jetzt die Politik an sich reißen, und damit meinen wir, dass sie das Monopol auf jede Handlung und jeden Diskurs innehaben wird, der beansprucht, den Wert der Politizität, also einen politischen Charakter zu erlangen.

Aufgrund seiner gerade kurz skizzierten Geschichte wird das natürliche Subjekt dieser ›öffentlichen Sphäre‹, also der Erbe des ›politischen Raums‹ der Männer in der Kommunität, nach Herkunftsmerkmalen und Genealogie folgende Merkmale tragen: Erstens männlich und zweitens Sohn der kolonialen Eroberung und deshalb *weiß oder weißgemacht**, Besitzer, gebildet, und Familienvater (ihn als ›heterosexuell‹ zu bezeichnen, wäre unzutreffend, da wir über die

* Anm. d. Ü.: Span. blanquear, s. Glossar.

tatsächliche Sexualität des Patriarchen nur sehr wenig wissen). Trotz dieser partikularen Attribute werden mithin alle Äußerungen des paradigmatischen Subjekts der öffentlichen Sphäre als Äußerungen betrachtet, die von allgemeinem Interesse sind und universellen Wert besitzen. Aus diesem Prozess lässt sich ableiten, dass die Geschichte der Männer, der historische Prozess der Männlichkeit, die DNA des Staates ist, und seine männliche Genealogie sich täglich aufs Neue offenbart.

Dieser Prozess entwertet abrupt den anderen, also den häuslichen Raum, der bis dahin durch verschiedenste Aspekte gekennzeichnet war, ein Schauplatz der Aktivitäten der Frauen, und von ihnen geleitet wurde. Ab diesem Moment vollzieht sich ein rascher Verfall des häuslichen Raums: War er zuvor zwar vom Ansehen her untergeordnet, aber ontologisch in sich selbst vollständig, wird er nun seiner Macht beraubt und auf die Rolle des Restes, des Anderen der öffentlichen Sphäre reduziert: der Politizität beraubt, unfähig, Äußerungen universellen Wertes und allgemeinen Interesses zu formulieren. Als Rand, wahrhaftiger Rest des öffentlichen Lebens, wird der häusliche Raum unmittelbar als privat und intim verstanden. Will sich dieser Raum ausdrücken, ist eine Travestie in der Selbstdarstellung ebenso vonnöten wie ein distanzierter Stil, um den Anforderungen der öffentlichen Sphäre – also der erforderlichen Etikette des männlichen Stils, öffentlich zu sprechen – gerecht zu werden. Im Gegensatz dazu hat in der Welt der Weiler, in der Gemeinde, in der das kolonial-moderne Eindringen wenige oder gar keine Folgen gehabt hat, das Häusliche nichts mit privat oder intim zu tun. Wir müssen uns diesem kolonial-modernen Konstrukt, das den Frauen den Wert eines Restes zuweist, entgegenstellen, wir müssen es demontieren und umdeuten. Denn aus diesem binären und minorisierenden Schema stammen nicht nur jene Verletzungen, die das Leben der Frauen beeinträchtigen, sondern auch das Übel, das die Gesellschaft als Ganzes betrifft. Denn die Angriffe, die die Frau in der alltäglichen Gewalt, dem häuslichen Missbrauch sowie in den neuen informellen Kriegen erleidet, sind der Gradmesser, mit dem wir die historischen Veränderungen der Gesellschaft als Ganzes diagnostizieren können. Deshalb sollten wir auf der Wiederherstellung der ontologischen Vollständigkeit der

Räume des weiblichen Lebens sowie der Fähigkeit und dem Recht der Frauen bestehen, aus ihrer Partialität heraus im Interesse der Allgemeinheit zu sprechen. In den siebziger Jahren haben wir es mit dem Satz »Das Private ist politisch« versucht, dem feministischen Slogan von damals, der dazu geführt hat, für Gesetze und öffentliche Maßnahmen zu kämpfen, allerdings ohne dass wir auf diesem Weg sehr weit gekommen wären. (Vielleicht deshalb, weil es nicht eine der besten Ideen war, wie Foucault früh erkannt hat, danach zu streben, dass das Auge des Panoptikons uns zu Hause erreicht, oder die Nummer des Anwalts immer unter dem Kopfkissen liegen zu haben, wie es das Modell in Nordamerika ist). Vielleicht war es also weder der interessanteste Weg, noch derjenige, der zu den besten Ergebnissen geführt hat, denn die enteignende und gewalttätige Struktur des Patriarchats hat sich nirgends bewegt.

Angesichts ihrer kaum verborgenen Herkunft scheint es daher ein vielversprechenderer Weg, der öffentlichen Sphäre mit Misstrauen zu begegnen, und nach einem neuen Weg Ausschau zu halten, einem Weg, der imstande ist, das universelle Eine, das diese Sphäre etabliert hat, zu demontieren und dadurch die Welt(en) zu pluralisieren. Die Vereinnahmung alles Politischen durch die Struktur des Ansehens, die auf dem einheitlichen Charakter der öffentlichen Sphäre basiert, führt zu nichts anderem als dem schlechten Weg, auf dem sich die Demokratien unseres Kontinents momentan befinden, mit ihren Abzweigungen in Richtung einer Diktatur der Mehrheit. Denn diese öffentliche Sphäre besitzt die einzigartige Fähigkeit, alles, was sie formuliert mit den Attributen eines allgemeinen Interesses und universellen Wertes zu versehen. So installiert sie eine Abstraktion von Zentralität, Allgemeinheit und Universalität, die der stets selbstbezogenen Verwurzelung und Naturalisierung des männlichen Subjekts inhärent ist und die uns von diesem Subjekt aufgezwungen wird. Eine Demokratie, deren irreduzible Pflichtenlehre nicht die Verteidigung des Pluralismus beinhaltet, ist keine Demokratie, auch dann nicht, wenn sie den Willen der Mehrheit vertritt. Warum? Weil der treibende Pol diese Sphäre sein wird, die in einer binären Struktur gründet, in der die Vielfalt differenzierter und minorisierter Subjekte (Frauen, Menschen, die nicht normalisierte Formen der Sexualität praktizieren,

Schwarze, Indios, Jugendliche und Kinder, sowie all jene, die von der durch das universelle Subjekt verkörperten Norm abweichen) in der kollektiven Wahrnehmung nichts weiter als Alteritäten und Anomalien des ›Einen‹ sein wird. Deshalb müssen diese Subjekte eine Travestie vollziehen, um in der Sprache der Politik zu sprechen, die nun durch das staatliche Feld besetzt ist. Sie sind unbequeme Anomalien, die »das Problem des ›Anderen‹« verkörpern, das »das Problem der Kolonial-Moderne« ist und immer bleiben wird.

Disziplinierung und Pädagogik der Grausamkeit: Der funktionale Charakter des kolonial-modernen Patriarchats hoher Intensität hinsichtlich des historischen Projekts des Kapitals in seiner apokalyptischen Phase

Die Privatisierung, die Minorisierung und die Verwandlung der tödlichen Übergriffe auf Frauen in ›Probleme von partikularem Interesse‹ oder ›Themen von Minderheiten‹ ist die Folge des Wandels vom Patriarchat niedriger Intensität der Männer in der kommunitären Welt hin zum kolonial-modernen Patriarchat hoher Intensität, das die universelle Herrschaft kennzeichnet. Eine Auswirkung dieser Minorisierung ist zum Beispiel, dass Femiziden und homophoben Verbrechen nur marginale Bedeutung beigemessen wird und sie sowohl in der juristischen Praxis als auch in den Leitmedien Lateinamerikas auf nebensächliche Ereignisse reduziert werden. Gleichzeitig fügen wir Feministinnen uns, sogar in unseren Forderungen, diese Phänomene als partikulare Themen, begrenzt und gettoisiert zu behandeln. Dabei wird übersehen, dass all diese Gewalt gegen ›Minderheiten‹ nichts anderes als die Disziplinierung ist, die patriarchale Kräfte uns allen, die wir den Rand der Politik bewohnen, auferlegen. Es handelt sich um Verbrechen des kolonial-modernen Patriarchats hoher Intensität gegen all das, was es destabilisieren könnte, gegen all das, was sich zu verschwören scheint und seine Kontrolle infrage stellt, gegen all das, was seinem Zugriff entgleitet, mit den verschiedenen täglichen Strategien und Taktiken, mit denen viele von uns, absichtlich oder unabsichtlich, der patriarchalen Überwachung entkommen, sich ihr entziehen und Widerstand leisten. Das Patriarchat beseitigt auf diese Art und Weise all das, was ihm nicht die gebührende Anerkennung zollt: Anerkennung für seine Art, das Leben zu strukturieren und zu disziplinieren, sowie für seine Art, einen Weg der Asymmetrien und sich ausdehnender Beherrschungen zu ermöglichen und zu naturalisieren.

Zum anderen, und das ist hier der Kern meines Arguments, können wir gerade durch die Betrachtung der Verbrechen gegen Frauen und durch den Versuch, zu verstehen, was sie ausdrücken, was sie uns sagen, was sie verursachen, ihre starke Verknüpfung mit der historischen Phase erkennen, die wir als Gesellschaft momentan durchlaufen. Genauso wie wir die Geschichte des Patriarchats verstehen müssen, um die Geschichte der öffentlichen Sphäre und des Staates zu verstehen, gilt für unser zentrales Thema: Wenn wir die aktuellen Formen der geschlechtsspezifischen Gewalt verstehen, dann verstehen wir auch, was in der Gesellschaft als Ganzes vor sich geht.

Wenn wir eine grafische, eine bildhafte Allegorie der heutigen Welt, also dieser fortgeschrittenen Moderne zeichnen müssten, dann wäre es das Bild einer umgekehrten Pyramide, wie sie die Akrobaten im Zirkus aufführen, wo sich die Gleichgewichtskünstler, einer nach dem anderen, in Reihen aufeinanderstellen, bis sie ein komplettes Gebäude aus übereinander stehenden Körpern bilden, jeweils die Füße des einen auf den Köpfen der anderen, Schicht für Schicht. Aber ganz unten, am Fundament, an der Basis der Pyramide, würde der Körper einer Frau stehen, der das gesamte Gebäude trägt. Ich stelle mir dieses Gebilde häufig vor, denn es scheint die einzige Erklärung dafür zu sein, warum etwas unmöglich bleibt, das auf den ersten Blick so einfach wirkt: Die Frau aus ihrer Position der Unterordnung zu befreien, – gemaßregelt, unterjocht und attackiert – und zu verhindern, dass sie weiterhin vergewaltigt, verkauft und durch Menschenhandel versklavt wird; dass sie verdinglicht und durch den medialen Blick zerstückelt wird. Es wäre im Grunde keine so schwierige Aufgabe, ein paar Aktionen, einige Maßnahmen, punktuelle Interventionen, die nicht besonders kompliziert sind. Aber aus irgendeinem Grund geht es nicht. Es scheint unmöglich. Nie hat es mehr Gesetze gegeben, nie hat es mehr Fortbildungen in Sachen Menschenrechte für

Sicherheitskräfte gegeben, nie hat es mehr Literatur über die Rechte der Frau gegeben, nie hat es mehr Preise und Anerkennungen für Aktionen auf diesem Feld gegeben – und trotzdem sterben wir Frauen weiter. Unsere Anfälligkeit für die brutale Aggression und tödlichen Folterungen war noch nie so groß wie in den gegenwärtigen informellen Kriegen. Unsere Körper waren noch nie einer derartigen Kontrolle ausgesetzt und wurden derart medizinisch zugerichtet, auf der Suche nach einem verbindlichen Glück oder der zwanghaften Anpassung an ein Schönheitsideal. Und noch nie wurden Abtreibungen so streng überwacht, die – auch das ist symptomatisch – auch noch nie ein so intensiv diskutiertes Thema waren wie in unserer heutigen fortgeschrittenen Moderne.

Wenn wir das Thema aus dieser Perspektive betrachten und mutmaßen, dass die Viktimisierung des Körpers der Frau die Funktion hat, für das Festmahl zu sorgen, bei dem sich die Macht verbrüdert und so ihre Souveränität, ihren Ermessensspielraum und ihre Willkür zur Schau stellt, dann verstehen wir etwas: Wir verstehen dann, dass von dieser ständig wiederholten Zerstörung des weiblichen Körpers, von dem Spektakel seiner Unterwerfung und seiner demonstrativen Unterordnung mit Sicherheit etwas sehr Wichtiges abhängt, dass sich etwas sehr Wichtiges genau darauf stützt. Etwas, das für das ›System‹ zentral, wesentlich, grundlegend ist, muss ganz zweifellos davon abhängen, dass die Frau diesen Ort, diese Rolle, diese Funktion nicht verlässt.

Die Minorisierung des Themas der Frau zu demontieren, würde auch bedeuten, folgendes zu akzeptieren: Wenn wir die Formen der misogynen Grausamkeit der Gegenwart verstehen, dann verstehen wir nicht nur, was mit uns Frauen und allen, die sich in der weiblichen Position verorten, geschieht, sondern dann verstehen wir auch, was der ganzen Gesellschaft widerfährt. Die Indizien weisen darauf hin, dass wir es hier mit einem Gebilde zu tun haben, dessen Material aus der Verschmelzung von Korporationen mit dem Staat geformt ist; aus allen möglichen Bündnissen zwischen korporativen Akteuren, legalen oder illegalen oder beidem, sowie Vertretern der Regierung; aus Motiven, die als ›Staatsräson‹ aufgerufen werden, aber die in Wahrheit einer ›Geschäftsräson‹ folgen. In einer Sache bin ich mir sicher:

Um darüber nachzudenken, müssen wir das ›Problem Frau‹ aus dem Getto herausholen, wir müssen es als die verflochtene Grundlage und elementare Pädagogik aller anderen Formen der Macht und der Unterordnung denken: der *rassialen*, der imperialen, der kolonialen, der des Verhältnisses von Zentrum und Peripherie, der des Eurozentrismus gegenüber anderen Zivilisationen und der der Klassenverhältnisse.

Wir leben in einer Welt, in der schon 2015 ein Prozent der Menschen mehr Reichtum auf sich vereint hat, als die restlichen 99 Prozent zusammen; in der 62 Personen den gleichen Reichtum angehäuft haben wie die ärmere Hälfte der Menschheit auf diesem Planeten zusammengenommen, in der die Konzentration des Reichtums immer schneller zunimmt[19]; in der ein Prozent der Bevölkerung der USA die Gesamtheit der nutzbaren Fläche dieses riesigen Landes besitzt; in der gerade mal neun Familien die gesamte Küste Chiles besitzen... Bei all dem ist klar, dass das Korrelat der Finanzialisierung der Ökomomie die auffälligste aller Eigentumsformen ist: das Landgrabbing, die Konzentration von Land in Händen einiger weniger, die neuartige Rentenökonomie, die zunehmende Patrimonialisierung der staatlichen Verwaltungen. Ein derartig gekennzeichnetes Szenario zeigt, dass wir nicht mehr einfach von ›Ungleichheit‹ sprechen können, wie wir es in den siebziger Jahren getan haben, sondern dass das Thema heute die ›Eigentümerschaft‹, der ›herrschaftliche Besitzstand‹ oder die ›Lordschaft‹ ist.

›Herrschaftlicher Besitzstand‹ meint in diesem Fall ganz konkret, dass eine kleine Gruppe von Eigentümern Herr über Leben und Tod auf dem Planeten ist. Es handelt sich um eigenmächtige Subjekte mit freiem Ermessensspielraum sowie einer bislang ungekannten Machtfülle, die alle Ideale von Demokratie und Republik zur Fiktion werden lässt. Die reale Bedeutung dieses Besitzstandes besteht darin, dass die Eigentümer des Reichtums aufgrund ihrer Kaufkraft, der Freiheit der *Offshore*-Zirkulation ihrer Profite und mit Hilfe ihrer unternehmerischen, heutzutage völlig deregulierten Vorgehensweise gegen jeden

19 Laut Oxfam galt für 2010: 288 Menschen besaßen den gleichen Reichtum wie die ärmste Hälfte, 2011 waren es 177, im Jahr 2012 159, 92 im Jahr 2013, 80 in 2014 und 62 im Jahr 2015. Vgl.: https://www.oxfam.org/es/notas-prensa/62-personas-poseen-la-misma-riqueza-que-la-mitad-de-la-poblacion-mundial

Versuch einer institutionellen Kontrolle immun sind. Diese Immunität der ökonomischen Macht läutet eine apokalyptische, völlig anomische Phase des Kapitals ein, und führt uns zurück in das finale, bereits zerfallende und im Übergang begriffene Endstadium des Mittelalters, als die Besitzstände ungleich größer waren, aber auch durch eine Art der Machtausübung eines feudalen Hofes regiert wurden, die – wie Foucault es beschrieben hat – als exemplarische Grausamkeit über die Körper ausgeübt wurde.

Die Eigentümerschaft manifestiert sich in Lateinamerika in Form einer mafialisierten und ganovenhaften Verwaltung von Wirtschaft, Politik und Justiz, aber sie darf auf keinen Fall als von der globalen und geopolitischen Ordnung, die unsere Themen überlagert, losgelöst betrachtet werden. Verbrechen und illegale Kapitalakkumulation sind keine Ausnahmen mehr, weil sie sich in etwas Strukturelles und Strukturierendes der Politik und der Wirtschaft verwandelt haben.

In dieser neuen Welt erweist sich der Begriff einer Diskursordnung, die durch die ›Kolonialität der Macht‹ geprägt ist, praktisch als unzureichend. Aus diesem Machtmuster ergibt sich ganz klar die Praxis der Vertreibung der *Pueblos* aus den von ihnen traditionell und angestammt besetzten Territorien. Doch von der Kolonialität vollzieht sich eine Rückkehr zu einer ›Konquistualität‹, und zwar ohne die Beschränkungen oder Verbote, welche vormals zumindest in gewissem Maße und in gewissen Fällen die Kirche der kolonialen Gier auferlegt hatte (Gott 2002). Die extremen Formen der Grausamkeit auf unserem Kontinent – die sich von Mexiko, Zentralamerika und Kolumbien bis in den Süden ausbreiten, wo die Atmosphäre dramatisch, chaotisch und zunehmend gewalttätig ist – können auf die Vorstellung zurückgeführt werden, dass die Conquista in unseren Landschaften niemals abgeschlossen, niemals vollendet worden ist, dass sie ein weiterhin laufender Prozess ist.

In diesem historischen Kontext verhalten sich Mitgefühl, Empathie, Bindungen, eine lokale und kommunitäre Verwurzelung ebenso wie alle Formen der Verehrung des Heiligen, durch die solide kollektive Beziehungsgeflechte aufrechterhalten werden, dysfunktional zum historischen Projekt des Kapitals. Dieses historische Projekt entwurzelt, es globalisiert die Märkte und greift die noch existierenden kommunitären Beziehungsgeflechte an, reißt sie auseinander und lässt seine Wut an den verbleibenden Fetzen aus. Es vernichtet räumliche Markierungen und traditionell geheiligte Orte, die der Eroberung der Gebiete durch den universellen monetären und merkantilen Bezugspunkt im Wege stehen. Es erzwingt die Verwandlung der ›Oikonomie‹ häuslicher Produktion und lokaler und regionaler Vermarktungskreisläufe in eine einzige globale Wirtschaft. Es führt den Konsum als diametral entgegengesetztes Ziel schlechthin ein, was sich in Hinblick auf jene Formen des Glücks, die auf Beziehungen und Reziprozität des kommunitären Lebens basieren, zerstörerisch auswirkt. In dieser extremen und apokalyptischen Phase besteht der Weg der Akkumulation aus Plünderung, Vertreibung, Entwurzelung, Versklavung und maximaler Ausbeutung. Das bedeutet, um das Ziel des historischen Projekts des Kapitals zu erreichen, ist es von entscheidender Bedeutung, Empathie zu reduzieren und die Menschen so einzuüben, dass sie lernen, täglich Akte der Grausamkeit zu tolerieren, mit ihnen zu leben und sie selbst zu vollziehen.

So erklärt sich auch, dass in den gegenwärtigen Kriegen die Strategie der Schändung zentrale Bedeutung erlangt hat; Kriege, die sich nicht mehr zwischen Staaten abspielen, sondern in Lateinamerika wie im Nahen und Mittleren Osten einen hohen Grad an Informalisierung aufweisen (Segato 2014, Kaldor 2000). Nicht umsonst sprechen Expert:innen heute von einer ›Feminisierung des Krieges‹. Unzählige Belege verschiedenster Arten und von verschiedensten Orten sprechen dafür, dass es die weibliche Position ist, die die territoriale Verwurzelung, das Geheiligte, die Bindungen und die Gemeinschaft verkörpert, repräsentiert und beschützt.

Chile und Katar liefern aktuell zwei Modelle, an denen sich die Tendenzen der gegenwärtigen apokalyptischen Phase des historischen Projekts des Kapitals ablesen lassen. Chile mit seiner orthodoxen Anwendung des Rezeptes von Milton Friedman, das zu einem vom Markt regierten Gesellschaftsregime führt. Die Traurigkeit, die für die chilenische Gesellschaft prägend ist, wird selbst von den Menschen dort häufig als eine Auswirkung der ›Prekarität‹ interpretiert, die dieses Modell dem Leben aufdrängt. Und das in einem Sinn des Begriffs Prekarität, der von der Idee von Armut oder Mangel losgelöst ist und vielmehr eine ›Prekarität des Beziehungslebens‹ meint: die Zerstörung der Solidität und Stabilität von Beziehungen, welche die täglichen Affekte verorten, festigen und verwurzeln. So ergreift die Erfahrung, den Unbilden und der Schutzlosigkeit ausgesetzt zu sein, eine ganze Nation. Katar hingegen verkörpert das Phänomen einer Regierung von Eigentümern sowie der Verwechslung von territorialer Ausbreitung einer Nation mit der Idee einer Immobilie. Es gibt keine staatliche Abstraktion und der Staat ist eindeutig und buchstäblich das Vermögen: Ein Staat aus Eigentümern. Und in Lateinamerika läuft der Patrimonialismus, der konstitutiv für die *Criollo*-Republiken ist, ernsthaft Gefahr, sich zu ›katarisieren‹. Die Reprimarisierung der Produktion, die Mega-Bergbauprojekte, die extraktivistische Landwirtschaft und der extraktivistische Tourismus sind Korrelate eines absolutistischen Marktregimes und der Verschmelzung der politischen Macht mit der Eigentümerschaft, aus der heraus es zu extremen Angriffen auf Mensch und Umwelt kommt, die nichts als Trümmer hinterlassen: die zunehmenden Unbilden des Lebens, die Kommerzialisierung von allem, die Garantie von Sicherheit, die nur für Eigentümer und Kontrolleure der staatlichen Mechanismen gilt, die Radikalisierung der Enteignung, Ethnozid, Genozid und ›Konquistualität‹.

Ein solches Szenario ist an eine gleichgültige Haltung gegenüber der Grausamkeit gebunden, die eingeübt und antrainiert ist, und mit einer ungestraften Bösartigkeit einhergeht. Sie wird am Körper von Frauen und an jungen Menschen, wie in Ayotzinapa, demonstriert – Körper, die nicht den Kriegsfeind repräsentieren, Subjekte, die nicht dem Soldaten der bewaffneten feindlichen Korporation entsprechen. Der Staatsterror der Diktaturen ist einem diffusen Terror gewichen, der kapillar in die Gesellschaft eindringt. Ich habe behauptet, dass die neuen Formen des Krieges auf unserem Kontinent repressive oder mafiöse Kriege sind, oder vielleicht exakter eine Kombination aus beidem, wie ein Putsch, der uns von einem anderen Ort aus, aus einer Zweiten Realität heraus trifft (Segato 2014). Ich glaube sogar, dass man von einer neuen Form des Terrors sprechen kann, die mit dem zusammenhängt, was ich weiter oben als ›Unbilden‹ bezeichnet habe. Und was nichts Anderes wäre als eine Vorhölle der Legalität, eine nicht kontrollierbare Expansion parastaatlicher Formen der

Kontrolle über das Leben, die sich immer größerer Teile der Bevölkerung bemächtigt, insbesondere jener Menschen, die unter vulnerablen Bedingungen leben, nämlich in Nischen der Ausgrenzung. Für viele Menschen ist dieser Terror die Bestätigung dafür, dass staatliche Kontrolle und Schutz durch den Staat sowie die republikanischen Gesetze eine Fiktion, ein ›Glaubenssystem‹ darstellen, und genau das vielleicht auch immer schon gewesen sind: nichts weiter als ein Glauben, der eine stabile Grammatik für die soziale Interaktion und die Grenzen des menschlichen Verhaltens liefert. Eventuell sind die Diktaturen erst an ihr Ende gelangt, nachdem sie das Feld für die neuen Formen des Terrors bereitet hatten. Es handelt sich nicht länger um Staatsterror, sondern um eine Art des Trainings mit dem Ziel, eine Existenz ohne Sensibilität für das Leid der anderen, ohne Empathie, ohne Mitgefühl führen zu können. Eine Existenz des eingekapselten Genusses des Konsumenten und inmitten des produktivistischen und wettbewerbsorientierten Individualismus von Gesellschaften, die definitiv keine Bindungen mehr haben. Etwas, das auf den von Hannah Arendt beschriebenen Unterschied zwischen Einsamkeit und Isolation verweist, letzteres als Vorbedingung für die totalitäre Kontrolle.

Ich habe lange Zeit die Differenzierung von intimen Femiziden und öffentlichen, kriegerischen Femiziden in Zeiten informeller Kriege verteidigt. Heute hat die Lektion des informellen, parastaatlichen Krieges in seinen unterschiedlichen Formen in die Häuser Einzug gehalten, und die Schwelle des empathischen Leidens ist gesunken. In Guatemala hat der Krieg in Form von extrem gewalttätigen indigenen und bäuerlichen Haushalten eine Fortsetzung erfahren – wohlgemerkt: Es war nicht umgekehrt wie es ein bestimmter eurozentristischer Feminismus behauptet. Die sexuelle und femizidale Gewalt hat sich nicht aus den Haushalten heraus in den Krieg hinein verlagert, der Weg verlief entgegengesetzt. Wie eine Reihe von Fällen auf dem ganzen Kontinent zeigt, weist das intime Verbrechen heutzutage charakteristische Merkmale eines Kriegsverbrechens auf: das Ablegen des Opfers unter freiem Himmel, in Gräben, auf Müllhalden oder Abwasserkanälen zum Beispiel, oder die Sichtbarkeit der Morde, die mittlerweile auch an öffentlichen Orten verübt werden. Auch die ungesetzlichen und außergerichtlichen Hinrichtungen durch staatliche Agenten, die in Lateinamerika und insbesondere in Brasilien täglich zunehmen, ohne dass es dafür eine Erklärung gäbe, sprechen von diesem diffusen Terror, der die Logik, die Grammatik angreift, die dafür sorgt, dass ich eine stabile Erwartung an meine Beziehung zu anderen Menschen habe.

Wenn jede Epoche eine Art von Persönlichkeit hervorbringt, die für die jeweiligen wirtschaftlichen Beziehungen dieser Phase funktional ist – wie die Hysterie für die industrielle Revolution, die Schizophrenie mit ihrem Delirium im künstlerischen Ausdruck des Modernismus –, dann können wir angesichts des oben Skizzierten mutmaßen, dass aktuell die psychopathische Struktur diese Modalität der Persönlichkeit ist. Die psychopatische Persönlichkeit würde also heute als die Persönlichkeitsstruktur gelten, die am besten geeignet ist, um in der Ordnung der apokalyptischen Phase des Kapitals funktional zu arbeiten. Zum psychopathischen Persönlichkeitsprofil gehört: die Unfähigkeit, Hormonausschüttungen in Emotionen und Affekte umzuwandeln; die Notwendigkeit, den Reiz immer weiter zu erhöhen, um Wirkung zu erzielen; die definitiv bindungslose Struktur; die für den eigenen Schmerz unempfindliche Haut; folglich die noch größere Unempfindlichkeit für den Schmerz des anderen; die Entfremdung, Einkapselung, Entwurzelung von den eigenen Landschaften und kollektiven Bindungen; die instrumentelle und verdinglichte Beziehung zu den anderen. All das scheint unabdingbar, um in einer Ökonomie, die allem voran durch Entmenschlichung und Grenzenlosigkeit im räuberischen Umgang mit Körpern und Territorien geprägt ist, adäquat zu funktionieren und nur Trümmer zu hinterlassen. Daher scheint eine ›Pädagogik der Grausamkeit‹ der Nährboden für psychopathische Persönlichkeiten zu sein, die vom Zeitgeist geschätzt werden und für diese apokalyptische Phase des Kapitals funktional sind.

Das bemerkenswerte Schicksal des britischen Films *Clockwork Orange* von 1971, der auf dem gleichnamigen Roman von Anthony Burgess basiert – und der unter dem Eindruck der Vergewaltigung seiner Ehefrau durch amerikanische Soldaten während des Zweiten Weltkriegs in London geschrieben wurde – scheint meine These zur abrupten und funktionalen Reduktion von Empathie in unseren

Zeiten zu bestätigen. *Clockwork Orange*, unter der Regie von Stanley Kubrick und mit dem unvergesslichen Hauptdarsteller Malcolm McDowell, ist einer der am häufigsten zensierten Filme in der Kinogeschichte, und das in mehreren Ländern, darunter auch in England selbst. In aufeinander folgenden Szenen zeigt der Film Schlägereien, Vergewaltigungen, Morde und einen Femizid. Der Protagonist Alex entwickelt sich von der völlig empathielosen Figur des Täters durch eine experimentelle psychiatrische Behandlung, die ihn unweigerlich in ein Opfer verwandelt, hin zu einer Figur mit Empathie und Verletzlichkeit angesichts des Leids anderer.

Zwischen der Persönlichkeit des Täters und jener des Opfers, dem davor und dem danach des ›therapeutischen‹ Experiments gibt es keine mittlere Position. Das bedeutet: Wird die Position des Täters einmal verlassen, dann gibt es keine Alternative dazu, selbst wieder verletzlich zu werden. Aber das Außergewöhnlichste an diesem Fall ist, dass der Schrecken, mit dem das Publikum diesen Film damals aufgenommen hat, heute, 40 Jahre nach der Uraufführung, völlig verschwunden ist, und dem Gelächter des Publikums über einige Szenen, die in der Vergangenheit als die schrecklichsten wahrgenommen wurden, Platz gemacht hat. Das hat auch der Hauptdarsteller McDowell 2009 selbst eingeräumt. Das ist ein klares Indiz für eine Normalisierung der psychopathischen Persönlichkeit und der Gewalt, insbesondere der Gewalt gegen die Frau in der zentralen Sequenz des Films.

Wir haben es hier also mit einem unbestreitbaren Zeichen für die Entwicklung der Zeit und den Lebensstil zu tun, der sich im Spätkapitalismus durchgesetzt hat. In dieser Phase stellen das Leiden und die Angriffe, denen die Körper der Frauen ausgesetzt sind, sowie die Spektakularisierung, Banalisierung und Naturalisierung der Gewalt das Maß des Verfalls der Empathie dar, und das in einem Prozess der Anpassung und Instrumentalisierung der zeitgenössischen Formen der Ausbeutung des Lebens.

Resümierend können wir festhalten, dass die Herabsetzung des Weiblichen eine grundlegende Phase in der Geschichte der menschlichen Gattung ist, die in zahlreichen, über den ganzen Planeten verteilten mythologischen Erzählungen vorkommt. Dadurch wird diese Herabsetzung gattungsgeschichtlich zu einer Stütze des Gebäudes jeder Herrschaft, und gleichzeitig individualgeschichtlich zur ersten Lektion in Sachen Ungleichheit während der Subjektivierung im familiären Leben (Segato 2013). Die frauenverachtende Grausamkeit, die das Leiden der weiblichen Körper in ein banales und alltägliches Spektakel verwandelt, ist heutzutage die Pädagogik, die die Massen daran gewöhnt, mit der Willkür, dem ungrammatischen Randbereich des menschlichen Lebens, und letztlich mit dem fiktionalen Charakter der Institutionen zu leben.

Trotzdem wird das Thema ›minorisiert‹, als ein Rest in eine Ecke gestellt, jenseits der großen Politik, der großen Justiz und der Fragen der Sicherheit. Das heißt, es wird im Verhältnis zu allem, was als staatliche Aufgabe gilt, weil es von allgemeinem Interesse und universellem Wert ist, als marginal betrachtet. Diese Klassifizierung, diese Struktur, die uns glauben macht, dass es einerseits zentrale Themen (Wirtschaft, Finanzen, Politik und Regierung, Gesundheit, Bildung, öffentliche Sicherheit) gibt, und andererseits euphemistisch als ›transversal‹ bezeichnete Themen, ist es, was ich als ›Minorisierung‹ nenne. Diese Themen werden übrigens als ›transversal‹ bezeichnet, um zu verschleiern, dass sie in die Position der partikularen Fragen und des partiellen Interesses gedrängt werden. Alles, was mit dem Thema der Geschlechterverhältnisse zu tun hat, im Milieu des Privaten und Intimen zu verorten, hängt mit dem modernen Glauben zusammen.

Doch diese Struktur bröckelt heute, zumal sie komplett falsch ist und nicht einmal eine große historische Tiefe hat. Sie ist nichts weiter als das Ergebnis des Modernisierungsprozesses, den viele *Pueblos* durchlaufen haben, sowie der Zerstörung des kommunitären Milieus, in dem viele Menschen unseres Kontinents bis vor relativ kurzer Zeit gelebt haben und einige weiterhin leben. Das wiederum hat mit der Verfassung der republikanischen Staaten zu tun, die im Grunde stark patrimonialistisch sind und so konstruiert wurden, damit die Eliten die Ressourcen des Staates verwalten und über deren Schicksal entscheiden können. Die Geschichte und die Struktur dieses Staates haben dazu geführt, dass es für diejenigen – die sozusagen unrechtmäßig die Schlüssel seiner Institutionen in Händen haben – möglich war, ihn sich anzueignen. Und die Zerstörung der Kommunitäten mit ihren eigenen Logiken hat die Formen der Politizität der häuslichen Räume abgesetzt und die Männer als die Akteure *par excellence* aller Politik inthronisiert, und das ungeachtet der Tatsache, dass wir in Ausnahmefällen auch weibliche Figuren in der Verantwortung haben können. So ist eine Vermännlichung der Institutionalität und eine Entpolitisierung der Bindungen, die aus dem häuslichen Raum stammen, entstanden, eine ›Entdomestizierung‹ des Lebens und aller Politik.

Zusätzlich zur Partikularisierung, Residualisierung und ›Minorisierung‹ all dessen, was sich nicht auf dem Feld dieses ›öffentlichen Leben‹ abspielt, was nicht für alle Menschen gleichermaßen zugänglich ist, hat sich nach und nach in den institutionellen Räumen ein Kanon etabliert, der längst überholt und verbraucht ist. Das ist deshalb so, weil unsere Staaten aufgrund ihrer kolonialen Geschichte nicht das gleiche Verhältnis zur Gesellschaft und den von ihnen verwalteten Territorien haben, wie die europäischen Staaten zu den ihren. Unsere Staaten und all ihre Akteure können, wenn sie sich in ihre Zuständigkeitsbereiche eingearbeitet haben, gar nicht anders, als die distanzierte und äußerliche Beziehung in Hinblick auf das Verwaltete, die Menschen und die Territorien zu reproduzieren. Dieses Verhältnis einer verwaltenden Exteriorität, die von Männern verkörpert wird, zu verändern, ist deshalb so schwierig, weil es die Merkmale und die Struktur der kolonialen Beziehung spiegelt und ihr allgegenwärtiges Erbe in der staatlichen Architektur ist. In dem Moment, in dem wir begreifen, dass das Thema der Frauen Grundlage und Stütze aller anderen Formen der Unterdrückung ist, werden wir auch der Tatsache gewahr, dass es einen Gradmesser darstellt, der eine Diagnose dessen ermöglicht, was in einer Epoche geschieht. Das Thema der Frauen ist weit davon entfernt, ein Problem einer ›Minderheit‹ zu sein: Es ist vielmehr das Fundament des Gebäudes aller Unterdrückungen. Und es ist der Punkt, an dem alle Mächte, selbst die vermeintlich ›wohlmeinenden‹, die eine progressive Ideologie rezitieren – seien es Regierungen, die sich in der Verwaltung verschanzen, oder die ›Illuminatenlogen‹ in ihren akademischen Klöstern – in der Geschichte immer gescheitert sind und ihre Schwäche und Inkohärenz bewiesen haben. Aus unzähligen Gründen gilt also: Entweder wir revidieren das patriarchale Muster oder die Geschichte kommt nicht vom Fleck. (Um es ganz klar zu sagen: Niemand kommt vom Fleck, weder die Männer noch die Frauen, weder sie, noch wir).

Es reicht aus, dem ›progressiven‹ Diskurs der Repräsentanten des ›staatlichen Sozialismus‹ aufmerksam zuzuhören: Darin erkennt man die konsolidierte und völlig falsche Hierarchie dessen, was mehr oder weniger wichtig ist, was sie glauben, was von allgemeinem Interesse und universellem Wert ist, und was sie als minorisiert und minderwertig abtun, was als partikular und zweitrangig gilt, was weniger wichtige Menschen betrifft, Menschen wie uns, die Frauen. Das sich zyklisch wiederholende Scheitern, wenn es darum geht, vom Staat aus die lang erwartete Neuorientierung der Geschichte hin zu freundlicheren Gesellschaften anzuführen, zeigt eindeutig, dass es einen fatalen Fehler in ihrem revolutionären Konzept gibt, weil sie uns immer in die Position der Nicht-Denkenden abgeschoben und unsere Stimme unhörbar gemacht haben. Aus diesem Grund werden wir der Tatsache gewahr, dass die Geschichte aus unserer Hand heraus weitergeführt werden muss.

Es gibt zahllose Beispiele dafür, dass wir Frauen, mit unserem Aktivismus, es sind, die die Richtung weisen und Geschichte machen, also dafür, dass sich die Geschichte durch unsere Hand gewandelt hat und weiterhin wandelt; und dabei haben wir den großen Fehler des In-die-Ecke-Gestellt-Werdens und der Partialisierung immer im Auge behalten. Das war und ist zum Beispiel die Rolle der *Madres de Plaza de Mayo** deren strategische Geste der Mutterrolle einen politischen Charakter zurückgegeben hat, was sich für die argentinische Gesell-

---

* Anm. d. Ü.: Die *Mütter der Plaza de Mayo* begannen 1977 während der argentinischen Militärdiktatur (1976-1983) jeden Donnerstag mit weißen Kopftüchern den Platz vor dem Regierungssitz zu umkreisen, um Auskunft über ihre verschwundenen Kinder zu fordern. Heute sind sie eine der wichtigsten Nichtregierungsorganisationen Argentiniens.

schaft als Ganzes als befreiend erwiesen hat. In einer ganzen Reihe von Ländern der Welt haben Frauen in ihren Kämpfen für verschiedene Forderungen diese Geste wiederholt. Es geht dabei nicht um uns, und das Ganze ist nicht partial, es ist nicht partikular, nicht aus der Intimität heraus, es ist nicht privat, es ist nicht die Sache einer Minderheit: Vielmehr ist es eine ganz und gar politische Strategie und ein historisches Projekt von allgemeinem Interesse und universellem Wert, dass das Aufbrechen der minorisierenden Struktur genau von diesem Rand her einen anderen Vorschlag macht und eine andere Politik einführt. Mit jedem Mal zeigt sich klarer, dass die Strategien, die von Frauen ausgehen und von ihnen umgesetzt werden, jene sind, die die Richtung vorgeben und den Weg für alle weisen.

Wir Frauen (und damit meine ich die weibliche Position), stehen als Subjekte mit einer eigenen Geschichte, die ein spezialisiertes Wissen generiert hat, für die verlässliche Stabilität des täglichen Lebens. Wir sind die Hüterinnen der Verwurzelung, das Emblem der Kommunität, die Verantwortlichen für die genetische Vielfalt, die es auf dem Planeten weiterhin gibt, die Expertinnen im Beziehungsleben und in der Handhabe der intimen Bindungen. Wir sind in den Praktiken des Lebens geübt, die nicht bürokratisiert werden können, wir sind in der Lage, den sicheren Unterschlupf des häuslichen Raums zu beleben und ihm einen politischen Charakter zu verleihen. Und wir sind mit einer randständigen Vorstellungskraft ausgestattet und nicht durch eine positive Norm diszipliniert. Kurzum: Wir sind imstande, zu überleben.

Deshalb hat der staatsbürgerliche Glaube, der uns dazu gebracht hat, alle Karten in unserem Kampf auf das staatliche Feld zu setzen, in diese Sackgasse, in dieses *dead end* geführt. Denn der Staat ist, wie schon gesagt, immer patriarchal, er kann nicht aufhören, es zu sein, denn seine Geschichte ist nichts anderes als die Geschichte des Patriarchats. Wir sollten ihn als Feld der Forderungen nicht aufgeben, aber er sollte unsere Kämpfe nicht komplett vereinnahmen und er darf die Politik nicht monopolisieren. Es gibt ›intelligentes Leben‹ außerhalb des staatlichen Bereichs und es gibt nicht-staatliche Institutionen. Die Leute machen die Geschichte, im Kleinen, mit ihrer Vorstellungskraft und ihren täglichen Aufständen, mit ihren Techniken der Soziabilität, die ihre eigenen Welten konstruieren. Und das ohne selbstgerechte Vorhut, die am Ende die Stimme der *Pueblos* immer enteignet, sondern mit Betonung der unmittelbaren Bindungen, mit einer rigorosen Praxis der Reziprozität, so wie es auf unserem Kontinent immer gewesen ist.

Denn der Staat mit seiner patriarchalen Struktur hegt viel mehr ein, als wir umgekehrt je imstande wären, ihn einzuhegen. Er ist konzipiert und gestaltet, um von Eliten angeeignet zu werden oder um neue Segmente der Gesellschaft zu inthronisieren, die dann zur Elite mutieren, wenn sie Teil der Regierung werden. Und vor allem ist er konzipiert und gestaltet, um die binäre Matrix aufrechtzuerhalten, die etabliert hat, dass es einerseits Themen des universellen Subjekts – also *des* Menschen, der das Menschliche an das Männliche bindet – gibt, und andererseits Themen der partialisierten, reduzierten und minorisierten Häuslichkeit. Deshalb sage ich, dass der Weg außerhalb des Staates langführt, mit dem Körper auf der Straße und mit der weiblichen Strategie, die immer Geschichte gemacht hat, trotz ihrer starken Abwertung durch die Auswirkungen der Struktur, die ich hier ›minorisierend‹ genannt habe, und der wir oft, ohne es zu merken, nachgegeben haben. Mit dem eigenen Körper auf der Straße, wie es die *Madres* getan haben: aus der Position der Mütter und ohne diese Position aufzugeben, Druck auf den Staat ausüben, Druck auf diejenigen ausüben, die in den Büros der Institutionen sitzen und die Ressourcen der Nation verwalten.

Wir müssen die Formen des Lebens neu gestalten, Kommunität und starke Bindungen wiederherstellen; im Stil und mit den ›Techniken der Soziabilität‹, die die Frauen in ihren Domänen beherrschen. Und das bedeutet: lokal verwurzelt und durch die symbolische Dichte eines alternativen *Kosmos* gefestigt, dysfunktional für das Kapital, so wie es die *Pueblos* in ihrem politischen, strategischen und intelligenten Weg getan haben, was ihnen ermöglicht hat, über 500 Jahre der kontinuierlichen Conquista hinweg zu überleben. Wir müssen die Politik von Tag zu Tag gestalten, und zwar jenseits des Staates: Es gilt, das kommunitäre Gewebe neu zu knüpfen, die Mauern einzureißen, welche die häuslichen Räume umgeben, und die Politizität, die dem Häuslichen im kommunitären Leben eigen ist, wiederherzustellen.

Aus einer derartigen Politizität und diesen Techniken der Bindungen wird ein Format der politischen Aktion entstehen, das die Geschichte in Richtung eines größeren Glücks umzulenken vermag, in eine Richtung, die durch das Ende der patriarchalen Vorgeschichte der Menschheit geprägt ist. Jetzt ist die Politik der Frauen an der Reihe.

Die Wahl des Weges der Bindungen bedeutet, für das historische Projekt zu optieren, eine Kommunität zu sein. Das heißt auch, wahrzunehmen, dass den drei Slogans der Französischen Revolution – Gleichheit, Freiheit, Brüderlichkeit – ein vierter fehlte, einer, der für die Experimente auf unserem Kontinent, mit seinem kommunitären Gedanken sehr typisch ist: die Reziprozität, denn es ist die Reziprozität, die verwurzelt, verortet und konkret in Beziehung setzt. Die Verwurzelung und die zentrale Bedeutung des Lebens in Bindungen ist eine Alternative, die mit Blick auf die Welt, die sich an den Dingen orientiert, dysfunktional ist; eine Alternative, die das historische Projekt des Kapitals mit seinem Ziel der Akkumulation und der unausweichlichen Folge der Konzentration behindert.

Der ›Weg der Bindungen‹ und der ›Weg der Dinge‹ stellen zwei historische Projekte dar, die an unterschiedlichen und inkompatiblen Entwürfen des Glücks ausgerichtet sind. Und unsere Aufgabe als Profis des Wortes ist es, eine wertvolle Rhetorik, ein Vokabular der Verteidigung für den Weg der Bindungen, für die Formen des kommunitären Glücks zu finden, das sich der mächtigen Rhetorik des Projekts der Dinge, meritokratisch, produktivistisch, desarrollistisch und akkumulierend wie es ist, entgegenstellen kann. Ab jetzt ist die Strategie eine weibliche.

Kapitel 4

Kolonialität und modernes Patriarchat

Der vorliegende Entwurf ist das Ergebnis einer zehnjährigen Beobachtung der Expansion der ›demokratischen‹ staatlichen Front in die indigene Welt Brasiliens. Er beschreibt den historischen Prozess, der durch den Übergang von der »Welt der Weiler« – wie ich das kommunitäre Beziehungsgeflecht vor der kolonialen Intrusion in Ermangelung eines besseren Ausdrucks bezeichne – zu jener Welt verursacht wurde, die durch die koloniale, zunächst überseeische und dann republikanische Verwaltung geprägt ist. Die ›demokratische‹ staatliche Front, auf die ich mich hier beziehe, ist der postdiktatorische Staat in unseren Ländern, der mit Gesetzen und öffentlichen Maßnahmen, mit Unternehmen und Nichtregierungsorganisationen die indigene Grenze, also diese Welt der Weiler, erreicht hat. Diese Front – immer kolonial, unweigerlich intrusiv und sich in das einmischend, was von der Welt der Weiler noch erhalten ist – versucht, dieser Welt mit der einen Hand etwas zu geben, was sie ihr mit der anderen bereits genommen hat. Das heißt, sie bemüht sich, Gegenmittel in Form von Rechten anzubieten, um die Wirkung des Giftes abzuschwächen, das sie zuvor verabreicht hat. Sowohl aufgrund der Verfasstheit des Staates als auch des mangelnden Bewusstseins seitens seiner Akteure für den Unterschied zwischen der ›Staatsbürgerschaft‹ (als der Masse von Individuen, die formal Inhaber von Rechten sind) und einer kommunitären, kollektivistischen Organisation des Lebens, beschädigt das staatliche Handeln, beinahe unvermeidlich, das Beziehungsgeflecht und Autoritätssystem, das für die Welt der Weiler charakteristisch ist. Außerdem hinterlässt dieses staatliche Handeln bei den Betroffenen einen Riss im Gewebe der Erinnerungen. Ich habe beobachtet, wie sich dieser Prozess entfaltet, ausbreitet und wie er das Leben der Frauen beeinflusst. Davon handelt dieser Text.

Ausgangspunkt dieser rund zehnjährigen Arbeit war eine Veranstaltung, an der ich im Jahr 2002 teilgenommen habe. Damals hatten zwei Frauen, Rosane Kaingang und Miriam Terena, einen Workshop beantragt, dessen Ziel die Erarbeitung eines Vokabulars zum Thema ›Geschlecht und Menschenrechte‹ war, damit indigene Frauen wie sie in die Lage versetzt würden, dem Staat gegenüber Forderungen mit Blick auf Ressourcen und Rechte zu formulieren. Die FUNAI (*Nationale Behörde für indigene Angelegenheiten*) hatte mich beauftragt, diesen einwöchigen interaktiven Workshop in Brasília zu leiten, bei dem 41 indigene Frauen, für die Portugiesisch ihre Zweitsprache war und die aus allen Regionen des Landes stammten, mir ihre Probleme schilderten. Ich habe versucht, Kategorien, Konzepte und Erzählungen einzubringen, in die sie die Erfahrungen und Erlebnisse würden einordnen können. Der Austausch hatte das Ziel, den Frauen ein Vokabular für den Aufbau eines Diskurses an die Hand zu geben, der ihnen erlauben würde, politische Forderungen indigener Frauen an den brasilianischen Staat zu formulieren und zu transportieren. Das Ganze fand kurz vor dem Aufstieg der *PT* und der Übernahme der Präsidentschaft durch Lula statt (Segato 2003). An diesen Workshop schlossen sich für rund ein Jahrzehnt zwei Serien thematischer Veranstaltungen an; zudem wurde eine *Koordinationsstelle ›Geschlecht‹ und ›Generation‹* eingerichtet, die meine indigene Kollegin Leia Bezerra Wapichana leitete. Aus den zahlreichen Situationen der Begegnung und des Dialogs innerhalb dieses riesigen Landes und durch die Unterschiede zwischen den vielen *Pueblos*, die es ausmachen, ist das entstanden, was ich nun in Form eines theoretischen Diskurses vorstelle.

Dualität und Binarismus. Ähnlichkeiten zwischen dem ›egalitären‹ Geschlecht der Kolonial-Moderne und seiner Entsprechung in der hierarchischen Ordnung vor der Intrusion

Ich werde mich im Folgenden immer wieder auf eine spezielle Form der Infiltration bzw. des Einsickerns beziehen, nämlich des Einsickerns der Geschlechterverhältnisse der kolonial-modernen Ordnung

---

* Anm.d.Ü.: *PT*, Kurzform für *Partido dos Trabalhadores*, dt.: Arbeiterpartei. 2002 gewann Luiz Inácio Lula da Silva, genannt Lula, die Wahlen, am 1. Januar 2003 übernahm er die Präsidentschaft Brasiliens.

in die Geschlechterverhältnisse der Welt der Weiler. Dabei ist es von größter Bedeutung, dass wir beim Vergleich des von der Kolonialverwaltung und später dem republikanischen Staat ausgehenden intrusiven Prozesses mit der kolonial-modernen Ordnung und ihren staatsbürgerlichen Maximen, nicht allein die Welt der Weiler beleuchten. Vielmehr erhalten wir auch, und vor allem, Einblick in Dimensionen der Republik und der Entwicklung ihrer Rechtsordnung, die für uns normalerweise eher undurchsichtig bleiben – unsichtbar gemacht durch das bürgerliche wie republikanische Glaubenssystem, in das wir selbst eingetaucht sind, also durch die bürgerlichen Vorstellungen unserer Welt. Außerdem möchte ich darauf hinweisen, dass die Analyse dessen, was ›Geschlecht‹ in der einen Welt von ›Geschlecht‹ in der anderen Welt unterscheidet, sehr deutlich den Kontrast zwischen den jeweiligen Mustern im Allgemeinen aufzeigt, also in allen Bereichen des Lebens und nicht allein die Geschlechter betreffend. Dem ist so, weil die Geschlechterverhältnisse trotz ihrer Klassifizierung als ›partikulares Thema‹ im soziologischen und anthropologischen Diskurs einen allgegenwärtigen Schauplatz des sozialen Lebens als Ganzes darstellen.

Ich schlage also vor, die Schnittstelle zwischen der vor-intrusiven Welt und jener der Kolonial-Moderne anhand der Transformationen des Geschlechtersystems zu interpretieren. Das heißt, es geht nicht allein darum, ›Geschlecht‹ als ein Thema der dekolonialen Kritik einzuführen oder als einen der Aspekte von Herrschaft im Muster der Kolonialität, sondern darum, ›Geschlecht‹ tatsächlich einen theoretischen und epistemischen Status zuteilwerden zu lassen, indem wir es als zentrale Kategorie betrachten. Das heißt, als eine Kategorie, die in der Lage ist, alle anderen Aspekte der Transformation zu erhellen, die dem Leben der Kommunitäten dann auferlegt werden, wenn sie von der neuen kolonial-modernen Ordnung erfasst werden.

Dieses Thema ist aus meiner Sicht fraglos auch Teil einer hochaktuellen Debatte, weshalb ich zu seiner Einordnung hier drei Positionen innerhalb des feministischen Denkens benennen möchte. Erstens, der eurozentrische Feminismus: Er behauptet, das Problem der Herrschaft über ›Geschlecht‹, also der patriarchalen Herrschaft, sei ein universelles Problem, ohne weitere große Unterschiede. Unter diesem Banner der Einheit rechtfertigt diese Position die Möglichkeit, die Fortschritte der Moderne auf dem Feld der Menschenrechte auf *nichtweiße*, indigene und *schwarze* Frauen der kolonisierten Kontinente zu übertragen. Sie verteidigt damit eine Haltung der moralischen Überlegenheit europäischer und eurozentrierter Frauen, indem sie diese ermächtigt, mit ihrer zivilisierenden kolonial-modernisierenden Mission zu intervenieren. Diese Position ist unweigerlich ahistorisch und anti-historisch, denn sie verwirft die Geschichte innerhalb des sehr langsamen, fast stagnierenden Zeitfensters des Patriarchats; und vor allem verwirft sie die radikale Wende, die sich mit dem Eintritt der kolonial-modernen Zeit in die Geschichte der Geschlechterverhältnisse vollzogen hat. Obschon sie, wie bereits ausgeführt, durch epistemische Brüche entstanden sind, die jeweils eine neue Zeit begründet haben – jener der Kolonialität im Fall von *Raza*, jener der Spezies im Fall von ›Geschlecht‹ – schreiben sowohl *Raza* als auch ›Geschlecht‹ im Rahmen der Stabilität der durch sie hervorgebrachten Episteme Geschichte.

Zweitens, die Position, die das andere Extrem darstellt, und die von einigen Autorinnen wie María Lugones oder auch Oyèrónkẹ́ Oyěwùmí vertreten wird. Sie behaupten die Nicht-Existenz von ›Geschlecht‹ in der vorkolonialen Welt (Lugones 2007). Im Jahr 2003 habe ich eine kritische Analyse des Buches von Oyèrónkẹ́ (Oyěwùmí 1997) publiziert: Ich schrieb diese Kritik ausgehend von einem von mir bereits 1986 veröffentlichten Artikel, in dem ich die gleiche Verwunderung über die Rolle der Geschlechter in der Yoruba-Zivilisation zum Ausdruck gebracht hatte, allerdings mit abweichenden Schlussfolgerungen (Segato 2005[2]).

Schließlich drittens, vertrete ich hier eine Position, die sich auf zahlreiche historische Belege und ethnografische Berichte stützt, welche die Existenz einer ›Geschlecht‹ betreffenden Nomenklatur in den indigenen und afroamerikanischen Gesellschaften unbestreitbar belegt. Diese dritte Position erkennt in den indigenen und afroamerikanischen Gesellschaften durchaus eine patriarchale Struktur, die sich allerdings von der des Westens unterscheidet – man könnte sie als ein Patriarchat niedriger Intensität beschreiben. Eine vorherrschende Stellung des eurozentrischen Feminismus ist aus Sicht der Vertreterinnen dieser Position weder zielführend, noch angebracht. Unter ihnen finden wir zum Beispiel die feministischen Denkerinnen, die mit dem Chiapas-Konflikt verbunden sind. Dieser war paradigmatisch für die Lösung der Spannungen, die sich aus der doppelten Einbindung der Frauen ergibt: einerseits in den Kampf für die indigenen *Pueblos* insgesamt und andererseits in jenen um bessere Existenzbedingungen für ihr Geschlecht innerhalb der *Pueblos* (Gutiérrez/Palomo 1999, Hernández 2003, Hernández/Sierra 2005).

Indigene und auch afroamerikanische Frauen, deren Denken und Handeln sich in einem Spannungsfeld zwischen der nach außen hin demonstrierten Loyalität zu ihren Gemeinschaften und *Pueblos* auf der einen Seite, und einem internen Kampf gegen die Unterdrückung, die sie in genau diesen Gemeinschaften und *Pueblos* erleiden, bewegt, haben häufig die Erpressung durch indigene Autoritäten angeprangert (Williams/Pierce 1996). Sie üben Druck auf diese Frauen aus, ihre Forderungen als Frauen aufzuschieben: Tun sie dies nicht, liefen sie Gefahr, den Zusammenhalt ihrer Gemeinschaften aufzusprengen, was sie im Kampf um Ressourcen und Rechte schwächen würde, heißt es – was wiederum von den oben erwähnten Autorinnen bestritten worden ist.

Historische und ethnografische Dokumente aus der indigenen Welt belegen die Existenz von Strukturen, die erkennbare Differenzen aufweisen und dem ähneln, was wir in der Moderne als Geschlechterverhältnisse bezeichnen: Es existieren klare Hierarchien hinsichtlich des Ansehens zwischen Männlichkeit und Weiblichkeit, repräsentiert durch Figuren, die als Männer und Frauen verstanden werden können. Trotz dieses erkennbaren Charakters von Geschlechterpositionen, gibt es in dieser Welt häufiger Öffnungen, die Übergänge und den Austausch von Positionen ermöglichen, die in ihrem modernen westlichen Äquivalent als verboten gelten. Bekanntlich verfügen indigene Völker – so die Warao in Venezuela, die Kuna in Panamá, die Guayakí oder Aché in Paraguay, die Tiriyó in Surinam, die Javaé oder Karajá in Brasilien und die präkolumbianische Inka-Welt – sowie viele native nordamerikanische *Pueblos* und die *First Nations* Kanadas sowie alle religiösen afroamerikanischen Gruppen über etablierte Sprachen und Praktiken, die als gender-transitorisch bezeichnet werden können. So finden hier Hochzeiten zwischen Personen statt, die der Westen als gleichgeschlechtlich betrachtet und es existieren andere Formen der Übergänge zwischen den Geschlechtern, die durch das absolut starre Geschlechtersystem der Kolonial-Moderne blockiert werden (für eine Liste gender-transitorischer Identitäten in historischen und zeitgenössischen Gesellschaften s. Campuzano 2009a, S. 76).

In der vor-intrusiven Welt sind auch Dimensionen der Konstruktion von Männlichkeit erkennbar, die die Menschheit durch die gesamte Zeit der Spezies begleitet hat, also dem, was ich als die »patriarchale Vorgeschichte der Menschheit« bezeichne. Diese Zeit ist durch eine sehr langsame Temporalität, das heißt eine *longue durée* gekennzeichnet, die mit der Naturgeschichte ineinanderläuft (Segato 2013). In dieser Konstruktion des Subjekts gilt es, sich die Männlichkeit als Status anzueignen, indem das Subjekt Prüfungen durchläuft und dem Tod ins Auge sieht – wie in der hegelianischen Allegorie des Herren und des Knechts. Über diesem Subjekt schwebt der Imperativ, sich ein Leben lang unter den Blicken und der Bewertung durch Seinesgleichen verhalten zu müssen, und die eigenen Fähigkeiten des Widerstandes, zur Aggressivität, zur Beherrschung und der Anhäufung dessen, was ich ›weiblichen Tribut‹ genannt habe, unter Beweis stellen und bestätigen zu müssen. Und all das, um ein Bündel von Potenzen – kriegerische, politische, sexuelle, intellektuelle, ökonomische und moralische – zur Schau zu stellen, die es diesem Subjekt erlauben, als männliches Subjekt anerkannt und bezeichnet zu werden.

Dies weist zum einen darauf hin, dass ›Geschlecht‹ existiert, aber eben in anderer Art und Weise als in der Moderne. Zum anderen zeigt es, dass die Kategorie sich auf gefährliche Art und Weise verändert, wenn sich die Kolonial-Moderne der Welt der Weiler annähert. Sie greift in die Beziehungsstruktur der Weiler ein, erfasst sie und organisiert sie von innen heraus neu. Dabei erhält sie den Anschein von Kontinuität aufrecht, verändert aber die Bedeutungen insofern, als sie eine Ordnung etabliert, die auf anderen Normen basiert. Deshalb spreche ich im Zwischentitel von Ähnlichkeiten: Die Nomenklatur bleibt bestehen, wird aber im Licht der neuen modernen Ordnung uminterpretiert. Etwas Vergleichbares hat Julieta Paredes mit ihrem Begriff der »Verschwägerungen der Patriarchate« benannt (Paredes 2010).

Diese Vermengung ist geradezu fatal, denn eine vormals hierarchische Sprache wandelt sich im Kontakt mit dem egalitären Diskurs der Moderne in eine extrem hierarchische und entwurzelte Ordnung. Und das aufgrund einer Reihe von Faktoren, die ich im Folgenden darlegen möchte: die Überhöhung der Männer im kommunitären Umfeld aufgrund ihrer Rolle als Mittler zur Außenwelt, das heißt zur Verwaltung des *Weißen*; ihre Entmannung außerhalb der Gemeinde angesichts der Macht der *weißen* Verwalter; die Überhöhung und Universalisierung der öffentlichen, ursprünglich von Männern bewohnten Sphäre, zeitgleich mit dem Zusammenbruch und der Privatisierung der häuslichen Sphäre; und schließlich die Binarisierung der Dualität, die aus der Universalisierung eines ihrer beiden Teile resultiert, der als ›öffentlich‹ festgeschrieben wird, und das im Gegensatz zu dem anderen, der als ›privat‹ festgeschrieben wird.

Die Welt der Weiler war in der Tat immer nach Status organisiert, also in klar gekennzeichnete und mit eigenen Regeln ausgestattete Räume aufgeteilt, mit Differenzierungen hinsichtlich des Ansehens und mit einer hierarchischen Ordnung. Diese Räume wurden von für sie bestimmte Wesen bewohnt, die aus moderner Perspektive, in sehr allgemeiner Form, als Männer und Frauen erkannt werden können; und zwar aufgrund der den Räumen zugeordneten spezifischen Rollen und Markierungen, die sich durch die Bestimmung der räumlichen, arbeitsmäßigen und rituellen Verteilung ergeben. Aber der kolonial-moderne Diskurs verbirgt auch dann, wenn er vorgibt, egalitär zu sein, in seinem Inneren eine abgrundtiefe hierarchische Kluft – was im Übrigen bereits etliche feministische Autorinnen betont haben. Diese Kluft ist auf das zurückzuführen, was wir versuchsweise als fortschreitende Totalisierung des öffentlichen Raums, als ›Totalitarismus des öffentlichen Raums‹ bezeichnen können. Man könnte sogar behaupten, dass es heutzutage die öffentliche Sphäre ist, die den kolonisierenden Prozess weiterführt und vertieft. Mit dem von Carole Pateman geprägten Begriff des »Geschlechtervertrags« wird diese Idee klarer: Damit kann man formulieren, dass in der Welt der Weiler dieser Geschlechtervertrag ein offengelegter ist, während er in der Kolonial-Moderne durch die Sprache des Gesellschaftsvertrags verschleiert wird.

Ich möchte an einem Beispiel aufzeigen, was geschah, als wir mit den Workshops der Frauenkoordination der FUNAI in die Weiler kamen, um mit den indigenen Frauen über Probleme zunehmender Gewalt gegen sie zu sprechen. Informationen darüber waren bis in die Hauptstadt Brasília vorgedrungen. Was in der Regel, aber vor allem in den Gebieten geschieht, in denen das als ›traditionell‹ geltende Leben vermeintlich besser bewahrt wird und in denen es ein größeres Bewusstsein für den Wert der Autonomie gegenüber dem Staat gibt – wie im Fall der Bewohner von Parque Xingú in Mato Grosso – ist, dass die Kaziken und Männer auftreten und das Argument vorbringen, der Staat habe mit ihren Frauen nichts zu besprechen. Sie stützen dieses Argument mit der plausiblen Aussage, dass ihre Welt »immer schon so gewesen ist«: »Die Kontrolle, die wir über unsere Frauen haben, ist eine Kontrolle, die wir schon immer über sie hatten.« Sie untermauern diese Äußerung mit einem kulturalistischen und damit fundamentalistischen Argument, das voraussetzt, die Kultur habe keine Geschichte. Arlette Gautier nennt diese historische Kurzsichtigkeit »die Erfindung des Gewohnheitsrechts« (Gautier 2005, S. 697).

Unsere zweifellos recht komplexe Antwort lautete: »Ja und Nein.« Denn ja, es ist zutreffend, dass es in der Welt der Weiler immer schon eine Hierarchie gegeben hat, eine Differenz im Ansehen zwischen Männern und Frauen, aber es gab *auch* einen Unterschied; und genau der ist nun durch die Einmischung und Kolonisierung durch den republikanischen öffentlichen Raum bedroht. Denn er verbreitet einen Diskurs der Gleichheit und beschränkt den Unterschied auf eine marginale, problematische Position – das Problem des ›Anderen‹ bzw. den Ausschluss des Anderen als ›Problem‹. Das erste Symptom dieses Wandels, der zuerst durch die Annexion unter der Ägide der kolonialen Verwaltung in Übersee und später durch die staatlich-koloniale Verwaltung eingeführt worden ist, ist die Kooptation der Männer, die sich von jeher den Aufgaben und Rollen des öffentlichen Raums mit seinen vor-intrusiven Merkmalen gewidmet haben, als Statusgruppe.

So war es von jeher die Aufgabe der Männer, sich auf dem gemeinsamen Terrain des Weilers zurechtzufinden, dieses für die Jagd und den Kontakt mit anderen Weilern – benachbarte oder entferntere, dem eigenen oder einem anderen *Pueblo* zugehörig – zu verlassen, mit den anderen zu verhandeln oder Krieg zu führen. Aus diesem Grund gehören aus der Perspektive der Welt der Weiler die Vertreter der aufeinander folgenden kolonialen Verwaltungen in das gleiche Register: Es geht darum, mit wem man spricht, Krieg führt, verhandelt, paktiert und in jüngerer Zeit auch darum, von wem man Ressourcen und Rechte (als Ressourcen) erhält, auf die in Zeiten der Identitätspolitik Anspruch erhoben wird. So verändert sich also die angestammte männliche Position durch die Beziehung zu den mächtigen Agenten, die Kolonialität produzieren und reproduzieren. Genauso wie die Kolonisatoren mit den Männern Krieg geführt und verhandelt haben, orientiert sich der kolonial-moderne Staat ebenfalls auf die Männer. Für Arlette Gautier war die Wahl der Männer als privilegierte Gesprächspartner bewusst und funktional, und das sowohl hinsichtlich der Interessen der Kolonisierung als auch im Sinne einer effizienten Kontrolle: »Die Kolonisierung bringt einen radikalen Verlust der politischen Macht der Frauen dort mit sich, wo sie zuvor existiert hat, während die Kolonisatoren mit bestimmten männlichen Strukturen verhandelten oder sie erfanden, um Verbündete zu gewinnen« (Gautier 2005, S. 718). Außerdem förderten die Kolonisatoren die »Domestizierung« der Frauen, eine größere Distanz zu ihnen und ihre Unterwerfung, um so die koloniale Unternehmung zu erleichtern (ebd., S. 690, Assis Climaco 2009).

Die männliche Position erfährt somit eine Art Beugung und wird auf eine neue und distanzierte Ebene befördert, die sich hinter der vorherigen Nomenklatur verbirgt, und die nun durch den privilegierten Zugang zu Ressourcen und Wissen über die Welt der Macht gestärkt wird. Während es einen Bruch und einen Neuaufbau der Ordnung gibt, die – in Bezug auf ›Geschlecht‹ – die alten Namen, Markierungen und Rituale beibehält, aber die Position mit neuen Inhalten versieht, verschiebt sich also unbemerkt die männliche Position. Die Männer kehren in ihre Weiler zurück und behaupten, das zu sein, was sie immer schon waren, verbergen aber, dass sie bereits in einer anderen Tonart spielen. Wir könnten an dieser Stelle auch von der berühmten und dauerhaft fruchtbaren Metapher des *Body-snatching* aus dem Filmklassiker *Invasion of the body snatchers* sprechen; mit Baudrillard gesprochen das »perfekte Verbrechen«, insofern als es sich wirksam hinter einer falschen Analogie oder Ähnlichkeit verbirgt. Wir haben es also mit einem Ensemble von ›Geschlecht‹ zu tun, das ein anderes Drama aufführt; mit einem Vokabular, das von einer anderen Grammatik eingenommen wird.

Die Frauen und die Welt der Weiler selbst werden jetzt Teil einer objektiven Äußerlichkeit für den männlichen Blick, der durch Kontakt und Mimesis mit dem Übel der Distanz und der Exteriorität angesteckt ist, wie sie der Machtausübung in der Welt der Kolonialität eigen sind. Die Position der Männer ist gleichzeitig innerlich und äußerlich geworden, mit der Exteriorität und der objektivierenden Fähigkeit des kolonialen Blicks, der gleichermaßen administrativ und pornografisch ist. Ohne das hier weiter ausführen zu können, möchte ich kurz anreißen, dass sich damit auch die Sexualität wandelt, indem eine bisher unbekannte Moral eingeführt wird, die den Körper der Frau auf ein Objekt reduziert und gleichzeitig den Begriff der Sünde und der unsittlichen Verfehlungen und aller erdenklichen Spielarten davon verbreitet. Wir müssen der kolonial-modernen Exteriorität – Exteriorität der wissenschaftlichen Rationalität, administrative Exteriorität, zensierende Exteriorität des Anderen und der Differenz – diesen pornografischen Charakter des kolonisierenden Blicks zuschreiben, auf den bereits Aníbal Quijano und Walter Mignolo hingewiesen haben (Quijano 1992, Mignolo 2003, S. 290f, 424).

Neben der Überhöhung der männlichen Position im Weiler ist auch die Entmannung eben dieser Männer an der *weißen* Front zu erwähnen, die sie unter Stress setzt und ihnen die Relativität ihrer männlichen Position vor Augen führt, indem sie der souveränen Herrschaft des Kolonisators unterworfen werden. Dieser Prozess ist von Natur aus gewaltsam, denn er unterdrückt einerseits und ermächtigt andererseits im Weiler, indem er die Reproduktion und Zurschaustellung der der männlichen Subjektposition inhärenten Fähigkeit zur Kontrolle in der einzig verbleibenden Welt – der der Weiler – erzwingt, um die an der Außenfront beschädigte Virilität wiederherzustellen. Dies gilt für das gesamte Universum *rassialisierter* Männlichkeit, die durch die Ordnung der Kolonialität in den Zustand des *Nichtweißseins* verwiesen wird. Ein weiterer Aspekt dieses Panoramas der Vereinnahmung der vor-intrusiven Kategorie ›Geschlecht‹ durch das moderne ›Geschlecht‹ seitens der entstehenden und expansiven öffentlichen republikanischen Sphäre ist die Beschlagnahmung jeglicher Politik, jeglicher Überlegungen hinsichtlich des Allgemeinwohls. Und genauso die damit einhergehende Privatisierung des häuslichen Raums, seine Verdrängung, seine Marginalisierung und die Enteignung all dessen, was in ihm eine politische Aufgabe war. Die exklusiven Bindungen unter Frauen, die auf Reziprozität und ein solidarisches Miteinander ausgerichtet waren – und das sowohl im Ritual als auch in der produktiven und reproduktiven Arbeit – wurden im Prozess der Einkapselung des Häuslichen als ›Privatleben‹ zerschlagen. Für den häuslichen Raum und diejenigen, die ihn bewohnen, bedeutet das nicht mehr und nicht weniger, als den Verlust seines Wertes und seiner politischen Strahlkraft, das heißt seiner Fähigkeit, an jenen Entscheidungen teilzuhaben, die das gesamte Kollektiv betreffen. Die Folgen dieses Abbruchs der Bindungen zwischen den Frauen und des Endes der politischen Bündnisse, die durch sie für die weibliche Front ermöglicht und gefördert wurden, waren buchstäblich fatal für ihre Sicherheit, denn sie wurden immer anfälliger für männliche Gewalt, die sich ihrerseits durch den Stress verstärkt, der aus dem Druck von Außen resultiert.

Die zwangsweise Verbannung des häuslichen Raums samt seinen Bewohnerinnen, seine Reduktion auf einen privaten Zufluchtsort hat schreckliche Konsequenzen hinsichtlich der Gewalt, der die Frauen zum Opfer fallen. Es gilt zu begreifen, dass diese Konsequenzen durch und durch modern sind, ein Produkt der Moderne, und es gilt ebenso, daran zu erinnern, dass der in ständiger Expansion begriffene Prozess der Modernisierung auch ein permanenter Prozess der Kolonisierung ist. Genauso wie die Merkmale des Genozid-Verbrechens aufgrund seiner Rationalität und Systematik aus moderner Zeit stammen, sind auch Femizide, als fast automatisierte Praktiken der Vernichtung von Frauen, eine moderne Erfindung. Wir haben es hier mit der Barbarei der Kolonial-Moderne zu tun. Ihre Straflosigkeit hängt, wie ich andernorts ausgeführt habe, mit der Privatisierung des häuslichen Raums zusammen, der als Raum des Restes figuriert und nicht in die Sphäre der großen Fragen eingeschlossen ist, die als von allgemeinen Interesse betrachtet werden (Segato 2010). Mit dem Aufkommen des modernen universellen Rasters – aus dem Staat, Politik, Recht und

Wissenschaft hervorgehen – verwandeln sich die häusliche Sphäre wie auch die Frau, die sie bewohnt, zu bloßen Überbleibseln, also in die Peripherie jener Themen, denen universelle Relevanz und eine neutrale Perspektive zugeschrieben werden.

Obschon im öffentlichen Raum der Welt der Weiler zahlreicher *Pueblos* aus dem Amazonasgebiet und der Region des Gran Chaco klare Beschränkungen hinsichtlich der Teilnahme und des Rederechts von Frauen existieren, und außerdem das Vorrecht der Beratungen den Männern zusteht, unterbrechen diese Männer – was wohlbekannt ist – bei Sonnenuntergang ihre häufig stark ritualisierten Verhandlungen in der Stammes-Agora, ohne zu einem Ergebnis gekommen zu sein, um sich nachts im häuslichen Raum zu besprechen. Die Verhandlung wird erst am nächsten Tag wieder aufgenommen, und zwar mit dem Beitrag aus der Welt der Frau, die nur im Haus spricht. Findet diese Besprechung nicht statt, werden die Männer hart bestraft. Dieses Vorgehen ist üblich und vollzieht sich in einer klar abgegrenzten Welt, in der es zwar einen öffentlichen und einen häuslichen Raum gibt, die Politik – als die Gesamtheit von Beratschlagungen, die zu den das kollektive Leben betreffenden Entscheidungen führen – aber beide Räume durchdringt. Obwohl die interne Ordnung hierarchisch ist, ist in der andinen Welt die Autorität des Mallkus* immer dualer Natur: Sie bezieht ein männliches und ein weibliches Oberhaupt ein und alle kommunitären Beratschlagungen werden von den Frauen begleitet, die neben ihren Ehemännern sitzen oder sich außerhalb des Kreises der Beratschlagung gruppieren. Zudem geben sie im Laufe der Debatten Signale der Zustimmung oder Missbilligung. Wenn dies der Fall ist, dann gibt es kein Monopol der Politik auf den öffentlichen Raum und seine Aktivitäten, wie es in der kolonial-modernen Welt der Fall ist. Im Gegenteil, der häusliche Raum ist mit einem politischen Charakter ausgestattet, denn die Beratschlagung ist obligatorisch und in ihr artikuliert sich der Zusammenschluss der Frauen als politische Front.

›Geschlecht‹ konstituiert, in dieser regulierten Form, eine hierarchische Dualität, in der beide Seiten trotz ihrer Ungleichheit eine

---

* Anm. d. Ü.: Mallku bezeichnet in Aymara, der Sprache des gleichnamigen indigenen *Pueblos* der Aymara, ursprünglich religiöse Schutzgeister und wird auch für Autoritäten oder Oberhäupter verwendet.

ontologische und politische Vollständigkeit aufweisen. In der modernen Welt hingegen gibt es keine Dualität, sondern einen Binarismus. Während es sich bei der Dualität um eine komplementäre Beziehung handelt, ist die binäre Relation supplementär, das heißt die eine Seite ergänzt – aber vervollständigt nicht – die Andere. Wenn eine dieser Seiten ›universell‹ wird, das heißt eine allgemeine Repräsentativität zugesprochen bekommt, wird das, was zuvor eine Hierarchie war, ein Abgrund, und die andere Seite wird zu einem Rest: Das ist der Unterschied zwischen der binären und der dualen Struktur.

Dem kolonial-modernen Muster zufolge muss jedes Element, um ontologisch vollständig, um ein ontologisches Ganzes zu werden, egalisiert werden, das heißt ausgehend von einem Bezugsraster oder universellen Äquivalent aus vermessen werden. Daraus folgt, dass jegliche Manifestation von Andersartigkeit ein Problem darstellen wird, das erst dann aufhört, ein Problem zu sein, wenn diese Andersartigkeit durch das Sieb des egalisierenden Rasters passt, das Besonderheiten und Idiosynkrasien neutralisiert. Für den *Indio*-Anderen, den *Nicht-weiß*-Anderen und für die Frau gilt: Wenn ihre Differenz nicht beseitigt wurde oder sie eine kommensurable Differenz hinsichtlich ihrer Identität aufweisen, die innerhalb des globalen Musters erkennbar ist, dann passen sie nicht genau in diese neutrale, aseptische Umgebung des universellen Äquivalents; das heißt sie passen nicht in das, was verallgemeinert, mit Wert und universellem Interesse ausgestattet werden kann. In der modernen Welt erlangen nur solche individuellen und kollektiven Subjekte und Fragestellungen Politizität bzw. werden mit politischer Kompetenz ausgestattet, die ihre Probleme in irgendeiner Art und Weise so prozessieren, umstrukturieren, transportieren und reformulieren können, dass sie in universellen Begriffen im ›neutralen‹ Raum des republikanischen Subjekts – in dem vermeintlich das universelle Bürgersubjekt spricht – geäußert werden können. Alles, was bei dieser Prozessierung bzw. Verarbeitung übrigbleibt, all das, was sich nicht diesem Raster gemäß umwandeln lässt oder kommensurabel gemacht werden kann, bleibt als Rest.

Und doch kennt, wie andere Autor:innen bereits formuliert haben, dieses Feld, diese moderne Agora ein in ihrem Raum beheimatetes Subjekt, das ihn ganz natürlich durchschreiten kann, und zwar deshalb, weil es hier gebürtig ist. Und dieses Subjekt, das die Norm der Staatsbürgerschaft nach seinem Ebenbild formuliert hat, weil es aus einer Exteriorität hervorgegangen ist, die im zuerst kriegerischen und anschließend ideologischen Prozess, der die koloniale und moderne Wissensordnung etabliert, Gestalt angenommen hat, trägt folgende Merkmale: Dieses Subjekt ist männlich, es ist *weiß*, es ist Familienvater – also zumindest funktional heterosexuell –, es ist Eigentümer und es ist gebildet. Jeder, der bürgerliche Kompetenz vorgeben will, muss sich durch Politisierung – im Sinne eines ›Öffentlich-Machens seiner Identität‹, denn das Öffentliche ist das einzige, was im modernen Feld politische Macht besitzt – je nach seinem Erscheinungsbild umstrukturieren (s. Warner 1990, West 2000, Benhabib 1995, Cornell 2001, Young 2000).

Der Dualismus hingegen, ebenso wie der Geschlechterdualismus in der indigenen Welt, ist eine Form der Mannigfaltigkeit. Die ›Zweiheit‹ beherbergt eine Mannigfaltigkeit, die aus den Übergängen zwischen den beiden Polen entsteht: aus den Kreuzungen, den Begegnungen, den Überschneidungen der vielen Formen des Gender-Transitorischen in den Welten, die nicht oder nur teilweise von der Struktur der Kolonialität durchdrungen worden sind. Der ›Binarismus‹, der für die Kolonial-Moderne kennzeichnend ist, resultiert aus dem Dispositiv der Zensur und der konstruierten Exteriorität, aus der Welt der ›Einheit‹. Das Eine und das Zweite der indigenen Dualität sind Möglichkeiten des Mannigfaltigen, wobei das Eine und das Zweite, obwohl sie komplementär funktionieren können, beide ontologisch vollständig und mit Politizität ausgestattet sind; und das obschon sie mit Blick auf Wert und Ansehen ungleich sind. Das Zweite in dieser hierarchischen Dualität ist kein Problem, das eine Umwandlung, eine Verarbeitung durch das Raster eines universellen Äquivalents erfordert, und es ist auch nicht der Rest der Transposition des Einen, sondern ein vollständiges Anderes, ein komplettes Anderes, nicht reduzierbar.

Wenn wir das begreifen, dann verstehen wir auch, dass das Häusliche ein ontologisch und politisch vollständiger Raum ist, vollständig mit seiner eigenen Politik, mit seinen eigenen Assoziationen, hierarchisch dem Öffentlichen untergeordnet, aber mit der Fähigkeit zur

Selbstverteidigung und Selbsttransformation. Wenn wir das Geschlechterverhältnis in dieser Welt mit den patriarchalen Beziehungen vergleichen, die durch die Kolonie aufgezwungen und in der modernen Kolonialität stabilisiert worden sind, dann könnte man sagen, dass es ein Patriarchat niedriger Intensität darstellt.

Ohne hier auf Details einzugehen, möchte ich doch auf das wohlbekannte Scheitern jener Gender-Strategien hinweisen, die renommierte internationale Kooperationsprogramme erlitten haben, und zwar genau deshalb, weil sie einen universalistischen Blick haben und von einer eurozentrischen Definition dessen ausgehen, was ›Geschlecht‹ ist, und von den Verhältnissen, die es organisiert. Mit anderen Worten: Die große Schwäche der Kooperationsmaßnahmen in dieser Hinsicht ist darauf zurückzuführen, dass es an Sensibilität für die spezifischen Kategorien jener Kontexte mangelt, für die diese Projekte formuliert worden sind. In ländlichen Gemeinden und indigenen Weilern ist die Gesellschaft hinsichtlich des ›Geschlechts‹ dual, und diese Dualität ist es, welche die Räume, die Aufgaben und die Verteilung von Rechten und Pflichten organisiert. Sie definiert die Gemeinden oder Kollektive in Hinblick auf die Kategorie ›Geschlecht‹. Das bedeutet, dass das allgemeine kommunitäre Geflecht seinerseits in zwei Gruppen aufgeteilt ist, mit jeweils eigenen internen Normen und eigenen Formen des Zusammenlebens und Zusammenkommens für produktive, reproduktive und auch für zeremonielle Aufgaben. Die Projekte und Maßnahmen der europäischen Länder im Bereich der fachlichen Zusammenarbeit haben in der Regel große Schwierigkeiten, die Spezifizität von ›Geschlecht‹ in den kommunitären Umgebungen, in denen sie tätig sind, zu erkennen. Das Ergebnis ist, dass genderbezogene Projekte und Maßnahmen zur Förderung der Gleichstellung der Geschlechter sich auf Personen, also auf einzelne Frauen oder die Beziehung zwischen einzelnen Frauen und einzelnen Männern beziehen und auf diese angewandt werden. Das dabei angestrebte Ziel ist das einer direkten und unmittelbaren Förderung der Gleichstellung der Geschlechter, begriffen als Gleichheit von Personen und nicht von Räumen bzw. Sphären. Auf Individuen zugeschnitten lassen die Förderprogramme zur Gleichstellung der Geschlechter also völlig außer Acht, dass wirksame Aktionen in einem kommunitären Kontext – angesichts der Hierarchie bezüglich Ansehen und Macht des öffentlichen kommunitären Raums und dem Kollektiv der Männer – darauf ausgerichtet sein müssen, die häusliche Sphäre und das Kollektiv der Frauen als Ganzes zu fördern. Das Ziel dieser Projekte müsste im Grunde die Förderung der Gleichheit zwischen dem Kollektiv der Männer und jenem der Frauen innerhalb der Gemeinschaften sein. Allein diese Gleichstellung kann, in einem weiteren Schritt, zur Herausbildung von herausragenden weiblichen Persönlichkeiten führen, die sich nicht von ihrer Herkunftsgemeinde distanzieren, das heißt, die dauerhaft in und mit ihrer Gruppe agieren.

Der andere große Fehler, den internationale Kooperationsprogramme, öffentliche Maßnahmen und Projekte von Nichtregierungsorganisationen begehen, liegt in ihrer Idee der Geschlechtergleichstellung und der daraus abgeleiteten Strategie des Gender-Mainstreamings, die darauf abzielt, den hierarchischen Charakter der Geschlechterbeziehungen zu korrigieren. Wenn der oben erwähnte Irrtum aus der eurozentrischen Idee stammt, dass es sich bei den Geschlechterverhältnissen in der Welt der Weiler um Beziehungen zwischen männlichen und weiblichen Individuen handelt, und nicht wahrgenommen wird, dass es um die Hierarchie zwischen Geschlechtergruppen geht, das heißt um die Ungleichheit in den Sphären, in denen sich die Organisation der Kommunität aufteilt, dann ist der Irrtum der Mainstreaming-Idee, dass sie auf der Annahme basiert, es gebe Dimensionen des kommunitären Lebens von universellem Interesse einerseits – ihre Ökonomie, ihre soziale Organisation, ihr politisches Leben etc. – und Dimensionen partikularen Interesses andererseits – das häusliche Leben, das, was Frauen widerfährt und was sie tun. Die Idee des Gender-Mainstreamings basiert auf der bereits oben beschriebenen falschen Annahme, im Weiler habe das Öffentliche einen universellen Wert, entspreche also dem universellen Feld der öffentlichen Sphäre des kolonial-modernen Regimes, während das Häusliche einem partikularen Interesse entspreche, also privat und intim sei – wodurch eine Hierarchie zwischen den beiden Sphären etabliert wird. Als Folge dieser Hierarchie wird dort, wo ein partielles, partikulares Interesse unterstellt wird, gemainstreamt, wobei dieser Bereich als Anhängsel der zentralen Themen von universellem Interesse betrachtet wird.

Wie im vorhergehenden Fall haben wir es auch hier mit einer eurozentrischen Projektion der Struktur von Institutionen der Moderne auf die Institutionen der Welt der Weiler zu tun. Das Mainstreaming partikularer, partieller Interessen wie zum Beispiel Gender-Maßnahmen durch die Einbindung in universelle Themen, ist ein Fehler, wenn man die Realität jener Welten erreichen will, die nicht der westlichen und modernen Organisation des Lebens gehorchen, die nicht am eurozentrischen und kolonialen Binarismus orientiert agieren. In der Welt der Weiler ist die Sphäre des Politischen zwar durch höheres Ansehen gekennzeichnet, aber nicht universell, sondern, genauso wie die häusliche, eine der Partialitäten. Beide Teile werden als ontologisch vollständig gedacht.

Abgesehen von dem betonten Individualismus, welcher der Perspektive des Staates, der staatlichen und internationalen Programme inhärent ist, ist die moderne Welt außerdem die Welt des Einen, das heißt, jede Form von Andersartigkeit in Bezug auf das von diesem Einen repräsentierte universelle Muster ist problematisch. Die Disziplin der Anthropologie selbst ist hierfür ein Beleg, denn sie ist aus der modernen Vorstellung entstanden, dass ›die Anderen‹ erklärt, übersetzt, vermessen und durch eine rationale Operation, die sie in das universelle Raster einfügt, bearbeitet werden müssen. Das, was darin nicht aufgeht, bleibt als Rest und hat kein Gewicht für die Realität, es ist ontologisch nicht vollständig, es ist ein unvollkommener und irrelevanter Beifang. Die Derrida'sche Dekonstruktion, die das binäre Paar destabilisiert, eignet sich für den Kreislauf der Dualität nicht und würde zu nichts führen.

Mit der Transformation der Dualität, als Variante des Mannigfaltigen, hin zum Binarismus des Einen – universell, kanonisch, ›neutral‹ – und seinem Anderen – Rest, Überschuss, Anomalie, Rand – schließen sich die möglichen Übergänge: Die Möglichkeiten der Zirkulation zwischen den Positionen schwinden, denn sie werden alle durch die binäre Logik kolonisiert. Die Kategorie ›Geschlecht‹ wird in westlicher Manier in der heterosexuellen Matrix zementiert, wodurch das Recht auf Schutz vor Homophobie und Maßnahmen zur Förderung sexueller Gleichberechtigung und Freiheit erforderlich werden, wie zum Beispiel die gleichgeschlechtliche Ehe von Männern oder Frauen. Sie ist in der Kolonial-Moderne verboten, in einer großen Anzahl indigener *Pueblos* des Kontinents, so in den Gemeinschaften der afro-brasilianischen Religion der Nagô Yoruba in Recife, hingegen akzeptiert (Segato 1986).

Giuseppe Campuzano hat in Chroniken und Dokumenten des 16. und 17. Jahrhunderts erforscht, welche Gegenmaßnahmen der Kolonisator angesichts der verschiedenen Formen von Sexualität, die er im Inkareich vorfand, ergriffen hat (Campuzano 2006, 2009b). Die Dokumente offenbaren den Druck, der durch die Einführung von Normen und Strafandrohungen entstand, um die Praktiken mit der binären heterosexuellen Matrix des Eroberers kompatibel zu machen; eine Matrix, die den im Inkareich unbekannten Begriff der Sünde einführte und ihren pornografischen Blick propagierte. Dies lässt den Schluss zu, dass viele der moralischen Vorurteile, die heute als ›Sitten und Gebräuche‹ oder ›Tradition‹ wahrgenommen werden, und die mit dem Instrumentarium der Menschenrechte bekämpft werden sollen, in Wahrheit bereits moderne Vorurteile, Bräuche und Traditionen sind, das heißt, aus genau jenem Muster stammen, das die Kolonial-Moderne etabliert hat. Mit anderen Worten: Die vermeintlich homophobe und auch andere ›Traditionen‹ sind moderner Natur, weshalb wir es einmal mehr mit einem rechtlichen Gegengift zu tun haben, das die Moderne produziert, um das Übel zu bekämpfen, das sie selbst eingeführt hat und weiterhin propagiert.

Dieses Zementieren von Identitätspositionen ist auch ein charakteristisches Merkmal der *Rassialisierung*, die durch den kolonialmodernen Prozess installiert wurde und die Subjekte auf fixe Positionen innerhalb des binären Kanons festlegt, der in diesem Fall durch die Begriffe *weiß/nichtweiß* gebildet wird (zur zeitgleichen Entstehung von Kolonie, Moderne und Kapitalismus mit den Kategorien ›Europa‹, ›Amerika‹, ›*Raza*‹, ›*indio*‹, ›*weiß*‹ und ›*schwarz*‹ vgl. Quijano 1991, 2000; Quijano/Wallerstein 1992).

Auch die auf dem gesamten Planeten stattfindende Umverteilung – mitsamt all seinen belebten und unbelebten Wesen – mit dem Ziel, sich in den Binarismus der Subjekt-Objekt-Beziehung der westlichen Wissenschaft einzufügen, ist ein trauriges Kapitel dieses Prozesses. In dieser neuartigen Situation – neuartig und fortschreitend für viele

Pueblos, die einem permanenten und täglichen Prozess der Conquista und Kolonisierung ausgesetzt sind, – sind die Kämpfe um Rechte und inklusive, auf Gleichberechtigung abzielende öffentliche Maßnahmen natürlich Initiativen der modernen Welt. Es geht auch nicht darum, sich ihnen entgegenzustellen, aber schon darum, zu verstehen, welchem Paradigma sie folgen. Und dann versteht man nicht zuletzt, dass ein dekoloniales Leben in dem Versuch besteht, Breschen in ein Territorium zu schlagen, das durch das binäre Schema – vermutlich das effizienteste Instrument der Macht überhaupt – totalisiert wird.

Das ist der Grund, warum ich in den FUNAI-Workshops der *Koordinationsstelle ›Geschlecht‹ und ›Generation‹* meinen indigenen Gesprächspartnerinnen bei der Vorstellung der Fortschritte des *Maria da Penha-Gesetzes** gegen häusliche Gewalt immer gesagt habe: »Der Staat gibt Euch mit einer Hand das, was er mit der anderen genommen hat, er versucht gegen das Gift zu impfen, das er selber injiziert hat.« Dort, wo in der binären Struktur die Welt des Einen und ihres Restes auf die Welt des Vielfachen trifft, erfasst und verändert sie als Folge des Musters der Kolonialität der Macht diese Welt von innen heraus, denn dieses Muster ermöglicht einen größeren Einfluss einer Welt auf eine andere. Noch präziser wäre es zu sagen, dass es ›sie kolonisiert‹. In dieser neuen dominanten Ordnung erfasst und monopolisiert der öffentliche Raum nacheinander alle Prozesse und Entscheidungen, die das Gemeinwohl betreffen. Gleichzeitig wird der häusliche Raum komplett entpolitisiert; und zwar sowohl, weil er seine überlieferten Formen der Intervention in die Entscheidungen des öffentlichen Raums einbüßt, als auch, weil er auf die Kernfamilie reduziert und in der Privatheit eingeschlossen wird. Die Familie wird normiert: sowohl durch neue aufgezwungene Formen der Ehebeziehung, als auch durch die Zensur jener Bindungen, die zuvor die Häuslichkeit charakterisierten. Dies führt zum Verlust der Kontrolle, die zuvor der kommunitäre Blick ausgeübt hat, indem er die Verhaltens-

* Anm. d. Ü.: Die Brasilianerin Maria da Penha klagte 1984 gegen ihren Ehemann, der sie schwer misshandelt hatte. Es war der erste Fall eines ›Verbrechens häuslicher Gewalt‹, das im Jahr 2001 vor dem *Interamerikanischen Gerichtshof für Menschenrechte* verhandelt wurde. 2006 ging das nach der Klägerin benannte Gesetz in das brasilianische Strafgesetzbuch ein.

weisen überwachte und beurteilte (Maia 2010, Abu-Lughod 2002). Die Entpolitisierung des häuslichen Raums macht diesen somit vulnerabel und fragil. Und es gibt zahllose Zeugnisse für das Ausmaß und die grausamen Formen der Viktimisierung, die dann stattfindet, wenn der Schutz des Blicks der Kommunität auf die familiäre Welt verschwindet. Somit zerfällt die Autorität, der Wert und das Ansehen der Frauen und ihres Handlungsspielraums.

Diese Kritik an der Herabsetzung der häuslichen Sphäre und der Welt der Frauen – von einer Position ontologischer Vollständigkeit auf die Stufe eines Restes oder Abfalls des Realen – hat wichtige erkenntnistheoretische Konsequenzen. Zum Beispiel die Schwierigkeiten, die sich daraus ergeben, dass es uns nicht gelingt, die gesamte Realität ausgehend von der Kategorie ›Geschlecht‹ zu denken, ihr also einen theoretischen und epistemischen Status als zentrale Kategorie zuzuschreiben, die alle Aspekte des Lebens zu beleuchten vermag – und das obwohl wir um die Allgegenwart der Geschlechterverhältnisse im sozialen Leben wissen. Dabei zeigen die konstanten Verweise auf die Dualität aller symbolischen Felder in der vor-intrusiven Welt, dass dieses Problem der erkenntnistheoretischen Abwertung von ›Geschlecht‹ dort nicht existiert hat.

Der wichtigste Aspekt hierbei ist, dass im Laufe des Wandels die Nomenklatur beibehalten wird und somit die Illusion bzw. der falsche Eindruck einer Kontinuität der alten Ordnung – mit einem System von Bezeichnungen, Konventionen und Ritualen – entsteht, das scheinbar bestehen bleibt, aber jetzt auf einer anderen Struktur basiert (Segato 2007). Es ist ein subtiler Übergang und die mangelnde Klarheit über die eingetretenen Veränderungen führt dazu, dass die Frauen sich unterwerfen, ohne zu wissen, was sie auf den immer wiederholten Satz der Männer »Wir waren immer schon so« und deren Behauptung, einen Brauch aufrechtzuerhalten, von dem sie annehmen oder behaupten, er sei traditionell und mit einer ihm eigenen Hierarchie von Werten und Ansehen ausgestattet, antworten sollen.

Daraus folgt eine permanente Erpressung der Frauen: Ihnen wird mit der Vorstellung gedroht, das Antasten oder Modifizieren dieser Ordnung beschädige ihre Identität als politisches Kapital einerseits und ihre Kultur – sowohl als symbolisches Kapital, als auch als Bezugspunkt der Kämpfe für das Überleben des *Pueblos* – andererseits, indem dadurch ihre Forderungen nach Territorien, Ressourcen und Rechten als Ressourcen geschwächt würden.

Aber wie ich schon sagte: Als Konsequenz der modernen Kolonisierung hat sich intern, also innerhalb des Raums des Weilers, die hierarchische Distanz und die Macht derjenigen, die bereits zuvor Macht innehatten – Alte, Kaziken, Männer im Allgemeinen – bereits vergrößert. Obschon man also sagen kann, dass es immer schon eine Hierarchie und hinsichtlich von Macht und Ansehen ungleiche Geschlechterverhältnisse gegeben hat, hat sich diese unterdrückende Distanz mit der staatlichen kolonialen Intervention und dem Übergang zur Ordnung der Kolonial-Moderne vergrößert. Der Wandel vollzieht sich unter dem Deckmantel vermeintlicher Kontinuität. Deshalb bedarf es erheblichen rhetorischen Geschicks, um deutlich zu machen, dass der Eindruck der historischen Kontinuität eine optische Täuschung ist, die dazu dient, neue Formen männlicher Autorität und anderer Hierarchien innerhalb der Welt der Weiler zu verfestigen. Denn wir haben es hier mit einem perversen Kulturalismus zu tun, der nichts Anderes ist als der Fundamentalismus der politischen Kultur unserer Zeit, die mit dem Fall der Berliner Mauer und dem Absterben der marxistischen Debatte ihren Anfang genommen hat; also in dem Moment, in dem die nun politisierten Identitäten begonnen haben, den Diskurs zu prägen (Segato 2007).

Kurz gesagt und um es noch einmal zusammenzufassen: Wenn wir in der Geste, die die Universalisierung der Staatsbürgerschaft anstrebt, zu erkennen glauben, sie würde die Hierarchie, die einst das Verhältnis zwischen Männern und Frauen geordnet hat, durch ein egalitäres Verhältnis ersetzen, dann tun wir in Wirklichkeit selbst nichts anderes als die Übel, welche die Moderne eingeführt hat, mit anderen, ebenfalls modernen Lösungen zu beheben: Der Staat teilt mit der einen Hand aus, was er mit der anderen zuvor genommen hat. Im Gegensatz zu der Formel des modernen Aktivismus »anders, aber gleich«, orientiert sich die indigene Welt an der für uns schwer nachzuvollziehenden Formel »ungleich, *aber* anders«. Das heißt wirklich mannigfaltig, denn das Andere, das Verschiedene, selbst wenn es unterlegen ist, stellt kein Problem dar, das gelöst werden müsste. Der Imperativ der Kommensurabilität verschwindet. An dieser Stelle kommt übrigens die Zwischenphase der kritischen Moderne gewinnbringend ins Spiel, indem sie mit ihrem Gleichheitsdiskurs die Idee einer ethnischen Hierarchie einbringt und das hervorbringt, was manche beginnen, als ethnische oder kommunitäre Staatsbürgerschaft zu bezeichnen. Eine solche wird nur dann angemessen sein, wenn sie aus einem internen Forum und innerhalb der eigenen Grenzen entsteht, also aus Debatten und Verhandlungen zwischen den Beteiligten, die die Fäden ihrer eigenen Geschichte weben. Ich schließe hier mit dem Verweis auf den außergewöhnlichen Film *Mooladé* des vor Kurzem verstorbenen senegalesischen Regisseurs Ousman Sembene, in dem es um den Kampf für die Abschaffung der Praxis weiblicher Genitalverstümmelung einer Gruppe von Frauen aus einem Weiler in Burkina Faso geht: ein Kampf von innen, aus dem Inneren der Kommunität heraus, die, wie es schon immer gewesen ist, von der sie umgebenden Welt durchkreuzt wird.

Kapitel 5

Femigenozid als Verbrechen im internationalen Menschenrechtsdiskurs

Der Kampf ums Recht als Auseinandersetzung im diskursiven Feld

Ich gehe hier von einem Gedanken aus, der bereits in zwei Kapiteln meines Buches *Die elementaren Strukturen der Gewalt* angelegt ist (Segato 2013). Darin argumentiere ich, dass das Recht viel mehr als seine Erträge in Form richterlicher Urteile ist, nämlich ein Instrumentarium in Händen der Menschen – und zwar als ein Repertoire von Worten, das im maßgeblichen Narrativ der juristischen Kodizes verankert worden ist.

Das bedeutet, dass das juristische Feld allem voran ein diskursives Feld ist. Und genau deswegen ist der ›Kampf ums Recht‹ – sowohl im Sinne der Formulierung von Gesetzen, als auch im Sinne der wirksamen Durchsetzung des Gesetzesstatus bei den bereits existierenden (hier sei an den bahnbrechenden Essay von Rudolf von Jhering erinnert) – einerseits ein Kampf um die Namen, die Kenntlichmachung, um die juristische Verankerung der Bezeichnungen für das menschliche Leiden – und zwar mit dem Ziel, diese Bezeichnungen, die bereits in Verwendung sind, juristisch einzusetzen (Jhering 2019). Andererseits ist es ein Kampf darum, die Worte des Gesetzes zu verbreiten, sie in Umlauf zu bringen, sie den Menschen in den Mund zu legen.

Mit anderen Worten, es handelt sich um ein zweifaches Ringen: Zum einen darum, Eingang in die juristischen Kodizes, also die Gesetzbücher, in ihrem Charakter als Metadiskurs der Nationen zu finden; und zum anderen um die Kompetenz, uns, als Kläger:innen, in diese einzuschreiben; um somit durch das Gesetz legitimierten Bezeichnungen nicht nur in den Gerichten, sondern auch in unseren täglichen Beziehungen, von Angesicht zu Angesicht, Geltung zu verschaffen.

Auf der anderen Seite sind Gesetze die Art und Weise, in der Nationen – vermittelt über ihre staatliche Verfasstheit – die Aufnahme und Anerkennung der Existenz jeder Interessengemeinschaft bestätigen, und damit deren je eigenes und partikulares »J'accuse« anerkennen. Falls eine durch übereinstimmende Interessen gefestigte Kommunität im juristischen Diskurs nicht vorkommt, dann wird sie daraus natürlich schließen, dass der Staat ihre Existenz nicht anerkennt. Das Gesetz verhält sich in dieser Hinsicht genauso wie eine Institution, die das Profil jeder einzelnen Kollektivität, deren Leben sie zu leiten beabsichtigt, anerkennt und einschreibt. Der Kampf ums Recht ist in einer solchen Lesart also der Kampf um diese Einschreibung; und wem es gelingt, sie zu erreichen, der weist diesen Umstand – die ontologische Vollständigkeit, den Status des Seins-unter-Anderen – gegenüber denjenigen aus, die ihn nicht erreichen.

Auch dann, wenn das Gesetz die Reichweite oder diskursive Macht hat, den Einfluss eines kollektiven Subjekts geltend zu machen, dem es gelungen ist, darin repräsentiert zu werden, gibt es doch eine sehr klare Grenze, was seine Wirksamkeit betrifft. Und diese Grenze ist relativ zu einer diskursiven Dimension: Wenn ich die diskursive Dimension auf die gleiche Stufe oder sogar über die normative Produktivität in Form von Urteilen stelle, setze ich damit voraus, dass sie ihrerseits einen Gewinn bringen wird, der ihr eigen und charakteristisch ist. Und was wäre der Gewinn, der der diskursiven Dimension des Gesetzes inhärent ist? Nichts anderes als ihre Fähigkeit mittels der legislativ und judikativ verankerten Kategorien, das ethische Empfinden der Menschen zu beeinflussen und zu prägen. In diesem Sinne ist das Recht – und sind insbesondere die Menschenrechte – untrennbar mit dem sich wandelnden ethischen Empfinden der *Pueblos* verbunden, und ohne diese Korrelation wäre die Wirksamkeit des Rechts ernsthaft infrage zu stellen (Segato 2006). Aus diesem Grund wird ein Gesetz, das auf diesem Feld keine Wirksamkeit erlangt – das heißt, dass es nicht schafft, die Ethik der Menschen und die aktuellen Vorstellungen darüber, was akzeptabel oder inakzeptabel, was gut oder schlecht ist, darzustellen, zu hinterfragen und zu kontrollieren –, keine wirkliche Rechtsgeltung entfalten und notwendigerweise ein Gesetz ohne normative Kraft bleiben. Von diesem Merkmal hängen der Glaube des gemeinen Menschenverstandes an die normative Kraft des Gesetzes und die Annahme einer direkten Ursache-Wirkung-Beziehung zwischen Gesetz und Praxis ab.

Der Kampf um den Schwangerschaftsabbruch ist ein klares Beispiel für diese Konstellation, also für diese fundamentale Dimension des Rechts. Das gesetzliche Verbot des Schwangerschaftsabbruchs hat nie zur Abschaffung dieser Praxis geführt. Wie eine Studie der *Nationalen Kommission für Gesundheitsprogramme* des Gesundheitsministeriums aus dem Jahr 2007 zeigt, hat das seit fast 90 Jahren geltende Gesetz, das den Abbruch unter Strafe stellt, wenig Wirkung gezeigt. Denn den Schlussfolgerungen zufolge nimmt jede Frau durchschnittlich zwei Abbrüche vor, was bedeutet, dass fast ein Abbruch auf jede Geburt kommt (Mario/Pantelides 2008). Das heißt: Wir sollten die tatsächliche Absicht des den Abbruch verbietenden Gesetzes nicht in dem Ansinnen vermuten, diese Praxis zu kontrollieren – denn das hat sich bereits als wenig wirksam herausgestellt –, sondern in einem anderen Punkt. Und tatsächlich ist die Rechtsgeltung dieses Gesetzes ernsthaft in Gefahr, weil es unmöglich ist, die Mehrheit der Frauen und der Bevölkerung im Allgemeinen davon zu überzeugen, dass ein organisch unfertiges und in vielen Fällen aus einer Ansammlung weniger Zellen bestehendes Etwas als ein menschliches Wesen, als eine Person betrachtet werden soll. Diese Behauptung widerspricht der Vernunft des gemeinen Menschenverstandes und erfordert eine Art Wunderglauben, der dysfunktional für die zeitgenössischen historischen Projekte ist.

Deshalb kommen wir zu dem Schluss, dass das Gesetz, insbesondere in diesem Fall, eindeutig als das Ergebnis eines Verhältnisses zwischen verschiedenen Positionen betrachtet werden muss: Und zwar des Verhältnisses zwischen Sektoren der Gesellschaft, die sich in der rechtlichen Aussage des Abbruchsverbotes repräsentiert sehen, und jenen Sektoren, die sich in der rechtlichen Nicht-Aussage des Abbruchsverbotes repräsentiert sehen. Das heißt, der Kampf um die Kriminalisierung oder Entkriminalisierung von Abtreibung ist kein Kampf um die Ermöglichung der Abtreibung, da das Gesetz längst bewiesen hat, dass es diese Praxis nicht kontrollieren kann. Es ist vielmehr ein Kampf um den Zugriff auf und die Einschreibung in das Narrativ des

Rechts zwischen zwei kollektiven Subjekten, die um Anerkennung im Land streiten. Der Kampf um die Zulassung oder Nicht-Zulassung von Abbrüchen ist nicht mehr und nicht weniger als die Konfrontation zwischen Parteien, die versuchen, ihre Existenz und ihren Einfluss auf nationaler Bühne geltend zu machen. Eine dieser Parteien ist der Vatikanstaat und seine hier ansässige Vertretung – begierig darauf, dem ganzen Land zu zeigen, dass er immer noch eine gewichtige Portion Entscheidungsmacht über die Geschicke des Landes innehat.

Man muss an dieser Stelle übrigens auch darauf hinweisen, dass die Parteien nicht symmetrisch oder gleichwertig sind, obschon sie unterschiedliche Interessengruppen innerhalb der Gesellschaft vertreten. Sie sind deshalb nicht gleichwertig, weil eine von ihnen, nämlich diejenige, die für die Entkriminalisierung der Abtreibung kämpft, wirklich aus diesem Motiv heraus und mit dem Ziel, das Leben von Frauen zu retten, kämpft. Die andere hingegen ist zwar der Widerpart, kämpft aber, wie gerade erläutert, nicht für die Verteidigung des Lebens, sondern in einem Kontext, den man als ›Identitätspolitik‹ interpretieren kann: Das heißt, darum mittels der eigenen Forderung eine Identität zu bekräftigen und das Territorium unseres Landes als einen Bereich unter der Kontrolle der Kirche zu markieren. Trotz der antagonistischen Gegenüberstellung ist die eine Position hinsichtlich der Inhalte, die sie für ihr politisches Handeln anführt, authentisch und die andere ist es nicht.

Bei den Femiziden, die ich in den vergangenen Jahren untersucht habe, ist in dieser Hinsicht eine Art Kreislaufwirtschaft in zwei Richtungen deutlich auszumachen: Angesichts der Weigerung der Rechtsorgane, der Jurist:innen und der Richter:innen, die die Möglichkeit hätten, eine Rechtsprechung zu schaffen, oder die Formulierung von Vorschriften zu beeinflussen, haben die Frauen begonnen, den Begriff ›Femizid‹ so zu benutzen, als gäbe es ihn bereits im Gesetz. Damit wehren sie sich gegen den Widerstand der Behörden, diese Kategorie zu übernehmen, die sie als Klägerinnen ausweist – und das, obwohl diese Kategorie tatsächlich und in vollem Umfang bereits existiert und von der Bevölkerung und den Medien benutzt wird.

Diese diskursive Dimension existiert nicht nur mit Blick auf die Legislative, sondern auch dort, wo es um die Umsetzung des Rechts geht, also in der Exekutive. Ein gutes Beispiel hierfür ist die aktuelle Debatte in Brasilien über die Auslieferung von Cesare Battisti, einem ehemaligen Mitglied der italienischen *Roten Brigaden*. Es ist eine Debatte, die auch vor dem Hintergrund des Konflikts zweier ungleicher Parteien in einer Welt betrachtet werden muss, die durch Kolonialität und Eurozentrismus geprägt ist (Quijano 2016). Das Spannungsfeld in diesem Fall ist folgendes: Auf der einen Seite Berlusconis Italien mit seinem vermeintlich dominanten geopolitischen Status als europäisches Land und dem Bestreben seiner Regierung, der Welt zu zeigen, dass es in der Lage ist, Europa-zu-sein, indem es dem höchsten brasilianischen Rechtsorgan – den Angehörigen des Obersten Gerichtshofes – gegenüber seinen eurozentrischen Einfluss geltend macht und sich schließlich durchsetzt. Und auf der anderen Seite der Widerstand einer Exekutive in der Person des Justizministers Tarso Genro – einer historischen Figur der brasilianischen Arbeiterpartei –, der aus einem eher nationalistischen Bewusstsein heraus agiert, und in diesem Fall den Widerpart zur eurozentrischen Militanz Berlusconis und seinem Druck auf die brasilianischen Behörden darstellt. Dieser Konflikt hat sehr wenig mit der Gefährlichkeit des Gefangenen zu tun – und viel mit der Notwendigkeit, Einfluss unter Beweis zu stellen: einerseits seitens des Akteurs Berlusconi, andererseits seitens der souveränen Autonomie der politischen Akteure in Brasilien. All das führt uns sehr weit von dem weg, was wir als substanzielle Rechtsfragen bezeichnen würden.

Aus dieser Perspektive betrachtet ist die Rolle der Gesetzgeber und der Justiz komplexer, als es sich die Jurist:innen vorstellen: Denn dann hätten sie allem voran die Aufgabe, bestimmten Subjektpositionen Legitimität zu verleihen und zwar mittels ihrer Autorität der Kenntlichmachung – einer Autorität, die Bezeichnungen im gesetzgebenden Diskurs etabliert oder sie im Rahmen der richterlichen Tätigkeit zuweist. Somit würden sie als Anker, Referenz oder Garant dafür agieren, dass der Diskurs gültig und das soziale Leiden, das er benennt, offiziell anerkannt ist.

Folgendes wäre meines Erachtens eine sehr viel demokratischere Konzeption der Funktion des Rechts: Falls die Theorie die Realität nicht nur be-schreibt, sondern sie auch vor-schreibt, würden wir exakt ein Rechtsverständnis befürworten, das Recht als eine Angelegenheit aller Menschen versteht. Denn obwohl nur wenige ›Akteure des Rechts‹ sein können, können doch alle ›Akteure des Rechtsdiskurses‹ sein.

Ein Fall, der perfekt beschreibt, was ich zu sagen versuche, ist die Art und Weise, in der in Brasilien die große landesweite Debatte über die Politik der Reservierung von Kontingenten bzw. Quoten für *schwarze* Student:innen an Universitäten abgelaufen ist. Im Jahr 1999 hatte ich gemeinsam mit José Jorge de Carvalho dazu den ersten und mittlerweile historischen Vorschlag eingebracht (Segato/Carvalho 2002). Der Verlauf dieser Debatte ist in umfangreichen Stellungnahmen für bzw. gegen die Quotenpolitik festgehalten worden. Die ersten beiden Stellungnahmen – pro und contra – wurden 2006 von Vertreter:innen der jeweiligen Unterzeichner:innen dem Nationalkongress überreicht, zwei weitere 2008 dem Obersten Gerichtshof. Die Position der konservativen Elite offenbart auf sehr deutliche Art und Weise den schamlosen Wunsch der *weißen* und *weißgemachten* brasilianischen Oberschicht, den bislang Ausgeschlossenen den Zugang zu jenen Positionen weiterhin zu verweigern, aus denen heraus das Leben im Land gestaltet wird – und dieser Zugang führt in Brasilien über die öffentliche Universität. In vollem Bewusstsein darüber, dass dies der Zugangsweg zu angesehenen Berufen und den gesellschaftlichen Feldern ist, in denen die Entscheidungen über das Schicksal des Landes gefällt werden, versuchte sie einfach ihr Monopol auf die Universitäten zu sichern. Für diese Position gilt, dass *Raza* erst dann ›geschaffen‹, also eingesetzt werden würde, wenn sie in der Gesetzgebung kenntlich gemacht wird; und wenn sie in der Gesetzgebung nicht kenntlich gemacht wird, dann hätte ihre Realität auch keine Konsequenzen. Dieser Haltung zufolge wäre die Etablierung der Kategorie *Raza*, indem der Begriff in ein Gesetz aufgenommen wird, kontraproduktiv, da es die nationale Einheit spalten und somit schwächen würde.

Dies geht klar aus der Verfassungsklage hervor, die von der Anwältin Roberta Fragoso Kaufmann als Vertreterin der *Demokratischen Partei* (DEM) vor dem Obersten Gerichtshof gegen *rassiale* Quoten an den brasilianischen Universitäten eingereicht wurde.

Das Hauptargument der Anwältin ist dabei nicht, wie man hätte vermuten können, dass positive Diskriminierungen in einem demokratischen Staat verfassungswidrig sind. Und auch nicht, dass Brasilien nicht das Modell eines Sozialstaates (im Gegensatz zum liberalen Staat) übernehmen sollte, indem es Gesetze zugunsten der »Integration von Minderheiten«, der »Ausrottung der Armut«, der »Verringerung der sozialen und regionalen Ungleichheiten« etc. verabschiedet, und damit der Idee von »Solidarität, Harmonie und einem Vorrang des Ganzen gegenüber dem Einzelnen« den Vorzug gibt. Die Autorin stellt nicht einmal die »Existenz von Rassismus, Vorurteilen und Diskriminierung in der brasilianischen Gesellschaft« infrage, und sie negiert auch nicht, dass dies »Geschwüre sind, die sowohl individuell als auch kollektiv verboten, bekämpft und mit aller Härte bestraft werden müssen«. Keines dieser Argumente steht im Zentrum der Argumentation der Anwältin, sondern etwas, das zweifelsfrei den diskursiven Wert belegt, der dem Recht zuerkannt wird: Das, wogegen sie angeht, ist exakt »die Implementierung eines *rassialisierten* Staates«, das heißt, die Institutionalisierung des Rassismus mittels der Kenntlichmachung von *Raza* im Gesetz. Und genau das war das Echo in der juristischen Debatte über dieses Thema seitens einer relevanten Gruppe von Intellektuellen innerhalb der brasilianischen Gesellschaft: Sie behaupteten, ohne zu zögern, dass die Idee von *Raza* nur dann existieren würde, wenn sie von der Legislative beschlossen, und das heißt im Gesetz verankert wird. Dies zeigt die Reichweite und Durchdringung einer Vorstellung vom Recht als einem Repertoire von gebilligten und validierten Bezeichnungen, die als Wirklichkeitschaffende, das heißt als numinose, mit mystischer Macht ausgestattete Bezeichnungen anerkannt werden.

Mit dem bisher Ausgeführten möchte ich die Aufmerksamkeit auf das lenken, was ich als »begriffliche Wirksamkeit des Gesetzes« bezeichnet habe (Segato 2013). Man kann es auch, den kolumbianischen Juristen Mauricio García Villegas zitierend, als »symbolische Wirksamkeit des Rechts« bezeichnen, oder als »performative Wirksamkeit des Rechts«; und es gibt Überschneidungen mit der Formulierung des »Rechts als Beschwörungsformel« (Villegas 1993, Enríquez 2009, Lemaitre Ripoll 2009). Wird diese Perspektive allerdings missverstanden, greift die Kritik, die der bedeutende brasilianische Jurist Marcelo da Costa Pinto Neves in seinem Buch *Symbolische Konstitutionalisie-*

rung formuliert hat, und zwar insofern, als eine rein diskursive Hyperinflation des Gesetzes es nicht schafft, die sozialen Praktiken zu beeinflussen (Neves 1998). Ohne leugnen zu wollen, was Neves uns lehrt, geht meine Sorge in die entgegengesetzte Richtung. Denn ich bin überzeugt, dass das Gesetz nicht nur mittels richterlicher Urteile auf die Realität einwirken muss, sondern dass es in dieser Realität in anderer Hinsicht Fuß fassen und Wurzeln schlagen muss: Und zwar durch den täglichen Gebrauch seiner Begriffe, durch seine Verbreitung und auch – als Folge der Würdigung jener Bezeichnungen, die unter den Menschen bereits zirkulieren –, um immer neue Formen des Leids anzuzeigen, damit diesen als Erfahrung Anerkennung zuteil wird.

Aus dieser Perspektive betrachtet weist der Kampf ums Recht Parallelen zu dem auf, was einige Autor:innen als das »Recht auf Erzählung« oder die »Erlaubnis zum Berichten« bezeichnet haben (Said 2000, Bhabha 2001). Denn die Möglichkeit, Forderungen eines kollektiven Subjekts, das sich durch gemeinsame Interessen konstituiert, einzuschreiben, ist auch und vor allem das Recht, sich selbst in den zentralen Metadiskurs der Nation – und das ist der Rechtsdiskurs – einzubringen.

Auseinandersetzungen über die Kenntlichmachung oder Nicht-Kenntlichmachung im Recht

Bekanntlich gibt es eine Reihe von Auseinandersetzungen über die Kenntlichmachung oder Nicht-Kenntlichmachung im Recht. Wir wissen zum Beispiel, dass die Auslöschung konfessioneller politischer Gruppen durch die Diktaturregimes auf unserem Kontinent als ›Genozid‹ kenntlich gemacht wird, und zwar gegen diejenigen, die darauf insistieren, es handle sich dabei eher allgemein um Verbrechen gegen die Menschlichkeit. Trotzdem dominiert die populare Stimme die Debatte, wenn sie »Völkermörder!« skandiert*

* Anm. d. Ü.: In Argentinien sind sogenannte *Escraches* eine verbreitete Protestform: Dabei versammeln sich Demonstrant:innen vor den Wohnungen mutmaßlich Verantwortlicher für Diktaturverbrechen und skandieren: »*Genocida*!«, dt.: Völkermörder.

Das gleiche gilt für den Vorstoß, die Kategorie ›Genozid‹ auf die koloniale Auslöschung als dem ersten Genozid im modernen Sinne des Begriffs auszuweiten, der dem Holocaust bzw. der Schoah der Nazis lange vorausging. Wie der indigene Aktivist Chris Mato Nunpa dargelegt hat, erfüllt die planmäßig durchgeführte Behandlung der Stammesgruppe der Dakhóta im heutigen US-Bundesstaat Minnesota alle Kriterien, die 1948 in der ›Konvention über die Verhütung und Bestrafung des Völkermordes‹ formuliert worden sind: die Jagd auf Menschen, inklusive Jagdtrophäen für einen ermordeten *Indío*, Lager, Zwangsmärsche bis zur totalen Erschöpfung und Todesmärsche, Zwangsumsiedlungen, ethnische Säuberungen und, natürlich, die direkte Tötung. Auch wir hier in Argentinien kennen dieses keineswegs glorreiche Vorgehen. Chris Mato Nunpa insistiert: »You need to begin using these terms.« (Mato Nunpa 2008)

Das gleiche gilt, wenn wir zum Beispiel den Kampf um die Anerkennung der Tatsache betrachten, dass in Brasilien ein Genozid an jungen *schwarzen* Männern im Gange ist: Die häufigste Todesursache im Alter von 18 bis 25 Jahren ist Mord, wobei der Staat ganz offensichtlich der unberechenbarste aller Akteure ist, die damit zu tun haben (Paixão/Carvano 2008, Matos Menezes 2009). Tatsächlich ist der Staat in zweifacher Hinsicht für diesen Genozid verantwortlich: Einerseits, indem er Morde in von ihm vernachlässigten Gegenden, in denen Täter und Opfer der gleichen sozialen Gruppe angehören, einfach geschehen lässt; andererseits durch das direkte Töten durch Staatsbedienstete, die über das rechtmäßige Gewaltmonopol verfügen und die aufgrund der Willkürmacht bzw. dem Ermessensspielraum, der Polizisten auf der Straße und in den Polizeiwachen und Gefängnissen zugestanden wird, als De-Facto-Richter immer ungestraft bleiben. Aus dieser Perspektive wäre es unpassend und auch politisch naiv, von einem »Nie wieder!« zu sprechen. Und tatsächlich mehren sich die Stimmen, die gegen den historiografischen Exzeptionalismus, mit dem der staatliche Autoritarismus der Diktaturzeiten behandelt wird, aufbegehren. Das Blatt der Geschichte der Kolonialität ist aus der Sicht der Armen und *Nichtweißen* betrachtet ein einziges: Der Genozid an den während des Prozesses der Conquista besiegten *Pueblos* ist kontinuierlich und permanent gewesen (Rufer 2009, Passos 2008, Segato 2007a)

Man muss an dieser Stelle übrigens auch daran erinnern, dass es nicht nur Bestrebungen gibt, im juristischen Narrativ repräsentiert zu werden, sondern auch solche, daraus wieder zu verschwinden, also nicht länger in diesem Narrativ erfasst zu bleiben. Ein interessantes Beispiel dafür ist die kontroverse Debatte über die Kriminalisierung der sogenannten ›indigenen Kindstötung‹, die aktuell im brasilianischen Nationalkongress geführt wird. Konkret wird hier das Projekt zum Aufbau indigener Autonomien und das angestrebte Programm eines Rechtspluralismus bedroht, und zwar durch den Gesetzesentwurf 1057 von 2007. Das Argument eines Rechts auf Andersartigkeit wird hier unter Verweis auf internationale Menschenrechtsvereinbarungen vorgebracht – so zum Beispiel die ILO-Konvention 169 (›Übereinkommen über eingeborene und in Stämmen lebende Völker in unabhängigen Ländern‹) oder die ›Deklaration der Rechte Indigener Völker‹ der UN –, um damit für die Nicht-Einmischung des Nationalstaates zu plädieren. Ich habe in diesem Fall vorgeschlagen, »dass jedes *Pueblo* die Fäden seiner eigenen Geschichte weben sollte«, womit ein Prinzip eingeführt wird, das ich als »historischen Pluralismus« – anstelle des »kulturellen Relativismus« – bezeichne. Ich glaube, dass eine relationale und pluralistische Perspektive auf jedes *Pueblo* als ein historisches Projekt folgendes Verständnis erleichtern könnte: Wenn es eine Übertragung der juristischen Debatte in die Kommunitäten hinein geben würde, dann wären diese selbst in der Lage, die Übergänge und Transformationen, die für ihr Wohlergehen von Bedeutung sind, zu beratschlagen und durchzuführen – wie, in diesem Fall, die Abschaffung der Praxis der Kindstötung (Segato 2011).

Der Kampf um die Aufnahme des ›Femizids‹ in die rechtliche Kategorie eines Genozids an Frauen

Damit sind wir beim Thema ›Femizid‹ und den feministischen und juristischen Debatten rund um diesen Begriff angelangt. Gerade in den Widerständen seitens des Rechts, diesen Begriff zu inkorporieren und ihm dadurch Gerichtstauglichkeit zu verleihen, wird unmissverständlich deutlich, dass die im Justizwesen vorherrschende Rechtsauffassung patriarchal geprägt ist. Das deckt sich mit der schlichten, grundlegenden und permanenten Rolle der patriarchalen Atmosphäre – als erster Pädagogik –, die der Erhaltung und Reproduktion aller anderen Formen der Macht und Unterwerfung dient: der *rassialen*, der imperialen, jener der Kolonialität sowie der regionalen und der ökonomischen. Das hierarchische Gerüst, das die Gesellschaft organisiert, ist auf dieser patriarchalen Grundlage erbaut worden. Und genau deshalb ist es diese Schicht, die in jedem Kampf um Veränderungen, und somit auch jenem auf dem juristischen Feld, am schwierigsten sichtbar und greifbar zu machen ist. Es ist offensichtlich, dass die Aufrechterhaltung des Patriarchats eine ›Angelegenheit des Staates‹ ist, und gleichermaßen offensichtlich ist, dass die Aufrechterhaltung der männlichen Fähigkeit zum Töten und der Garantie, dass die von ihnen verübte Gewalt ungestraft bleibt, eine ›Angelegenheit des Staates‹ ist.

Wenn wir uns zum Beispiel die Schlussfolgerungen des Berichts anschauen, den Patsilí Toledo Vásquez für die mexikanische Vertretung des *Büros des Hohen Kommissars für Menschenrechte* der Vereinten Nationen angefertigt hat, scheint diese Wahrnehmung einer unüberwindbaren, durch das Patriarchat errichteten Grenze unstrittig. Der Bericht befasst sich mit dem aktuellen Stand der Einbeziehung des Konzepts ›Femizid‹ in die Gesetzgebungen der lateinamerikanischen Nationalstaaten und die internationalen Menschenrechtsgesetzgebungen (Toledo Vásquez 2009). Am Ende ihrer detaillierten Betrachtung einer Vielzahl nationaler und internationaler Gesetze, die praktisch alle legislativen und juristischen Bemühungen der Region umfasst, die Spezifik der Verbrechen gegen Frauen zu berücksichtigen, deckt Toledo Vásquez in ihren Schlussfolgerungen unbewusst jenen Mechanismus auf, der zum Ursprung des blinden Flecks des Gesetzes und damit zu seiner inhärenten Trägheit führt. Die Autorin argumentiert, und das zu Recht, dass die bislang realisierten Versuche auf nationaler Ebene – wesentliche Grundlage für die Schaffung eines Tatbestands im internationalen Strafrecht – an der Ungenauigkeit in den Definitionen der Straftat ›Femizid‹ und folglich einer normativen Unbestimmtheit gescheitert sind (2009, S. 143). Mit Blick auf das Völkerstrafrecht erklärt sie auch, dass keine seiner drei großen Kategorien – Genozid, Verbrechen gegen die Menschlichkeit und Kriegsverbrechen – so angepasst werden könne, dass es das Verbrechen des ›Femizids‹ umfasst.

Im Fall des Genozids liegt das daran, dass wir Frauen bei den Gruppierungen – nationale, ethnische, *rassiale* und religiöse –, die in der Konvention von 1948 aufgenommen und im Statut von Rom bestätigt wurden, nicht erfasst sind (Toledo Vásquez 2009, S. 50). Einige Länder haben die Definition auf »politische und andere Gruppen mit eigener Identität« ausgeweitet. Interessant ist hier der Fall Uruguays, dessen Gesetz 18.026 über die Zusammenarbeit mit dem Internationalen Strafgerichtshof hinsichtlich des Kampfes gegen Genozid, Kriegsverbrechen und Verbrechen gegen die Menschlichkeit von 2006 in Artikel 16 den Genozid als Tatbestand folgendermaßen definiert: Als eine Handlung »mit der Absicht eine nationale, ethnische, *rassiale*, religiöse, politische oder gewerkschaftliche Gruppe oder eine Gruppe mit eigener Identität, die auf dem Geschlecht, der sexuellen, kulturellen oder sozialen Orientierung, dem Alter, einer Behinderung oder der Gesundheit basiert, vollständig oder teilweise zu zerstören« (2009, S. 51). Allerdings, so warnt die Autorin, wird das Problem immer die subjektive Dimension bleiben, also »der Nachweis einer Absicht, eine bestimmte Gruppe vollständig oder teilweise zu zerstören«. Toledo Vásquez kommt letztlich zu dem Schluss, dass ›Genozid‹ das Verbrechen des ›Femizids‹ nicht einschließen kann.

Hinsichtlich der Verbrechen gegen die Menschlichkeit kommt die Autorin zu dem gleichen Schluss. Sie argumentiert, dass bei schwerwiegenden Aggressionen gegen Frauen, die im »privaten oder intimen Umfeld« stattfinden, der Nachweis der Absicht eines allgemeinen und systematischen Angriffs auf sie als Gruppe nicht erbracht werden könne. Toledo Vásquez verweist in diesem Zusammenhang sowohl auf meine Argumentation in *Die Einschreibung in den Körper der ermordeten Frauen von Ciudad Juárez*, als auch auf jene von Julia Monárrez und beschreibt beide detailliert im konzeptionellen Kapitel ihres Berichts (Segato 2013a, Monárrez 2010). Aber es gelingt ihr trotzdem nicht, die beiden Analysen produktiv zu nutzen, denn sie bleibt in der Positivität des bereits anerkannten juristischen Wortschatzes gefangen und eine den aktuellen Notwendigkeiten angepasste offenere und weitere Weltsicht bleibt ihr verschlossen. Das gleiche geschieht dort, wo sie sich auf Kriegsverbrechen und die Möglichkeit, Femizide ins Humanitäre Völkerrecht aufzunehmen, bezieht: Durch den Verzicht auf die Klassifizierung der Kriegsszenarien neuen Typs – an der sich diejenigen unter uns versucht haben, die mit der zentralamerikanischen und mexikanischen Realität vertraut sind – vergibt sie eine große Chance, auf kreative Art und Weise jene Konzepte zu formulieren, derer es heute bedarf.

In der Zusammenfassung schließlich, in der die Autorin eine ganze Reihe von Unmöglichkeiten darlegt, offenbart sich eine konzeptionelle Brüchigkeit, die aus ihrer positivistischen Befangenheit resultiert:

> »Das Gros der analysierten Gesetze weist eine unzureichende strafrechtliche Ausgestaltung auf, und zwar insofern als sie in einen Bereich der Unschärfe oder Ungenauigkeit fallen, was zur Verletzung der Garantien der Legalität und Tatbestandsmäßigkeit führen kann. Dies liegt zum einen an der Tendenz, soziologische und anthropologische Konzepte einfach auf strafrechtliche Normen zu übertragen, obschon es diesen Konzepten an jener Präzision mangelt, die für die Verfassungsgemäßheit dieser Normen erforderlich ist. Zum anderen gibt es eine Tendenz zur Verwendung von inhaltlich nicht besonders klaren oder unpräzisen Ausdrücken. Angesichts der verbreiteten ablehnenden Haltung innerhalb des akademischen juristischen Feldes in Bezug auf diese Delikte ist also zu bedenken, dass die Kriterien, mit denen derartige Gesetze untersucht werden, sehr viel anspruchsvoller sind als bei anderen Gesetzesvorhaben. Dies hat der Fall Costa Rica gezeigt, weshalb zu äußerster Vorsicht zu raten ist. Die normative Unbestimmtheit birgt nicht nur das Risiko von Verfassungsklagen, sondern auch jenes der Unanwendbarkeit dieser Bestimmungen in der Praxis.« (Toledo Vásquez 2009, S. 143).

Was Du nicht sagst! Wenn das Recht weder der Komplexität und dem Wandel menschlichen Handelns Rechnung tragen kann, noch imstande ist, die Beiträge der Anthropologie und Soziologie nutzbar zu machen, um Rechte zu formulieren und Schutz zu garantieren, dann sollte es seine normative Absicht aufgeben und sich als System neu erfinden. Aufgrund dieser positivistischen Schwäche haben wir Wissenschaftler:innen, die wir uns mit Fragen der öffentlichen Sicherheit befassen, uns mittlerweile Untersuchungen auf dem Feld des Rechtspluralismus und der von indigenen Kommunitäten praktizierten eigenen Rechte zugewandt, denn letztere weisen die notwendige Flexibilität auf, um menschliche Handlungen in ihren Nuancen und ihrer kontextuellen Variabilität zu berücksichtigen. Wenn der Technizismus und der in juristischen Kreisen vorherrschende kategoriale Purismus die Möglichkeit zunichtemachen, die Dynamik der Geschichte und die daraus folgende Veränderlichkeit jener Praktiken abzubilden, die Leid verursachen, dann muss sich das Recht als außerstande erklären, über das zu sprechen, was die Menschen interessiert – das, was *uns* interessiert. Man kann nicht argumentieren, dass es unmöglich sei, etwas zu erfinden, weil es noch nicht erfunden worden ist. Die Rechtfertigung des Nicht-Erfindens mit der Nichtexistenz ist ein Zirkelschluss – und auch ein Trugschluss.

In der Zwischenzeit nimmt die tödliche Grausamkeit gegen Körper von Frauen in atemberaubender Weise zu. Wir empören uns über die Zeiten der Hexenverfolgung und der inquisitorischen Folter und vergessen dabei, dass die Menschheit heute einen Moment der finstersten Innovationen bezüglich der Art und Weise erlebt, wie Hass an weiblichen und weiblich markierten Körper ausgelassen wird. Es ist eine Grausamkeit, die sich unaufhaltsam entfaltet und ausbreitet. Guatemala, El Salvador und Mexiko auf unserem Kontinent, der Kongo, sowie anschließend die schrecklichen Szenen in Ruanda, sind emblematische Beispiele für diese Realität. Im Kongo verwenden Ärzte bereits die Kategorie ›vaginale Zerstörung‹ für jene Art des Angriffs, die in vielen Fällen zum Tod des Opfers führt. In El Salvador stieg zwischen 2000 und 2006, in der Hochphase der sogenannten ›Befriedung‹, die Mordrate bei Männern um 40 Prozent und bei Frauen um 111 Prozent an, ein fast drei Mal höherer Anstieg. Ähnlich in Guatemala zwischen 1995 und 2004, parallel zur Phase der Wiederherstellung der demokratischen Rechte: 68 Prozent mehr Morde an Männern, 144 Prozent – und damit ein doppelt so hoher Anstieg – mehr Morde an Frauen. Im Fall von Honduras ist die Kluft noch größer: Zwischen 2003 und 2007 gab es einen Anstieg um 40 Prozent bei männlichen Opfern und einen um 166 Prozent bei weiblichen Opfern, also vier Mal so viele (Carcedo 2010, S. 40ff).

Und eine weitere Veränderung hinsichtlich geschlechtsspezifischer Straftaten in dieser Region, die im Zeitraum der erfassten Daten durch informelle Konflikte verwüstet wurde, ist auffällig: Die Morde an Frauen, die durch ihre Partner oder Ex-Partner verübt wurden, stellen nicht mehr die Mehrheit dar, und die Häufigkeit der geschlechtsspezifischen Verbrechen im privaten Bereich nimmt zahlenmäßig beträchtlich ab (Carcedo 2010, S. 49). So wurde zum Beispiel in Honduras festgestellt, dass bei einer insgesamt steigenden Rate von Morden an Frauen nur eines von vier dieser Verbrechen in der Familie stattgefunden hat (ebd., S. 53). Das zeigt, dass die Unpersönlichkeit ein Merkmal ist, das sich bei geschlechtsspezifischen Verbrechen verstetigt, und dass dieses Merkmal mit Szenarien wachsender Konflikte, das heißt mit den neuen, durch Informalisierung geprägten Kriegen, in Verbindung steht.

Die Raubgier, die sich über das Weibliche hermacht, zeigt sich sowohl in beispiellosen Formen körperlicher Vernichtung, als auch in der Art und Weise des Handels und der Kommerzialisierung dessen, was diese Körper anbieten können, und zwar bis zum Äußersten. Die räuberische Unterwerfung weiblicher bzw. weiblich markierter Körper wird heute in einem Ausmaß praktiziert wie niemals zuvor. Diese Körper haben in der Geschichte der Spezies und in der kollektiven Vorstellungwelt, die die Menschen historisch verbindet, nicht nur die erste Art der Kolonie gebildet, sondern sie bilden auch – und zwar heutzutage – die letzte. Und die Kolonisierung, die heute, in dieser apokalyptischen Phase der Menschheit, an ihnen vollzogen wird, ist ein Beutezug, der nur noch Reste übriglässt.

Ich habe nicht nur die Bedeutung und die Notwendigkeit, sondern auch die Möglichkeit verteidigt, Ermordungen von Frauen allein weil sie Frauen sind, als Tatbestand zu erfassen, und auf eine Debatte unter Feministinnen gedrängt, damit wir zu Definitionen und Strategien finden (Segato 2007b). Obwohl mir einerseits, wie soeben dargelegt, das Argument, das allein die Schwierigkeiten der Schaffung eines juristischen Tatbestandes ›Femizid‹ betont, inakzeptabel scheint, so halte ich doch andererseits die Einschätzung von Toledo Vásquez hinsichtlich der Ungenauigkeiten und Mehrdeutigkeiten bei der unterschiedslosen Verwendung dieser Kategorie sehr wohl für zutreffend.

Von den Stammeskriegen bis hin zu den konventionellen Kriegen, die es in der Geschichte der Menschheit bis zur ersten Hälfte des 20. Jahrhunderts gegeben hat, war der Körper der Frauen *qua* Territorium Teil der Eroberungen und Annexionen feindlicher Gebiete; mithilfe von Vergewaltigungen durch die Armeen der Besatzer. Diese Bestimmung hat sich heute – aus Gründen, die noch zu untersuchen sein werden – gewandelt, und zwar hin zur Vernichtung der Frau durch exzessive Grausamkeit, Ausplünderung bis zum letzten Atemhauch, und Folter, die erst mit dem Tod endet. Es handelt sich um ein neuartiges Phänomen, an das sich der maßgebliche juristische Diskurs wird anpassen müssen; er sollte die Tragweite dieser Taten berücksichtigen und den Opfern, den realen wie den potenziellen, den Status der Existenz zuerkennen.

An dieser Stelle sei daran erinnert, dass sexuelle Gewalt und Vergewaltigung als Teil eines Prozesses der Besatzung, Ausrottung oder Unterwerfung eines *Pueblos* durch ein anderes nach ihrer anfänglichen Unsichtbarkeit und dem daraus folgenden Druck von Menschenrechtsorganisationen nach und nach als Verbrechen gegen die Menschlichkeit (»Vergewaltigung und andere unmenschliche Handlungen«) in das Statut des Internationalen Ad-Hoc Tribunals für Ex-Jugoslawien aufgenommen wurde. Später wurden sie auch in das Statut des Internationalen Strafgerichtshof für Ruanda als Kriegsverbrechen in Form erniedrigender und entwürdigender Behandlung aufgenommen (»Angriffe gegen die persönliche Würde, insbesondere Vergewaltigung, erniedrigende und entwürdigende Behandlungen und unsittliche Übergriffe«) (Copelon 2000, S. 226). Rhonda Copelon fasst die Entwicklungen im Prozess gegen Jean Paul Akayesu, der während des Kriegs in Ruanda die Hutu-Offensive gegen die Tutsi in der Gemeinde Taba anführte, folgendermaßen zusammen:

> »Akayesu war ein Meilenstein: die erste internationale Verurteilung wegen Genozid, das erste Urteil, in dem Vergewaltigung und sexuelle Gewalt als konstitutive Handlungen im Rahmen des

Genozids anerkannt wurden, und das erste, das eine weitere Definition von Vergewaltigung formulierte, insofern als es sie als körperliches Eindringen sexueller Natur definierte, wodurch die mechanischen Beschreibungen und die erforderliche Penetration der Vagina durch den Penis als Kriterien wegfielen. Das Urteil besagte auch, dass erzwungene Nacktheit eine Form unmenschlicher Behandlung ist, und dass Vergewaltigung eine Form der Folter ist – und erwähnt den Fehler, sie als solche nicht in die Kategorie der Kriegsverbrechen zu fassen.

Mit Blick auf Vergewaltigungen und sexuelle Gewalt als Genozid ist das Akayesu-Urteil deshalb von Bedeutung, weil es erklärt, warum diese Handlungen ›in gleicher Weise konstitutiv für einen Genozid sind wie jede andere Handlung, die mit der klaren Intention vollzogen wird, eine bestimmte Gruppe, die als solche verfolgt wird, ganz oder teilweise zu zerstören‹. Das Urteil konzentriert sich auf die ethnische Verfolgung, die durch die sexualisierte Darstellung der ethnischen Identität produziert wird, wie Akayesu es selbst formuliert hat: ›Jetzt wollen wir mal sehen, wie die Vagina einer Tutsi-Frau schmeckt‹; und weist in diesem Kontext die Idee der Frauen als Beute selbst als eine Methode des Genozids aus. Das Urteil charakterisiert solche Verbrechen nicht nur als schwerwiegende Zufügung einer körperlichen und psychischen Beschädigung, wie es in der Anklageschrift heißt, sondern auch als ›integralen Teil eines Vernichtungsprozesses‹.« (ebd., S. 227)

Im Internationalen Ad-Hoc Tribunal für Ex-Jugoslawien »wurde Vergewaltigung als Folter und Sklaverei eingeordnet, und andere Formen der sexuellen Gewalt, wie die erzwungene Nacktheit oder sexuelle Darbietungen als unmenschliche Behandlung« (ebd., S. 230). Und dies war auch der Weg, auf dem eine Reihe von sexuellen Verbrechen schließlich als Tatbestand im *Römischen Statut* – der vertraglichen Grundlage für die Prozesse des Internationalen Strafgerichtshof – formuliert wurden.[20]

---

20 Dies ging einer Reihe von Initiativen auf unserem Kontinent voraus, die dadurch initiiert worden sind: Zum Beispiel der *Amicus Curiae*, den die Nichtregierungsorganisation *De Justicia* aus Kolumbien vor dem Ersten Strafgerichts-

Diese wichtige Einschreibung in die juristischen und forensischen Leitlinien spricht jedoch immer noch von dem, was ich als die Besetzung des Körpers der Frauen in Situationen der Konfrontation und Beherrschung eines *Pueblos* oder einer Fraktion durch eine andere bezeichnet habe. Und sie spricht nicht von ihrer direkten Auslöschung der qua ›Geschlecht‹ markierten Gruppe. Das heißt, das Verbrechen ›Femizid‹ steht immer noch nicht im Zentrum dieser Konzepte, die es weder in besonderer Weise berücksichtigen noch kenntlich machen. Wir müssen uns also jetzt darum bemühen, eine operationalisierbare Definition des Begriffs auf zwei Ebenen zu erarbeiten: auf nationaler Ebene, wo staatliche Foren Rechte formulieren, und auf internationaler Ebene, wo genozidale Verbrechen und Verbrechen gegen die Menschlichkeit verhandelt werden. Die Richtlinien des humanitären Völkerrechts sowie der Protokolle von Minnesota 1991 und Istanbul 1999 betrachten die sexuellen Kriegsverbrechen als Folterverbrechen und tragen damit positiv zur De-Privatisierung dieser Art von Angriffen bei, allerdings werden Frauen weiterhin als Teil einer im Konflikt gefallenen Gruppe definiert. Bei der Schaffung des Tatbestandes ›Femizid‹ hingegen geht es darum, ›Geschlecht‹ als Zentrum und Ziel der femizidalen und femi-geno-zidalen Aggression zu begreifen.

---

hof von Abancay hinsichtlich sexueller Vergewaltigung als Verbrechen gegen die Menschlichkeit im bewaffneten Konflikt in Peru vorgelegt hat (Uprimny Yepes et al 2008); die wichtigen Untersuchungen von argentinischen Wissenschaftlerinnen und ihren jeweiligen Teams wie María Sondereguer und Violeta Correa mit ihrem Projekt »Sexuelle Gewalt und geschlechtsspezifische Gewalt während des Staatsterrorismus« und Alejandra Oberti, die das Audio-Archiv von *Memoria Abierta* leitet; das von María Emma Wills geleitete Projekt der kolumbianischen Wissenschaftlerinnen Viviana Quintero Márquez und Silvia Otero, das 2007 bei *Colciencias* vorgestellt worden ist: »Wir hören nicht, was ihr Körper sagt. Wir sehen nicht, was ihr Körper zeigt. Staatliche Praktiken bei der Leichenschau weiblicher Körper im Kontext des bewaffneten Konflikts«; und Karen Quintero und Mirko Fernández von der Gender-Abteilung des Kolumbianischen Teams forensischer anthropolgischer Forschung (ECIAF) (beide haben nicht nur in Kolumbien, sondern auch in Guatemala und Ost-Timor geforscht; s. Otero Bahamón et al 2009, Fernández 2009). Das gemeinsame Ziel von all diesen Menschen ist es, sichtbar zu machen, was die Privatisierung der Sexualität in der modernen Ordnung und die daraus folgende ›Scham‹ von Richtern und Staatsanwälten nicht öffentlich werden lässt, das heißt das, was den Körpern jener Frauen widerfährt, die Opfer der neuen Kriege werden.

Wir müssen uns also nicht allein darum bemühen, den Begriff ›Femizid‹ in den machtvollen Diskurs des Gesetzes einzuschreiben und ihn dadurch mit symbolischer und performativer Wirksamkeit auszustatten, sondern auch um andere praktische Vorteile, die aus diesem Erfolg resultieren könnten. So würden spezifische Gesetze auch rigoros dazu verpflichten, detaillierte Protokolle für polizeiliche und rechtsmedizinische Gutachten zu etablieren. Mit ihrer Hilfe könnte man die Verschiedenartigkeit der Verbrechen gegen Frauen in allen möglichen Situationen angemessen untersuchen, auch in solchen, die den aktuellen Konzepten zufolge nicht als Kriegssituation oder Teil eines internen Konfliktes begriffen werden. Durch die Erfahrungen in Ciudad Juárez haben wir gelernt, dass eine adäquate Ausarbeitung solcher Erhebungsbögen unerlässlich ist, um die polizeilichen Ermittlungen zu leiten und dadurch die Straflosigkeit zu verringern.

Momentan werden die verschiedenen Arten von Gewalt gegen Frauen durcheinandergebracht und bei strafrechtlichen Ermittlungen nicht näher spezifiziert, wodurch eine große Menge an wichtigen Informationen verlorengeht, die aber für die Charakterisierung eines jeden einzelnen Falls und für seine Aufklärung unerlässlich sind.[21] Außerdem möchte ich betonen, dass der gemeine Menschenverstand und der Diskurs der Behörden dahingehend Druck ausüben, dass alle diese Verbrechen im Umfeld des Privaten verhaftet bleiben. Und das, obwohl es – wie oben dargelegt – ernstzunehmende Hinweise dafür gibt, dass geschlechtsspezifische Verbrechen in letzter Zeit einer De-Privatisierung unterliegen.

Trotz verschiedener Urteile, wie zum Beispiel jenem des *Interamerikanischen Strafgerichtshofs für Menschenrechte*, der im November 2009 gegen den mexikanischen Staat wegen Verletzung der Menschenrechte von drei Frauen Recht gesprochen hat, wurde leider »nicht er-

21 Vgl. zum Beispiel die Anzeige zu Mängeln im Gutachten im Bericht der Internationalen Expertenkommission der UN über die Mission in Ciudad Juárez, Chihuahua, das Berichterstatter Carlos Castresana im November 2003 dem UN-Büro für Drogen- und Verbrechensbekämpfung vorgelegt hat (Vereinte Nationen 2003).

reicht, dass der Gerichtshof den Begriff ›Femizid‹ anerkennt«.[22] Die Richterin Cecilia Medina Quiroga sagte in einem Interview mit Mariana Carvajal (das am 21. Dezember 2009 in der argentinischen Tageszeitung *Página/12* veröffentlicht wurde), dass es sich hierbei »um das erste Urteil (dieses Gerichtshofes) in einem Fall geschlechtsspezifischen Mordes an Frauen« handele, in dem »der Staat die Verantwortung trägt«, und zwar unabhängig davon, dass das Gericht nicht hatte belegen können, dass die Verbrechen von staatlichen Agenten begangen worden waren. Trotzdem, so stellte die Richterin fest, sei es »für den Gerichtshof schwierig, dieses Wort [Femizid] zu benutzen, weil es in der Wissenschaft und im Aktivismus zahlreiche Definitionen davon gibt und es daher nicht richtig wäre, sich an einer von diesen zu orientieren«. Hier sehen wir also die Folgen der begrifflichen Ungenauigkeit für die normative Unbestimmtheit des Konzeptes. Und einmal mehr zeigt sich das Verhältnis zwischen den begrifflichen und juristischen Dimensionen sowie der Einfluss beider auf die Wirksamkeit des Gesetzes.

22 Esmeralda Herrera Monreal, Claudia Ivette González und Laura Berenice Ramos Monárrez wurden tot und mit Indizien sexualisierter Folter am 6. und 7. November 2001 in der als *Campo Algodonero* bezeichneten Gegend von Ciudad Juárez aufgefunden. Tage nach dem Urteil des *Interamerikanischen Strafgerichtshofs*, am 28. November, wurde Jesús Alfredo Santos Portillo, 27 Jahre alt, Schwiegersohn von Marisela Ortiz, Mitbegründerin und Co-Präsidentin der Nichtregierungsorganisation *Nuestras Hijas de Regreso a Casa*, ebenfalls in Ciudad Juárez ermordet: Und Flor Alicia Gómez López, 23 Jahre alt, Nichte von Alma Gómez Caballero von der Organisation *Justicia para Nuestras Hijas*, ereilte dasselbe Schicksal, nachdem sie im Dorf Tomochi entführt, vergewaltigt und gefoltert wurde. Es ist wichtig, diese Namen zu nennen, damit die Leser:innen das Ausmaß des Themas begreifen.

Bedingungen für die Aufnahme des Verbrechens ›Femizid‹ in die nationalstaatliche Rechtsordnung und des ›Femi-geno-zids‹ in die internationale Ordnung der Menschenrechte

Um den Begriff des ›Femizids‹ in das Lexikon des Rechts aufzunehmen, sind meines Erachtens zwei Elemente von Bedeutung: Erstens geht es um die Bestimmung einer vollumfänglich allgemeinen und systematischen Dimension dieser Verbrechen, wobei es hierbei zunächst gilt, die Voraussetzungen für eine solche Bestimmung zu schaffen. Zweitens und damit verknüpft ist die Aufgabe, ›Krieg‹ ausgehend von den neuartigen Szenarien, die sich in der Welt gegenwärtig ausbreiten, neu zu definieren.

Der erste Aspekt antwortet auf das Gebot der Systematik und des allgemeinen Charakters, die für eine Aufnahme des Tatbestands im Internationalen Strafrecht erforderlich sind, um das Konzept von ›Femizid‹ als »eine Reihe von Gewaltakten, die speziell auf die Auslöschung von Frauen aufgrund ihrer Eigenschaft als Frau abzielen« aufnehmen zu können. Dies ist, wie bereits dargelegt, nur dann möglich, wenn wir erstens rational begreifen, dass zwar das Mittel der Aggression sexueller Art ist, aber der Zweck der Aggression nicht sexueller Art ist, sondern in der Vernichtung bzw. Eliminierung besteht, die sich auf eine Kategorie bzw. ein ›genus‹ von Menschen bezieht (Segato 2013a, 2007b). Und wenn es uns zweitens gelingt, die ›Unpersönlichkeit‹ dieser Aggression zu begründen, das heißt, die subjektive Dimension in Begriffen einer allgemeinen, nicht personalisierbaren Absicht zu fassen – und zwar sowohl hinsichtlich der Motive des Angreifers, als auch hinsichtlich des Verhältnisses zwischen ihm und seinem Opfer. Zur Begründung dieser ›Unpersönlichkeit‹ gehört die Entwicklung einer rhetorischen Strategie, die Richter, Staatsanwälte und das Publikum davon überzeugt, dass Femizide Verbrechen gegen ein ›genus‹ sind.

Innerhalb der feministischen Strömungen zeichnet sich ein Thema ab, das Gegenstand einer noch zaghaften, aber bereits angelaufenen Debatte ist: Sollten wir in diese Kategorie alle Morde an Frauen aufnehmen, ganz gleich, ob sie im häuslichen Umfeld geschehen, von Serienmördern verübt werden oder das sind, was ich als ›öffentlich‹ bezeichnet habe? Oder sollten wir ganz speziell diese ›öffentlichen‹ Verbrechen betrachten, damit die Kategorie wirksam werden kann? Natürlich kann man argumentieren, dass jedes einzelne geschlechtsspezifische Verbrechen eine Dimension der ›Unpersönlichkeit‹ und des gattungsbezogenen Antagonismus aufweist, die aus der hierarchischen und patriarchalen Machtstruktur resultiert. Diese Struktur, die wir ›Geschlechterverhältnis‹ nennen, ist als solche ›von Natur aus gewalttätig‹ und potenziell genozidal, und zwar aufgrund der Tatsache, dass die männliche Position – als ein erworbener Status – nur dann erreicht und als solche aufrechterhalten werden kann, wenn eine oder mehrere Dimensionen von Potenz, also miteinander verknüpfte Formen der Herrschaft ausgeübt werden: sexuell, kriegerisch, intellektuell, politisch, ökonomisch und moralisch. Das bedeutet, dass die Männlichkeit als Attribut in zyklischen Abständen bewiesen und aufs Neue bestätigt werden muss. Für den Fall, dass dieser Imperativ der neuerlichen Bestätigung der dominanten Position durch ein Verhalten bedroht wird, das diese Position gefährden könnte, kann die individuelle Emotionalität und die besondere Zuneigung in einer Zweierbeziehung zwischen Mann und Frau, die eine ›Liebesbeziehung‹ ist, ausgesetzt werden, um diesen Zweck zu gewährleisten. Der Rückgriff auf eine Aggression impliziert daher, auch im häuslichen Bereich, die Aufhebung aller anderen persönlichen Bindungsdimensionen, um so Platz für die allgemeine und unpersönliche Struktur zwischen den Geschlechtern und das männliche Mandat der Herrschaft zu schaffen. Genau das ist es, was uns mit Katherine MacKinnon daran zweifeln lässt, dass es für die Geschlechter »Zeiten des Friedens« geben kann (MacKinnon 1993).

Möglicherweise liegt es am wachsenden Verständnis dieser allgemeinen Dimension der Verbrechen gegen Frauen, dass – zumindest in den lateinamerikanischen Ländern – der gemeine Menschenverstand und die Medien heutzutage häufig und auf undifferenzierte und auswechselbare Art und Weise die Begriffe ›Femizid‹ oder ›Feminizid‹ nutzen, um über die geschlechtsspezifisch motivierten Morde an Frauen in der Intimität einer Beziehung zu sprechen. Denn der gemeine Menschenverstand hat den von der costaricanischen Autorin Ana Carcedo eingeführten Gegensatz zwischen diesen beiden Begriffen weder rezipiert noch verstanden. Carcedos Gebrauch des Begriffs ›Femizid‹ unterscheidet sich im Übrigen von jenem der mexikanischen Autorin Marcela Lagarde. Grundsätzlich besteht das Problem darin, dass der Begriff zwar einerseits dazu beiträgt, dass das Publikum das Ausmaß der misogynen Verbrechen begreift, dass er aber andererseits die Privatisierung geschlechtsspezifischer Gewalt verstärkt und so die Wahrnehmung der gleichen Gewalt in anderen Szenarien erschwert. Trotzdem ist es genau diese Wahrnehmung geschlechtsspezifischer Gewalttaten in anderen Szenarien – seien es öffentliche oder kriegerische – durch die der Druck aufgebaut werden könnte, um die in der Gesellschaft allgemein geteilte Vorstellung zu verändern. Und zwar in Richtung eines Verständnisses von ›Geschlecht‹ als einer Dimension der menschlichen Existenz, die nicht privat und partikular ist, sondern eine öffentliche, eine politische Dimension besitzt und somit auch eine, die ganz grundsätzlich Einfluss auf die Geschichte der Kollektivitäten nimmt.

Zum anderen wird es – solange die patriarchale Vorgeschichte der Menschheit nicht der Epiphanie einer neuen zu Ära weichen beginnt oder wir bislang ungeahnte rhetorische Fähigkeiten an den Tag legen – schwierig sein, dass die Menschen akzeptieren, dass diese Verbrechen die Auswirkungen und das Ausmaß eines Genozids haben, wenn man auf diesem Weg der Privatisierung des Konzepts von ›Femizid‹ fortschreitet. Denn unsere Vorstellungskraft ist durch die unangebrachte Idee formatiert, das Öffentliche und das Private stünden in einer hierarchischen Beziehung zueinander, und nur Ersteres sei von allgemeinem Interesse, während Letzteres nur eine Partialität, eine Partikularität, ein wahrhaftes Überbleibsel sei. Wenn wir allerdings beweisen könnten, dass es geschlechtsspezifische Verbrechen gibt, die in öffentlichen und kriegerischen Szenarien absolut präsent sind, würde diese Feststellung den kollektiven Blick beeinflussen und Druck dahingehend erzeugen, dass die Geschlechterverhältnisse ebenfalls auf einer Ebene allgemeinen Interesses und universellen Werts verhandelt werden. Diese Überlegung ist strategischer Natur, beinahe didaktischer, und aus ihr resultiert eine Gegenrhetorik, welche die privatisierenden

Bemühungen des patriarchalen gemeinen Menschenverstandes kompensiert und umkehrt.

Der perverse und ungerechte Charakter dieses Spiels zwischen öffentlich/universell und privat/partikular, sein negativer Einfluss auf die Bewertung geschlechtsspezifischer Aggressionen und seine Anerkennung durch die Öffentlichkeit und die Justiz kann anhand zwei sehr unterschiedlicher Beispiele belegt werden. Zum einen durch den jüngsten Rückschlag für das *Maria da Penha-Gesetz* gegen häusliche Gewalt in Brasilien: Nach mehreren Berufungseinsprüchen hat sich der Oberste Gerichtshof zugunsten des Verständnisses von häuslicher Gewalt – Körperverletzungsdelikte, die als geringfügig gelten und im häuslichen Umfeld verübt werden – als Verbrechen öffentlicher Natur unter der Bedingung ausgesprochen, dass das Opfer aktiv wird, (bezogen auf eine Anzeige bzw. die Vertretung der Geschädigten oder des Opfers, das in der öffentlichen Verhandlung davon zurücktreten kann, oder – was nicht selten geschieht – durch den Richter dazu aufgefordert wird). Dabei sollte häusliche Gewalt bedingungslos eine öffentliche Handlung darstellen, das heißt zwingend in die Zuständigkeit der staatlichen Gerichtsbarkeit fallen.[23] Eine derartige bedingungslose Zuständigkeit war genau das, was mit dem Gesetz von 2006 angestrebt worden war, und in der Tat war dies der größte Fortschritt in Hinblick auf die eigentlichen rechtlichen Auswirkungen. Das zweite Beispiel ist die interessante Arbeit von Natalia Cabanillas über die Zeugenaussagen von Frauen vor der Wahrheits- und Versöhnungskommission in Südafrika nach der Apartheid. Die Autorin belegt, dass sich die Frauen, obschon sie zwischen 53 und 60 Prozent der Zeugenaussagen abgegeben haben, aus dem Zentrum der nationalen Meta-Erzählung herausgedrängt und auf die Position des Opfersubjekts am Rande dieser Erzählung geschoben fühlten – und das, weil ihre Erfahrungen privatisiert und sexualisiert wurden. Sie wurden, so die Interpretation der Autorin, von einer politischen auf eine private Ebene verschoben, obwohl sie eine Position als vollwertige politische Akteurinnen gefordert hatten (Cabanillas 2011). Es lohnt sich, ein Zitat eines resümierenden Beitrags der Autorin zu betrachten:

---

23 Ich danke dem Anwalt und Juristen César Augusto Baldi für seine diesbezüglichen Anmerkungen.

»Als die Wahrheits- und Versöhnungskommission die Anhörungen der Frauen als einen ›speziellen‹, ›geschützten‹ Raum getrennt einrichtet, damit sie ›zu ihrer Verteidigung‹ sprechen könnten (Final Report, Vol. 5, Special Hearings 1998), entwirft sie damit eine besondere Form der Genderisierung, in der die Sexualisierung der Gewalt gegen Frauen dominiert. Man ging davon aus, dass die Frauen zwangsläufig stärker unter der sexuellen Gewalt gelitten hätten als die Männer. Und da es sich um diese, ›die traumatischste‹ Form von Gewalt gehandelt hatte, glaubte man, es sei allem voran notwendig, die Frauen zu ermutigen, vor der Kommission über diese Vorfälle auszusagen. Andere Formen der Gewalt gegen Frauen wurden somit vernachlässigt bzw. man maß ihnen weniger Bedeutung zu [...] der Schwerpunkt wurde auf Vergewaltigungen und genitale Folter gelegt.« (Cabanillas 2009)

Ohne hier den Raum für eine eingehendere Analyse zu haben, verstehen wir gleichwohl, dass der Angriff mittels einer Vergewaltigung die Erfahrung von Gewalt privatisiert, und die Politisierung der Vergewaltigung darauf abzielt, die weibliche Erfahrung zu deprivatisieren. Man muss sich allerdings darüber im Klaren sein, dass der bloße Wille in der Argumentation nicht ausreicht: Das Ziel, diese sogenannten geschlechtsspezifischen Angriffe zu universalisieren, wird überhaupt nur dann realistisch, wenn die tektonischen Platten in Bewegung geraten, die der kollektiven Vorstellung zugrunde liegen. Aus diesem Grund und zu diesem Zweck ist es von größter Bedeutung, uneingeschränkt darauf zu insistieren, dass die Vergewaltigung, insbesondere im kriegerischen Kontext, keine sexuelle Gewalt darstellt, sondern Gewalt ›mit sexuellen Mitteln‹.

Wir könnten auch noch ein drittes Beispiel anführen, das für unser Thema – die Tendenz, geschlechtsspezifische Aggressionen in eine häusliche und privatisierte Richtung abzuschieben – besonders relevant ist. Es handelt sich um das Votum der Richterin Cecilia Medina Quiroga im Rahmen des Urteils des *Interamerikanischen Gerichtshofs für Menschenrechte*, in dem es heißt: »Ich bin mit der Tatsache, dass der Gerichtshof die an den Opfern verübten Handlungen nicht als Folter gewertet hat, nicht einverstanden [...]. Die Beschreibung des

Zustands der Leichen [...], die Tatsachen hätten als Folterhandlungen eingestuft werden können«. Die Richterin hat also, mit ihrem abgesetzten Votum, den Verzicht auf den Begriff ›Folter‹ erneut angefochten, und zwar mit streng fachlich-juristischen Argumenten, die sich an der internationalen Rechtsprechung zu Menschenrechten orientieren und darauf gründen. In meiner hier vorgeschlagenen Argumentation reicht es momentan aus, das Schweigen zu betonen, das heißt die begriffliche Kluft, die dafür sorgt, dass diese Verbrechen im Umgang mit dem Körper der Opfer immer wieder in Richtung der sexuellen Sphäre – und so ins Private und Häusliche – abgeschoben werden, indem ihnen der Begriff verweigert wird, der diese Fälle auf definitive Art und Weise im Raum der Öffentlichkeit und des universell Relevanten verorten würde: Folter, wenngleich sexueller Art.

Wie bereits an anderer Stelle dargelegt, kann man im paradigmatischen Fall von Ciudad Juárez an einer Sache festhalten, und zwar ohne jegliche Sorge, damit falsch zu liegen. Ich habe es als »Willen zur Undifferenziertheit« seitens der Behörden und Medien beschrieben, die immer wieder vermelden: »Noch ein Verbrechen mit sexuellem Motiv« oder »Es ist sehr schwer, die Anzahl der Sexualverbrechen zu reduzieren«. Damit bringen sie einmal mehr das Offensichtliche durcheinander und führen die Öffentlichkeit in die Irre, indem sie diese auf eine Fährte führen, die ich für falsch halte. Ich würde diesem ›Willen zur Undifferenziertheit‹ hier gern eine zweite Dimension hinzufügen, die nicht in der Praxis des Durcheinanderbringens von polizeilichen und gutachterlichen Untersuchungsberichten aufgeht. Dieser zweite Aspekt bezieht sich auf eine andere Verschleppungstaktik der lokalen Mächte, die darauf abzielt, in der kollektiven Vorstellungskraft diskursiv zu verankern, was ich hier als ›Privatisierung‹ aller Verbrechen beschrieben habe, unter denen der sexuelle Missbrauch nur eine der Formen des Angriffs ist.

Kommen wir also nun zur Analyse der Bedingungen zurück, die für die Formulierung der juristischen Kategorie für Morde an Frauen aus geschlechtsspezifischen Motiven relevant sind. Ich möchte betonen, dass es mit Blick auf eine größere Effizienz der Ermittlungen immer vonnöten sein wird, detaillierte und radikal ausdifferenzierte Protokolle zu verlangen, die es uns ermöglichen, Informationen über die Täter zu erfassen, und zwar sowohl über jene mit persönlichen Motiven, als auch über jene, die im unpersönlichen, femi-geno-zidalen Kontext agieren. Das gilt auch dann, wenn wir es weiterhin als sinnvoll erachten, in der Gesamtheit, die wir ›Femizid‹ nennen, sowohl die Verbrechen, die dem Prinzip der Unpersönlichkeit folgen, als auch jene, die im häuslichen Kontext verübt werden, einzuschließen. Und auch dann, wenn es uns gelingen sollte, den verallgemeinerbaren und öffentlichen Charakter der Verbrechen im häuslichen Kontext nachzuweisen. Diese beiden Arten von Gewalt sind strukturell unterschiedlich und können nur mit Hilfe von sehr spezifischen Untersuchungsstrategien entschlüsselt werden. Nur ihre klare Trennung in den polizeilichen Ermittlungsprotokollen kann die erforderliche Sorgfalt garantieren, welche die Justiz im Bereich internationaler Menschenrechte einfordert. Aus diesem Grund scheint es mir sinnvoller, einige tatbestandliche Merkmale des ›Femizids‹ auszuwählen, die die Charakteristik des ›Femi-geno-zid‹ als allgemeines, systematisches, unpersönliches und jenseits der Intimität des Angreifenden verübtes Verbrechen vor allem für die Augen des patriarchalen gemeinen Menschenverstands von Richtern, Staatsanwälten und der Öffentlichkeit fassbar machen.

Ohne eine solche Erfassung des Tatbestands und die entsprechende Anpassung der gutachterlichen Untersuchungsprotokolle, werden wir uns immer weiter im Kreis drehen. Denn die Kriminaltechniker werden nicht feststellen können, ob es sich bei einem Verbrechen um einen Femizid handelt, wenn es keine festgelegten Richtlinien gibt, um ihn zu identifizieren, und die Formulare mit den entsprechenden Fragen nie entworfen worden sind, eben weil das Verbrechen nicht als Tatbestand erfasst ist.

Das zweite zu berücksichtigende Element sind die Veränderungen der Kriegsszenarien in der gegenwärtigen Welt. Eine genauere Unterscheidung der Kategorie ›Femizid‹ als spezifisches an Frauen verübtes Verbrechen zeigt die Veränderungen in den Kriegspraktiken auf, indem sie die Folgen für die Körper der Frauen und die Arten und Weisen der ausgeübten Gewalt benennt. Dies erfordert ein adäquates Verständnis und eine entsprechende Darstellung der historischen Brüche, die im Bereich der Kriege stattgefunden haben.

Die neuen Formen des Krieges der dritten oder vierten Generation, die als nicht-konventionell und informell beschrieben worden sind, werden durch die organisierte Kriminalität, repressive Kriege, sogenannte ›interne Kriege‹ innerhalb von Ländern oder ›bewaffnete Konflikte‹ verursacht. Sie weisen einen geringen Formalisierungsgrad auf, es existieren weder Uniformen noch Abzeichen oder Banner, ebenso wenig staatlich begrenzte Territorien, Rituale oder Zeremonielle für Sieg oder Niederlage, wobei letztere immer provisorischer und instabiler Natur sind. In dieser neuen Art des Krieges stehen sich folgende Gruppen gegenüber: Fraktionen, Banden, Maras, Cliquen, Gangs, Stammesgruppen, Mafias sowie parastaatliche und staatliche Kräfte verschiedener Art, zu denen auch Beamte der sogenannten staatlichen ›Öffentlichen Sicherheit‹ gehören, die in der Ausübung ihres Ermessensspielraums chronisch ein zweifaches Register ziehen. Aus diesem Grund habe ich die Morde an Frauen, die in dieser Art diffuser Kriegsszenarien stattfinden, als korporative Verbrechen bezeichnet, denn die Verantwortung ist korporativ und die Täter sind bewaffnete Mitglieder einer Korporation, die einem Mandat derselben folgen.

Das internationale Recht wird sich mit den Kriegsverbrechen, die in diesen gegenwärtig verbreiteten kriegerischen Auseinandersetzungen stattfinden, und insbesondere mit den systematischen Formen der Angriffe auf die Körper der Frauen, die in den umstrittenen Hoheitsgebieten leben, befassen müssen. Wie ich bereits vorweggenommen habe, ist das, was in diesen Szenarien geschieht, nicht die Annexion und Besetzung der Frauenkörper in den eingenommenen Territorien, sondern ihre Folterung und Zerstörung.

In diesen Kriegen mit niedrigem Formalisierungsgrad scheint sich eine Konvention bzw. eine Art Code zu verbreiten: die Bestätigung der Macht zu töten unter verfeindeten Fraktionen mittels einer – wie ich es genannt habe – »Einschreibung auf die Körper der Frauen«, in allgemeiner Art und Weise, aufgrund der Verbindung der Frau zum feindlichen Hoheitsgebiet und als wirkmächtiger Beleg eines flüchtigen Sieges über die Moral des Feindes (Segato 2013a). Aber warum gegen die Frauen und warum durch sexualisierte Formen der Aggression? Weil in der Gewalt mit sexuellen Mitteln die moralische Zerstörung des Gegners bestätigt wird, wenn sie nicht durch die öffentliche Unterzeichnung einer formalen Kapitulationsurkunde inszeniert werden kann. In diesem Kontext ist der Körper der Frau die Kulisse oder der Rahmen, in den die moralische Niederlage des Gegners eingeschrieben wird. Man muss immer wieder daran erinnern, dass es sich hier nicht um sexuell motivierte Verbrechen handelt, wie es die Medien und die Behörden stets wiederholen, um diese Praktiken zu banalisieren, sondern vielmehr um Kriegsverbrechen in einem Krieg, der dringend neu definiert werden muss.

Abschließend noch eine letzte Überlegung zu einer anderen Art der Auslöschung des ›genus‹ Frau, die angesichts der Unpersönlichkeit und des Ausmaßes in die Kategorie des ›Femi-geno-zids‹ eingeschlossen werden sollte, obschon sie nicht aus dem Kontext eines Krieges stammt. Ich beziehe mich auf die ›Nahrungsmittel-Gewalt‹ – so möchte ich es hier bezeichnen – als eine Modalität geschlechtsspezifischer Gewalt in einem doppelten Sinne: materiell und symbolisch. Materiell, weil sie die Frauen in materieller Hinsicht angreift, wenn sie die Ernährung des Vaters und der Söhne einer Familie privilegiert; und symbolisch, weil sie, indem sie zuerst die Männer der häuslichen Gruppe ernährt, deren höheren sozialen Wert im Vergleich zu den Frauen ausdrückt, und diese Botschaft der geringeren Wertschätzung von den Frauen und Mädchen vom frühesten Alter an wahrgenommen wird. Die systematische Unterernährung führt zu Mangelerscheinungen und, in Zeiten der Not, zum Tod. Der Wirtschaftsnobelpreisträger Amartya Sen veröffentlichte 1990 seine Schätzung von 100 Millionen Frauen, die in Asien aufgrund von Diskriminierung und den daraus resultierenden Formen der Aggression, wie des Schwangerschaftsabbruchs, der Aussetzung weiblicher Säuglinge oder der Unterernährung fehlen (Sen 1995). Dieser Genozid an Frauen ist systematisch und unpersönlich. »Die weltweite Gewalt gegen Frauen ist bereits ein weiterer Holocaust«, hat Ayaan Hirsi Ali im März 2004 die Zahlen kommentiert, die in einer Veröffentlichung des *Genfer Zentrums für die demokratische Kontrolle der Streitkräfte* (DCAF) publiziert wurden: »Weltweit sind zwischen 113 und 200 Millionen Frauen demografisch ›verschwunden‹« (Hirsi Ali 2006).

Es wäre außerdem noch sorgfältig zu prüfen, ob man das Verbrechen des erzwungenen Frauenhandels in die Kategorie des ›Femi-geno-zids‹ aufnehmen sollte, denn er beinhaltet in vielen Fällen Freiheitsentzug, Misshandlung, erzwungene Vertreibung sowie die Vergiftung durch chemische Substanzen, die schwere körperliche Schäden oder den Tod der Frauen zur Folge haben kann.

Zusammenfassend schlage ich vor, dass die Kategorie ›Femizid‹ – vorausgesetzt sie ist angemessen definiert und die Untergruppen, aus denen sie besteht, sind festgeschrieben – im Rahmen der staatlichen Rechtsprechung für alle Verbrechen verwendet wird, die im Bereich der Geschlechter begangen werden, die sich in zwischenmenschlichen Kontexten ereignen, ferner für jene, die durch Akteure begangen werden, deren Motive persönlicher Natur sind. Zum anderen sollte die Kategorie ›Femizid‹ auf die Ebene des ›Femi-geno-zids‹ gehoben werden, um sie im internationalen Recht, das sich um Verbrechen gegen die Menschlichkeit und Genozide kümmert, zu verankern. Hier müssen die Verbrechen unpersönlicher Natur berücksichtigt werden, die weder in Bezug auf eine Beziehung noch auf die Motive des Täters personalisiert werden können.

Der Umstand, dass Frauen sich in Lateinamerika in den Medien und der Alltagssprache immer häufiger des Ausdrucks ›Femizid‹ bedienen, übt unmittelbar Druck aus, diesen Begriff im Gesetz zu verankern und die Interessengemeinschaft, die in diesen Protesten zum Ausdruck kommt, auch als solche zu erfassen und anzuerkennen. So weist die häufigere Nutzung des Begriffs darauf hin, dass es unerlässlich ist, die Besonderheit und Neuartigkeit des Verbrechens ›Femizid‹ präzise zu definieren; insbesondere angesichts der Belege für das den Frauen zugefügte Leid und angesichts der höchst diskursiven Natur des Gesetzes, und nicht zuletzt auch mit dem Ziel, die Untersuchungsprotokolle effizienter zu gestalten. Das »Sondergesetz für ein gewaltfreies Leben der Frauen« – im November 2010 vom Parlament El Salvadors verabschiedet und momentan das jüngste derartige Gesetz auf dem Kontinent – das in Artikel 45 ›Femizid‹ definiert, ist bereits ein Fortschritt: »Tod einer Frau, der durch Hass oder Geringschätzung ihres Status als Frau motiviert ist«. Dem Artikel ist eine Liste von Verhaltensweisen hinzugefügt worden, die als Beweis der

Motivation des Hasses oder der Geringschätzung gelten: »dass dem Tod eine durch den späteren Täter verübte gewalttätige Handlung vorausging, unabhängig davon, ob diese vom Opfer angezeigt worden ist oder nicht; dass der Täter irgendeinen heiklen Moment oder eine physische oder psychische Vulnerabilität, in der das weibliche Opfer sich befunden hat, ausgenutzt hat; dass der Täter die Überlegenheit, die aus der ungleichen geschlechtsspezifischen Machtbeziehung resultiert, ausgenutzt hat; dass der Täter an der Frau vor dem Tod irgendeine Handlung vorgenommen hat, die als Delikt gegen die sexuelle Freiheit eingestuft werden kann; dass dem Tod eine Verstümmelung vorausgegangen ist.« Das neuerliche Bemühen um die Erfassung eines Tatbestandes, das dieses elsalvadorianische Gesetz belegt, ist sehr hilfreich – sowie übrigens auch andere Teile des Textes es wert wären, im Detail betrachtet zu werden.

Der Begriff ›Femigenozid‹ würde also jenen Verbrechen vorbehalten bleiben, die aufgrund ihres systematischen und unpersönlichen Charakters das spezifische Ziel der Vernichtung von Frauen (und weiblich markierten Männern) haben, weil sie Frauen sind, ohne dass, wie oben ausgeführt, das Motiv des Täters oder das Verhältnis zwischen Täter und Opfer personalisiert oder individualisiert werden kann. Zu dieser Charakteristik gesellt sich ein weiteres, mit ihr verknüpftes Merkmal, das nichts Geringeres ist, als die Vielzahl der Opfer im Verhältnis zur Anzahl der Täter. Denn das, was wir hier ›Femi-geno-zid‹ nennen, hat einen systematischen und sich wiederholenden Charakter, der aus den gemeinsamen Normen innerhalb der bewaffneten Fraktion resultiert, die sie verübt. Dies unterscheidet sie von jenen Verbrechen, die in zwischenmenschlichen Kontexten oder aus subjektiven Motiven, wie zum Beispiel im Fall von Serienmördern, begangen werden.

Der Kategorie ›Femizid‹ würden wir folglich allen misogynen Verbrechen zuordnen, denen Frauen zum Opfer fallen, sowohl im Kontext von Geschlechterverhältnissen zwischenmenschlicher als auch unpersönlicher Art. Das Partikel *-geno-* würden wir einfügen, um jene Femizide zu bezeichnen, die sich mit ihrer Tödlichkeit gegen die Frau als ›genus‹, das heißt, als Geschlecht bzw. Gattung richten, und zwar unter unpersönlichen Bedingungen.

Wie bereits gesagt: Jede Form von Gewalt gegen Frauen wird durch die kollektive Vorstellung in die Schublade des Häuslichen, Privaten und Partikularen gesteckt und dort einbehalten. Einerseits wäre es von Vorteil, alle Morde an Frauen aus geschlechtsspezifischen Motiven unter der Bezeichnung ›Femizid‹ oder ›Feminizid‹ zusammenzufassen, denn dies würde die enorme Anzahl der gewaltsamen Tode in ihrer Summe verdeutlichen. Andererseits können wir durch die Betonung der Tatsache, dass es einen Typus von Frauenmorden gibt, dessen Kontext durch Unpersönlichkeit markiert ist – und deren Anzahl übrigens steigt – den patriarchalen gemeinen Menschenverstand auf den öffentlichen Charakter dieser weiblichen Erfahrung hinweisen und so die Viktimisierung der Frauen als Problem von allgemeinem Interesse validieren. Das könnte dazu beitragen, dass der öffentliche Blick sich daran gewöhnt, alle Verbrechen gegen Frauen als ein Problem allgemeinen Interesses wahrzunehmen. Indem wir eine Art der geschlechtsspezifischen Aggression als Form der Zerstörung unpersönlicher Art sichtbar machen und in die Rechtsordnung der internationalen Menschenrechte einbringen, werden wir also auch Druck auf die kollektive Vorstellungkraft ausüben, die Rolle der Frau und des Weiblichen in den Machtbeziehungen zu deprivatisieren und aus dem Häuslichen herauszuholen.

Kapitel 6

Fünf feministische Debatten. Gewalt gegen Frauen anders denken

Im Jahr 2003 habe ich *Die elementaren Strukturen der Gewalt* veröffentlicht, ein Buch, in dem ich geschlechtsspezifische Gewalt universalistisch betrachtet habe, oder besser gesagt, auf eine Art und Weise, die nach den am längsten bestehenden Aspekten der Geschlechterstruktur sucht. Darin lege ich dar, dass ›Geschlecht‹ eine Geschichte hat, die genauso lang ist wie die Geschichte der Spezies; eine sehr langsam fortschreitende Geschichte, sehr viel langsamer zum Beispiel als die Mentalitätsgeschichte. Die Zeit dieser Geschichte ist nahezu kristallisiert; es scheint eine natürliche Zeit zu sein. Deshalb ist es so schwer, an der Unterdrückung des Geschlechts etwas zu verändern. An dieser Vorstellung halte ich weiterhin fest, aber im Laufe der Zeit ist es mir gelungen, ›Geschlecht‹ zu historisieren und so der Kategorie eine radikale Wende zu geben.

Die besagte Langsamkeit zeigt sich auch in der Gegenwart. Trotz einer Vielzahl von Kämpfen, Gesetzen, öffentlichen Maßnahmen und Institutionen nimmt die geschlechtsspezifische Todesrate weiter zu. Doch nicht nur die Anzahl tödlicher Verbrechen steigt, auch die mit ihnen verbundene Grausamkeit. Etwas Ähnliches geschieht auf dem Gebiet nicht-tödlicher Gewalt gegen Frauen: Es gelingt uns nicht, sie einzudämmen. Viele Gegner unserer Kämpfe behaupten, man könne die Vergangenheit nicht mit der Gegenwart vergleichen, weil die Frauen heute häufiger Anzeige erstatten. Auf dem Feld der tödlichen Gewalt – dort, wo es einen Körper gibt, wo es eine Leiche gibt – kann man auch bei einer gewissen Fehlerquote sicher sein, dass die Anzahl dieser Delikte nicht nur nicht sinkt, sondern im prozentualen Vergleich zur Gesamtbevölkerung immer weiter zunimmt. 2012 wurde in Brasilien alle zwei Stunden eine Frau getötet. Im Verhältnis zur brasilianischen Bevölkerung war dies bereits ein sehr hoher Anteil. Im folgenden Jahr wurde alle anderthalb Stunden eine Frau getötet.

Ähnliche Entwicklungen konnten wir in den vergangenen Jahren in Mittelamerika beobachten.

Auf dem anderen Feld, jenem nicht-tödlicher Gewalt, kann man das optimistische Argument, dass es heute zu mehr Anzeigen wegen Vergewaltigungen und häuslicher Gewalt kommt, in der Tat akzeptieren, denn zuvor wurden diese Gewalttaten von vielen Menschen und in verschiedenen Gegenden als Teil des Alltags verstanden, weshalb die Frauen sie nicht zur Anzeige brachten. Trotzdem muss man festhalten, dass es uns nicht gelingt, diese Gewalttaten einzudämmen. Die Vorstellung von ›Geschlecht‹, die wie ein Nährboden unter dieser Gewalt liegt, ist intakt. Es gibt keinerlei Anzeichen dafür, dass durch unsere Kämpfe oder staatlicherseits mit Gesetzen diesen Formen nicht-tödlicher Gewalt Einhalt geboten werden kann.

›Geschlecht‹ ist also ein sehr hartes, schwer zu zerschlagendes Gebilde; es scheint, als habe es keine Geschichte. Als Person, die seit vielen Jahren über ›Geschlecht‹ nachdenkt, ist eine meiner Schwierigkeiten, die Geschichte darin unterzubringen. Denn eine Sache ist es, zu behaupten, ›Geschlecht‹ sei nicht natürlich, sondern kulturell und vollständig historisch, eine andere und sehr diffizile Sache aber ist es, die Geschichte im ›Geschlecht‹ zu verorten. Es ist keine leichte Aufgabe gewesen – zumindest für mich nicht.

Was hier folgt, sind fragmentarische Aufzeichnungen meiner diesbezüglichen Bemühungen; Aufzeichnungen der vergangenen zehn oder mehr Jahre, seit der Veröffentlichung des eingangs genannten Buches. Und weil ich überzeugt bin, dass man am besten in der Auseinandersetzung denkt, stelle ich sie in Form von fünf Meinungsverschiedenheiten zwischen Feministinnen dar. Sie haben sich seit 2003 in Debatten bei verschiedenen Veranstaltungen und Diskussionsforen entwickelt, bei denen ich meine Ideen dargelegt habe. Divergenzen fordern zum Nachdenken auf, sie bringen die Gedanken in Bewegung und lassen uns intensiver reflektieren – daher sind sie nützlich.

Ich lege meine fünf abweichenden Positionen hier in der chronologischen Reihenfolge dar, in der sie sich in meinem Denken herausgebildet haben. Erst kürzlich ist mir klargeworden, dass sie Aspekte der gleichen Sphäre, des gleichen Universums von Fragen sind, und in Wahrheit glaube ich, dass sie eng miteinander verbunden sind. Es sind Teile einer einzigen und unteilbaren Debatte. Ich bin mit meinen Überlegungen bislang zu keinem Ende gekommen – was ich hier vorstelle, ist also ein Denken ohne *conclusio*. Aber ich habe den Eindruck, dass hinter den Meinungsverschiedenheiten eine einzige Struktur steht, die unter bestimmten Bedingungen zu diesen divergierenden Positionen führt.

›Femizid‹ und ›Femi-geno-zid‹

Die erste dieser Auseinandersetzungen – und vermutlich die bekannteste für diejenigen, die meine Arbeit kennen – ist die, mit der ich mich in Ciudad Juárez konfrontiert sah. Ich bin damals von einigen Organisationen der Stadt dorthin eingeladen worden, weil das Modell des Mandats der Männlichkeit, das ich in *Die elementaren Strukturen der Gewalt* erarbeitet hatte, wie geschaffen schien, um die dortigen Verbrechen an Frauen zu verstehen. Wie gesagt handelt es sich um einen universalistischen Ansatz, der von dieser sehr langen Zeit handelt und darin Stammesgesellschaften, moderne und gegenwärtige Gesellschaften an der gleichen Stelle verortet; sie werden als ähnlich betrachtet. Ich argumentiere, unter anderem, dass der Frauenkörper die erste Kolonie ist, also dass die erste Kolonie in der Geschichte der Menschheit der Körper der Frau war. Das Buch handelt vor allem von Männlichkeit, von einem Mandat der Männlichkeit, von der männlichen Zunft, der Bruderschaft oder dem Männerbund – verstanden als ein Pakt, der Opfer und Opferungen braucht. Die Frau spielt dabei aufgrund des ihr zugewiesenen Ortes eine funktionale Rolle. Die Schlussfolgerung lautet, dass der männliche Pakt an sich bereits die Struktur des mafiösen Paktes, dieses Klubs, des Männerbundes, der Bruderschaft in sich trägt.

In Ciudad Juárez bin ich auf das gestoßen, was ich in meinem Essay *Die Einschreibung in den Körper der ermordeten Frauen von Ciudad Juárez* als ›Willen zur Undifferenziertheit‹ seitens der Medien, der Behörden, der Staatsanwaltschaft, der Polizei und der Gerichtsmediziner beschrieben habe (Segato 2013a). Die Art und Weise, in der man von den Verbrechen und den aufgefundenen Leichen spricht, ist genau davon gekennzeichnet: einem Willen zur Undifferenziertheit.

So tauchen in den Nachrichten immer wieder Beiträge über den Fund von Leichen auf: Todesfälle durch die Hand eifersüchtiger Ehemänner, wegen Schulden aus dem Drogengeschäft – die charakteristischen Massengräber und Frauenleichen von Ciudad Juárez werden alle auf die gleiche Weise präsentiert, alles geht durcheinander. Nachts sind alle Katzen grau.

Selbst die Podiumsdiskussion, an der ich in Ciudad Juárez teilgenommen habe, war gespalten: Einerseits diejenigen, die von der Viktimisierung der Frauen als einem einzigen Phänomen sprachen, und andererseits eine zweite, kleine Gruppe, eine Minderheit, in der wir begannen von der Notwendigkeit der Typifizierung zu sprechen, obschon nicht in der Art und Weise, wie man den Begriff normalerweise versteht. Die Mehrheit der Menschen versteht darunter ›tatbestandlich erfassen‹, also die Aufnahme des Begriffs ›Femizid‹ und der geschlechtsspezifisch motivierten Verbrechen in ein Gesetz. In diesem Fall vertraten wir in dieser Gruppe der Minderheit allerdings die Position, dass es notwendig sei, die Art und Weise, die Motive, die Kontexte, die weibliche Tötungsdelikte hervorrufen, zu unterscheiden, also die Verbrechen zu ›typifizieren‹. Alle Verbrechen gegen Frauen sind Teil der großen Symbolik der Geschlechter, der großen patriarchalen Struktur; sie alle fußen im Grunde auf der Geschlechterstruktur. Aber die Kasuistik führt dazu, dass wir einige Ermordungen von Frauen in ihrer ausnehmend besonderen Spezifik begreifen müssen. Warum? Weil wir sie nicht untersuchen können, wenn wir das nicht tun, es ist unmöglich.

Das ist es, was ich begriffen habe und in verschiedenen Texten verteidige, wie zum Beispiel in *Femi-geno-zid als Verbrechen im internationalen Menschenrechtsdiskurs: Das Recht, das Leid im Recht kenntlich zu machen* oder einem kürzeren mit dem Titel: *Femigenozid und Femizid: Ein Vorschlag zur Typifizierung* (Segato 2011, 2012). Der Gedanke ist folgender: Wir können Verbrechen wie sie in Ciudad Juárez sichtbar geworden sind, ganz gleich ob sie sie dort oder an an-

* Anm.d.Ü.: Im Orig.: tipificar, was sowohl ›typifizieren, klassifizieren‹, als auch im juristischen Sinne ›tatbestandlich erfassen, den Tatbestand darstellen‹ bedeutet.

deren Orten geschehen, nicht untersuchen, wenn wir nicht spezifische Protokolle und Verfahrensweisen dafür haben. Wir können sie nicht mit der gleichen polizeilichen Methode betrachten, und die Richter können nicht die gleichen Maßstäbe anlegen, mit denen sie zum Beispiel einen tötenden Ehemann verhaften oder über einen Frauenmord im häuslichen Raum oder in zwischenmenschlichen Beziehungen ihr Urteil fällen. Und genau das dringt in der feministischen Bewegung nicht durch. Ich habe eine ganze Reihe solcher Arbeiten zum Thema ›Femizid‹ gelesen, und ich wurde sogar von Personen, die die Idee dieser Differenz nicht erfassen, gebeten, sie zu begutachten.

Es mangelt uns an Verfahrensweisen im Falle von Verbrechen an Frauen in einem Raum ohne Beziehung, in einem Raum, in dem es keinerlei zwischenmenschliche Beziehung gibt. Etwas Vergleichbares geschieht dort, wo es unmöglich ist, individuelle Motive auszumachen, also zum Beispiel bei Serienmorden. Und das gleiche gilt für die forensischen Bulletins und Protokolle. Wir müssen einfach begreifen, dass es Frauen gibt, die nicht im Feld des Intimen sterben, und genau deshalb müssen die Protokolle angepasst werden. Diese Fälle ähneln Kriegsverbrechen bzw. Verbrechen in kriegsähnlichen Situationen, in denen das Stadtviertel oder die Nachbarschaft, also das Verhältnis der Frau zu einer bestimmten Gruppe oder einem geografischen Raum oder Stamm (wie in Afrika zum Beispiel im Kongo) eine Rolle spielt. Solange wir diesen Typus von Verbrechen nicht gesondert betrachten, kann er nicht verstanden, nicht beleuchtet, nicht untersucht werden und es kann darüber auch nicht Recht gesprochen werden.

Ein Beispiel dafür ist der Prozess zu den Verbrechen in der *Campo Algodonero* genannten Gegend in Ciudad Juárez, der im Jahr 2009 in Santiago de Chile stattgefunden hat. Das Gericht unter dem Vorsitz der chilenischen Richterin Cecilia Medina hat damals nicht akzeptiert, die Vergewaltigung als Folter zu betrachten. Sie selbst hat anders abgestimmt und ihre Position, dass es sich um sexuelle Folter handelt, verteidigt. Warum also hat das Gericht diese Position nicht übernommen? Weil Folter ein Verbrechen allgemeinen Interesses ist und die Vergewaltigung ein partikulares Verbrechen, das speziell Frauen betrifft. Würde man die Vergewaltigungen von *Campo Algodonero* als sexuelle Folter begreifen, würde das eben auch bedeuten, sie ins Feld des Universellen zu rücken. Das ist ein sehr wichtiges Thema, und für mich ein Kapitel, das noch nicht abgeschlossen ist. Wenn wir akzeptieren, dass Vergewaltigung Folter ist, was für eine Art von Folter ist es dann? Ich stimme mit dem Votum der Richterin überein und ich finde es sehr interessant, dass sie als Vorsitzende dieses Gerichts die Perspektive, dass es sich um Verbrechen von allgemeinem Interesse, also um Folter – und damit um vollständig öffentliche Verbrechen – handelt, nicht hat durchsetzen können.

Dies ist die erste Meinungsverschiedenheit. Obschon alle Verbrechen aus der gleichen Konstellation der Geschlechter herrühren, aus einem Untergrund, aus einer Geschlechterstruktur, sterben die Frauen heutzutage immer häufiger in einem Bereich, der völlig öffentlich ist, der nicht auf zwischenmenschliche Beziehungen bezogen werden kann, und dessen Motive auch nicht personalisiert werden können. Aus irgendeinem Grund, der zu untersuchen sein wird, ist es für die feministische Bewegung unglaublich schwierig, diese Differenz zu verstehen. Aber für die Praxis wird es unerlässlich sein, sie zu begreifen, denn wir müssen spezifische Vorgehensweisen für die Ermittlungsarbeit und die Forensik entwickeln. Die rechtlichen und polizeilichen Verfahrensweisen müssen je nach Szenario unterschiedlich sein.

Was die Terminologie betrifft, so schlage ich vor, bei allen Verbrechen gegen Frauen mit tödlicher Absicht von ›Femiziden‹ zu sprechen, und davon nur diejenigen abzutrennen, die ich als ›Femi-genozide‹ bezeichne, also jene, die weder auf persönliche Motive noch auf zwischenmenschliche Beziehungen bezogen werden können. Und an dieser Stelle kommt eine ganze Reihe von Problemen auf. Das größte Problem hat mit der politischen Zweckmäßigkeit zu tun, alle geschlechtsspezifischen Verbrechen zusammenzufassen, denn die Statistik ist sehr bemerkenswert und erschütternd, allein angesichts des Ausmaßes. Außerdem sind die Verbrechen im häuslichen Bereich offensichtlich in der Mehrheit. Ein anderes Problem besteht darin, dass wir aufgrund unserer mentalen Prägung dazu tendieren, all das, was mit dem Schicksal der Frauen zu tun hat, zu privatisieren, ins Häusliche abzuschieben und auf das Feld des Intimen zu beziehen. Das hat mit der Moderne zu tun, die Moderne privatisiert das Weibliche und das Häusliche.

Wir sollten indes nicht vergessen, dass Lateinamerika laut aktueller Zahlen der Vereinten Nationen der gewalttätigste Kontinent der Welt ist. Die Todesrate durch kriminelle Gewalt, nicht durch Kriege, ist höher als in Afrika. Auf unserem Kontinent liegt die gewalttätigste Stadt der Welt, San Pedro Sula in Honduras. In diesem Kontext steigt in Mittelamerika die Zahl der Verbrechen, die nicht häuslichen Charakters sind, viel schneller an als jene, die im häuslichen Umfeld geschehen. Und in fast all unseren südlichen Ländern, die – abgesehen von Brasilien, wo die Kriminalitätsrate gleich oder noch höher ist als in Mexiko – etwas friedlicher sind, gibt es immer häufiger Verbrechen, die wir nicht verstehen können, weil wir sie alle privatisieren.

Die Betonung der Notwendigkeit, diese Verbrechen zu typifizieren, bedeutet nicht, den Wert der Kämpfe auf staatlicher Ebene und der Einführung von juristischen Instrumentarien wie ›Femizid‹ oder ›Feminizid‹ seitens internationaler Organisationen zu leugnen.

Diese Diskurse sind sehr interessant, aber ich glaube nicht daran, dass sie mit Blick auf die Urteilssprüche der Richter:innen große Auswirkungen haben werden. Trotzdem gilt, dass sie dazu beitragen, Worte für das Leiden der Menschen zu schaffen und eine Rhetorik zu entwickeln. Auf diese Weise schafft der juristische Diskurs eine Art des Sprechens. Hierin liegt die symbolische und die performative Wirkung des Rechts. Die juristischen Instrumente werden machtvoller, wenn sie von allen Menschen benutzt werden, bevor sie von den Richter:innen benutzt werden.

Die Viktimisierung der Frauen im Krieg

Die zweite Meinungsverschiedenheit, die ich immer deutlicher wahrnehme, hängt mit der ersten zusammen und betrifft die neuen Formen des Krieges. Auch sie hat mit den Ereignissen in Ciudad Juárez zu tun, geht aber darüber hinaus. Meine wichtigsten Beobachtungen dazu stammen aus Guatemala. Bereits in Ciudad Juárez hatte ich ein kriegerisches Universum wahrgenommen, eine noch nicht näher bestimmte Art des Krieges, ohne jene Definitionen, die heute unerlässlich sind, um über die neuen Formen des Krieges zu sprechen. Ich beziehe mich hierbei auf ein großes parastaatliches Feld, das sich in unseren Ländern ausweitet und verschiedene Formen annehmen kann (Segato 2014). In der Vergangenheit waren es die Diktaturen, die mit einem breiten Spektrum von Parastaatlichkeit agierten. Heutzutage agieren so die Mafias, die verschiedenen Ausprägungen des Doppelten Staates, und die verschiedenen Ausprägungen der organisierten Kontrolle und Ausübung von Gewalt.

Als Teil dieses Phänomens der Duplizierung zeigt der Staat die ganze Kraft seines zweiten Arms, den er immer hatte. Ich denke an Autoren wie Agamben und andere, die von ›Ausnahmezustand‹ gesprochen haben. In Deutschland zum Beispiel kehrt der zeitgenössische Jurist Günther Jakobs zu einem Rechtsdiskurs zurück, der mit dem von Carl Schmitt verwandt ist, und behauptet, dass es Sondergesetze für Araber:innen braucht. Jakobs lebt aktuell in Deutschland, dabei hätten wir gedacht, dass Europa frei von solchen Ideen nationalsozialistischen Anklangs sei. In der Welt des Nationalsozialismus waren die allgemeinen Gesetze gleichgeblieben, aber es wurden Sondergesetze für Jüd:innen erlassen. Für die ›normalen‹ Leute – Deutsche, die Geschäfte machten, heirateten, in Interessenkonflikte gerieten etc. – galt weiterhin die ›allgemeine‹ Gesetzgebung. Doch es gab eine spezielle Gesetzgebung für Jüd:innen. In *Der Feind im Strafrecht* liefert der argentinische Jurist Raúl Eugenio Zaffaroni eine sehr gute Analyse und Exegese des Denkens von Günther Jakobs.

Der Staat tendiert immer dazu, sich zu duplizieren. Wenn es notwendig ist, streckt er seinen Arm aus und dupliziert sich, quasi täglich. In jedem Staat, in jedem Land der Welt handelt die Polizei parastaatlich, weil sie das Amt des Richters innehat und folglich auf der Straße Recht spricht. So wurde zum Beispiel in England ein junger Brasilianer erschossen und man kann den Polizisten dafür nicht anklagen, eben weil er auf der Straße die Autorität eines Richters hat und die Gefahr selbst einschätzt und zwar ganz alleine. Wenn seine Einschätzung lautet, dass Gefahr besteht, dann tötet er, und kann dafür nicht belangt werden. In jeder legitimen staatlichen Gewalt existiert ein Grenzbereich permanenter Parastaatlichkeit, und zwar in der ganzen Welt. Dieses Feld, das in der staatlichen ›modernen‹, ›bürgerlichen‹, ›gesetzlich geregelten‹ Struktur immer präsent ist, dehnt sich in manchen Kontexten dermaßen aus, dass diese Sphäre größer wird als die eigentliche Sphäre des Rechts, also der normalen Ordnung.

Diese immer duale und duplizierbare Natur des Staates ist ein sehr wichtiges Thema, das ich hier nicht erschöpfend behandeln kann. Dazu nur so viel: Wir werden zu einem intensiven und inbrünstigen Glauben an den Staat erzogen, wir haben einen festen staatsbürgerlichen Glauben, der nie überprüft, nie infage gestellt, nie eingehend analysiert wird. Wir sollten uns überlegen, ob sich diese Überzeugung, dieser Glaube an den Staat, der uns innewohnt, der unsere Bewegung und alle sozialen Bewegungen leitet, bewahrheitet.

In Lateinamerika beobachten wir ein diffuses Feld des Krieges, das einige Autor:innen als neue Formen des Krieges, neue Kriege oder nicht-konventionelle Kriegsformen zu bezeichnen beginnen. In den gewalttätigsten Ländern sehen wir eine Ausweitung dieser Sphäre, die ich hier ganz allgemein als parastaatliche Sphäre bezeichnen möchte. Wir haben es mit einem informellen Krieg zu tun, der sich zunächst in der Ära der autoritären Regierungen ausgebreitet hat, und in der Ära der Banden und Maras in Mittelamerika seine Fortführung gefunden hat. Es gibt Sektoren, die wir als bewaffnete Korporationen bezeichnen könnten, die ein Ausmaß an Reichtum organisieren, aufrechterhalten und kontrollieren, das gewissen Eigentümern untersteht. Und dieser Umstand, der mit dem erstgenannten Aspekt zusammenhängt, veranlasst mich zu der Feststellung, dass wir neue Definitionen des Krieges brauchen.

In unserer Welt existiert eine historische Verknüpfung, sogar in personeller Hinsicht, zwischen Menschen, die in den Diktaturen, die wir erlebt haben, in bewaffneten Gruppen der parastaatlichen militärischen Repression agiert haben und den aktuellen Mafias. Viele jener Menschen, die zuvor im Staat – als zweiter Arm des Staates – agiert haben, sind zu privaten Sicherheitsfirmen oder in die Kriminalität gewechselt; sie bilden die bewaffneten Korporationen, die heutzutage kriminell agieren. Diese Verlagerung von Personal kann man in Argentinien beobachten, aber noch greifbarer und bekannter ist sie in El Salvador und in Guatemala. Das, was in den 1980er Jahren Praktiken des Krieges waren, sind heute die Praktiken der Maras, und sie bleiben auch die Praktiken der Drogenhändler – man sagt Drogenhändler, aber es geht nicht nur um Drogenhandel.

Die neuen Formen des Krieges sind durch eine extreme Viktimisierung der Frauen gekennzeichnet. Innerhalb des Feminismus sind bislang zwei Positionen hinsichtlich dieser Viktimisierung aufgekommen. Elizabeth Odio Benito, eine Richterin aus Costa Rica und die erste Frau im Richteramt des Internationalen Strafgerichtshof, hat einen bemerkenswerten Essay geschrieben, der eine Geschichte über den Krieg und die Frauen ist. Ihre Perspektive ist, obschon sie ausführt, dass die Formen der Grausamkeit gegen den Körper der Frauen sich seit dem Jugoslawienkrieg scheinbar verschärfen, die einer Kontinuität, aber sie spricht von einer graduellen Veränderung. Andere Autor:innen wie Mary Kaldor oder Herfried Münkler, der über diese neuen Kriegsformen mit einem Schwerpunkt vor allem auf Jugoslawien geschrieben hat, berücksichtigen die neuartigen Aspekte der Grausamkeit gegenüber dem Körper der Frauen. Ich nehme eine bemerkenswerte Überschneidung zwischen dem wahr, was ich über Amerika, insbesondere Zentralamerika und Mexiko geschrieben habe, und dem, was diese beiden Autor:innen für Europa beschreiben.

In früheren Kriegen war der Schaden, den Frauen erlitten, ein Kollateralschaden des Krieges, ein Nebeneffekt des eigentlichen Schadens, also des Krieges selbst. Darunter waren Frauen als Kriegsbeute, aufgrund der Annexion eines Territoriums und der Annexion der Frauen dieses Territoriums als Territorium, mittels Schwängerung, der Gefangennahme als Konkubinen oder Sexsklavinnen etc. Die genannten Wissenschaftler schreiben – wie auch ich in Bezug auf Mittelamerika –, dass Krieg heute mittels der Viktimisierung von Frauen geführt wird. Das, was ein Kollateralschaden war, wird zentral, es wird die Art und Weise, Krieg zu führen. Dabei, und das scheint mir wichtig, sind diese beiden keine Feminist:innen wie ich es bin, sondern Expert:innen für Kriege. Mary Kaldor stellt fest, dass die Methode des zeitgenössischen Krieges die Schändung ist – unter anderem die Schändung und Entweihung von Moscheen. So kann man auch die Zerstörung der archäologischen Buddha-Statuen, der kolossalen Steinskulpturen in Afghanistan interpretieren. In der gleichen Art und Weise wird der Körper der Frau geschändet. So spricht

Herfried Münkler in einem ähnlichen Sinne davon, dass der Weg zur Vernichtung ohne Genozid derjenige sei, die gemeinschaftlichen Bindungen im Körper der Frau anzugreifen, die Frau zu schänden. Das ist die eigentliche Methode des Krieges. In Guatemala kann man das deutlich beobachten, es steht sogar in Handbüchern, in Anweisungen für den Krieg.

An diesem Punkt komme ich zur zweiten Meinungsverschiedenheit, von der ich sprechen möchte. Ein Teil der feministischen Bewegung geht – insbesondere Catharine MacKinnon folgend – von einer Kontinuität von Kriegsverbrechen und Verbrechen in Friedenszeiten aus; weshalb es keine Friedenszeit für die Geschlechter gebe, sie kennen keine friedlichen Zeiten. Diese Position besagt, dass die Praxis der Vergewaltigung in zeitgenössischen Kriegen, also in den neuen Formen des Krieges, eine Aus- und Erweiterung der häuslichen Erfahrung ist, also von dem, was in den Häusern geschieht. Im Fall von Guatemala zum Beispiel, so der unterschwellige Diskurs, ist das Problem der Maya-Haushalte, dass die Männer unzivilisiert sind, sie schlagen ihre Frauen, es ist eine explizit hierarchische Welt, sie haben keine bürgerlichen Geschlechtervorstellungen wie wir – wobei ich mich auch frage, ob wir sie haben. Als der Krieg Guatemala erreicht, breitet sich die in den Häusern bereits existierende Gewalt weiter aus und so werden die Frauen zu Opfern. So begreift dieser Diskurs die Gewalt als Kontinuität dessen, was bereits im häuslichen Raum geschehen war.

Die von mir zitierten Wissenschaftler:innen, insbesondere Münkler, berichten jedoch, dass Vergewaltigungen sogar in Gesellschaften, in denen sie keine übliche Praxis waren, sondern nur sehr selten vorkamen, dann Teil der Kriegshandbücher und der Kriegsausbildung wurden. In Guatemala ist das offensichtlich. Man kann sagen, dass es in guatemaltekischen Häusern eine Geschlechterhierarchie gegeben hat, dass Männer und Frauen nicht gleichwertig waren, dass es eine Hierarchie des Ansehens gab, die auf der geschlechtlichen Arbeitsteilung, den sozialen Rollen etc. basierte; all das, was wir an den Stammesgesellschaften kritisieren. Aber es gab, übrigens genauso wie in der arabischen Welt, keine Vergewaltigungen.

Deshalb ist es so wichtig, sehr genau und sorgfältig zu sein. Die Undifferenziertheit hinsichtlich geschlechtsspezifischer Gewalt, diese

Praxis, alles in einen Topf zu werfen und über einen Kamm zu scheren, führt dazu, dass wir uns nur noch im Kreis drehen und keinen Ausweg für unsere Probleme finden. Sowohl in der von den genannten Expert:innen untersuchten Gegend, als auch in unserer mittel- und südamerikanischen Welt ist die sexuelle Folter der Frauen bis hin zu ihrem Tod als Kriegsstrategie eingeführt worden. Und das in den repressiven Kriegen ebenso wie in den Kriegen des Typs Ciudad Juárez, also Kriegen der Mafia in einem weitverzweigten paramilitärischen und parastaatlichen Bereich. Anstelle einer Verstärkung des Krieges aus den Häusern heraus haben wir es also vielmehr mit einem Einzug des Krieges in die Häuser zu tun; und auch mit einer Zunahme häuslicher Gewalt, die vor allem bestimmte Bevölkerungsgruppen betrifft – und zwar aufgrund der Existenz des Krieges. In Ländern wie Guatemala, Honduras und El Salvador betrifft das die gesamte Bevölkerung. Brasilien kann man auch zu diesen Ländern zählen, denn obwohl das Land eine Fassade des Friedens aufrechterhält, sind die Zahlen der Viktimisierung und der Morde pro 100.000 Einwohner:innen sehr hoch. Es sind Zahlen eines Krieges. Es gibt also Länder, in denen diese Art des Krieges sich ausweitet und auf das Leben auswirkt, also für die gesamte Bevölkerung spürbar wird; in anderen Ländern hingegen handelt es sich um Falten, Zwischenräume, Winkel, in denen die Todesrate sehr hoch ist. Meine Position besagt nicht, dass in diesen Zwischenräumen die Formen des Krieges eine Weiterführung des häuslichen Lebens sind, sondern das Gegenteil: Es ist die Form des Krieges selbst, die sich auf die Zerstörung von Frauenkörpern konzentriert und damit das Vertrauen innerhalb der Gemeinschaft zerstört.

Was diesen Aspekt betrifft, hat sich mein Standpunkt allerdings verändert: Bis vor Kurzem habe ich von der Zerstörung des Körpers der Frauen als einer Form der Zerstörung der Moral des Feindes gesprochen. Heute, nachdem ich einige Monate in Guatemala gearbeitet habe, sehe ich das tendenziell anders: Ich glaube, dass es darum geht, das Knüpfen von Vertrauen innerhalb des kommunitären Geflechts zu unterbinden. Es handelt sich um eine Form der Kriegführung, die in den häuslichen Raum zurückschwingt und sich dort Zutritt verschafft. Der Krieg bewirkt eine Wiederbelebung des Patriarchats. Es ist eine Art Kreislauf und ich glaube, es gibt eine Umkehr in der

Reihenfolge. Der Krieg lernt von den patriarchalen Strukturen und wendet sie an, um die Kommunität aufzulösen, und die Territorien ohne Genozid zu räumen. So haben es die Autor:innen formuliert, die zu Jugoslawien geforscht haben: als Techniken, um ein Territorium zu räumen und ohne Genozid den Zerfall eines Volkes zu bewirken. Der Dreh- und Angelpunkt, der Schwerpunkt, der Nabel dieses sozialen Körpers, das ist der Körper der Frauen. In den Handbüchern, von denen ich eben sprach, gibt es Artikel und Richtlinien, in denen klar gesagt wird, es gelte die Vorbehalte der Soldaten dort zu verringern, wo es darum geht, Frauen Schaden zuzufügen. Hier taucht ein Problem auf, eine Frage: Warum attackiert man die Frauen? Das hatte ich schon in Ciudad Juárez angesprochen: Warum die Frauen?

Die Frau ist nicht der Kriegsgegner, nicht der gegnerische Soldat, nicht die bewaffnete Ressource der feindlichen Truppen. Die Männer sterben sehr viel häufiger durch Mord, aber sie morden auch im gleichen Maße, es gibt eine Verhältnismäßigkeit zwischen dem Grad der tödlichen Gewalt, die sie ausüben und jener, die sie erleiden. Die Frauen sterben gemessen daran, wie oft sie selbst töten, sehr viel häufiger durch Mord als die Männer. Warum also annektieren die neuen Formen des Krieges die Frauen nicht mehr, und schwängern sie, wie es in den Kriegen seit den frühesten Berichten und Belegen aus der Stammeswelt bis hin zum Zweiten Weltkrieg geschehen ist? Bis zu diesem Moment gibt es eine eindeutige Kontinuität: Die Frau ist nicht das Ziel der Zerstörung. Sie wird annektiert, vergewaltigt, als Konkubine entführt, als Sklavin, aber immer als ein Nebenprodukt des Krieges selbst. Was geschieht zum Beispiel nach Jugoslawien und nach Ruanda? Was geschieht in dieser späten Phase der Moderne und des Kapitals, damit die Frau zur Form des Kriegs wird? In Ruanda und Jugoslawien paramilitarisiert sich der Krieg, es ist ein Phänomen der Paramilitarisierung von Kriegen zu beobachten. Zuvor fanden die Kriege zwischen Staaten statt, mit Insignien, mit Uniformen und mit Methoden, die die Moral der Truppe zu stärken. Alles war konventionell – es waren Kriege aus dem Lehrbuch; bis sich in der zweiten Hälfte des 20. Jahrhunderts der Krieg paramilitarisiert hat.

Heutzutage ist der Krieg Technik, es gibt Spezialisten, Sozialpsychologen, Neuroprogrammierer. Genauso wie es eine neurolinguistische Programmierung gibt, gibt es auch eine neurobelizistische Programmierung. Es handelt sich um Unternehmungen, die einer Ingenieurskunst gleichkommen, einer Art sozialem Engineering, das darauf abzielt, den Schwerpunkt eines sozialen Gefüges, eines Gemeinschaftsgefüges zu identifizieren, also jenen Punkt, an dem es effizienter, direkter und schneller zerstört werden kann, ohne viele Kugeln zu verschwenden. Es gibt Studien, die zeigen, dass diese zentrale Achse dann angegriffen wird, wenn man die Frauen angreift, wie beim Implodieren eines Gebäudes. Von dort aus wird zerstört. Die Frau hat – wir Feministinnen wissen darum – die Rolle der Strebe inne, die Welt aufrechtzuerhalten, die Welt zu reproduzieren.

Eines der Elemente, die meinen Standpunkt begründen, ist der Inhalt des ›Operationsplans‹ für Guatemala*. Die Handbücher sagen wörtlich, dass die Soldaten, die für gewöhnlich keine Frauen zum Opfer machen, trainiert werden müssen, damit sie Hemmungen abbauen, so dass sie auch Frauen angreifen können. Das hat große Ähnlichkeit mit dem, was in Argentinien nach einer Phase des Verbots der Prostitution in den vierziger Jahren geschehen ist. In den zwanziger und dreißiger Jahren gab es eine Reihe von französischen und jüdischen Zuhältern, die Prostituierte – die in dieser Epoche ›*weiße* Sklavinnen‹ genannt wurden – ins Land holten und Bordelle eröffneten. Diese wurden einige Jahre später dann für eine Weile verboten. Am Ende dieses Zeitraums lagen die ersten Bordelle, die legal wiedereröffnet wurden, alle in der Nähe von Kasernen. Und das per Gesetz, es ist Gesetz, es steht schwarz auf weiß in den Dokumenten jener Zeit.

In jüngerer Zeit gibt es Belege dafür, dass an manchen Orten etwas Ähnliches geschieht. Zum Beispiel in Comodoro Rivadavia, einer Stadt an der Atlantikküste Patagoniens, in einer Region im Süden Argentiniens, in der große Mengen Erdöl gefördert werden. Diese Ausbeutungen sowie große Infrastrukturprojekte führen immer zur Errichtung von Bordellen und zu Menschenhandel. In der Nähe, in Richtung der Gebirgszüge existieren *mestizische* bzw. indigene *Pueblos*, deren Leben sich noch sehr am indigenen Leben der Mapuche orientiert. Und es gibt Kasernen. Einige Wissenschaftlerinnen aus dieser

* Anm.d.Ü.: Der Plan de Campaña Victoria 82 war ein Operationsplan der Militärs während des guatemaltekischen Bürgerkriegs (1960-1996).

Region beschreiben, dass Soldaten, die in diesen *Pueblos* rekrutiert werden, um in den Kasernen an der Küste zu arbeiten, also dort, wo das Öl gefördert wird und es Bordelle gibt, zuerst in die Bordelle gebracht werden – als Teil ihrer militärischen Ausbildung. In Interviews berichten diese Soldaten, dass die Herabsetzung der Frau mittels sexueller Handlungen nicht Teil ihres Erfahrungsschatzes gewesen ist, dass es sich um eine erlernte Praxis handelt. Das bedeutet nicht, dass es in ihren *Pueblos* kein Geschlechterverhältnis, keine Hierarchien oder keine Formen der Unterdrückung geben würde. Aber es bedeutet, dass die Formen der Viktimisierung nicht dieselben sind, dass sie nicht dieselben Bedeutungen tragen, und dass sie nicht für die gleiche Sache funktional sind.

Die Viktimisierung der Frau ist also Teil der militärischen Ausbildung für den Krieg. Wir können an diesem Beispiel die Funktionalität der sexuellen Viktimisierung beobachten, der Grausamkeit gegen den weiblichen Körper auf dem Feld des Krieges – ein Feld, auf dem der Pakt zwischen Männern besonders eng sein muss und die Auflösung der kommunitären Existenzmuster von zentraler Bedeutung ist. Aufgrund der historischen und personellen Kontinuitäten, über die ich eben sprach, bedient sich die organisierte Kriminalität auch heute noch der Kriegsstrategien des repressiven Parastaates, einschließlich der zitierten Handbücher aus Guatemala. Und dies ist auch weiterhin die Kriegsstrategie der Drogenhändler in unseren Ländern.

Ein klassischer Fall aus Argentinien war die Ermordung des Mädchens Candela Rodríguez, die das Agieren einer aus Polizisten, Straßenräubern und Drogenhändlern bestehenden parastaatlichen Korporation deutlich gemacht hat. Ein anderer Fall, der mich während meines Aufenthalts in Ciudad Juárez beeindruckt hat, ist der eines kleinen Jungen, der einige Zeit nach Candela in aller Munde war. Diese beiden Fälle brachten mich auf den Gedanken, dass dasselbe, was den Frauen widerfährt auch Kindern widerfahren könnte, denn für beide Gruppen gilt: Sie sind keine Soldaten, also nicht die Gegner der bewaffneten verfeindeten Korporation, sie sind nicht der Feind. Sie werden angegriffen und sie sterben für eine Form der expressiven Gewalt, ein Thema, das ich in *Die elementaren Strukturen der Gewalt* und in *Die Einschreibung in den Körper der ermordeten Frauen von*

Ciudad Juárez ausgeführt habe. Es handelt sich um eine Art von Gewalt, die nicht unmittelbar dazu dient, den Feind zu besiegen, sondern vielmehr dazu, seine Niederlage darzustellen, seinen Sturz als respektable, bedeutsame und machtvolle Kraft zu symbolisieren. Wenn man so angreift und tötet, dann vernichtet man die Körper derjenigen, die in diesem Krieg unschuldig sind, die keine gegnerischen Soldaten sind. Auf diese Art und Weise wird die Botschaft eigenständig, sie nimmt die Funktion einer reinen Botschaft an. Das ist nicht der Krieg, es ist ein Krieg auf dem symbolischen Feld, der sich hier ausdifferenziert.

Zusammenfassend lässt sich sagen, dass in der ersten Meinungsverschiedenheit die Mehrheit der feministischen Bewegung der Meinung ist, man sollte alle tödlichen Verbrechen gegen Frauen gemeinsam betrachten. Ich hingegen bin der Überzeugung, dass wir lernen müssen, über Femizide nachzudenken, die von einer bestimmten Art sind, die nicht mit Blick auf ihr Motiv hin privatisiert werden können, die Motiven folgen, die nicht privater, nicht intimer Natur sind. In der zweiten Auseinandersetzung besteht die Divergenz darin, dass es eine Gruppe innerhalb der feministischen Bewegung gibt, die glaubt, dass es im Krieg, insbesondere in den informellen Kriegen, eine Kontinuität zwischen dem Häuslichen, der häuslichen Gewalt, und der Kriegsgewalt gibt. Ich hingegen denke, dass es sich um eine Diskontinuität handelt, dass es Formen von kriegerischer Gewalt gibt, von Grausamkeit gegenüber dem Körper der Frauen, die aus dem Handbuch stammt und von dort erst in den häuslichen Bereich einzieht.

Ungleich, aber anders

Wenn wir das Patriarchat als zentralen Kern jeder enteignenden Gewalt und als einen Strukturtypus einer sehr langen Zeitspanne verstehen, die quasi mit der Geschichte der Spezies übereinstimmt, dann erscheint uns diese Struktur beinahe natürlich. Das hindert uns aber nicht daran, zu glauben, dass diese Struktur im Laufe der Zeit Modifikationen erfahren hat, also dass sie historisch ist. Und hiermit bin ich bei der dritten Meinungsverschiedenheit und derjenigen, die am schwierigsten zu erklären ist, die am wenigsten konkret ist und die deshalb ein wenig mehr Sorgfalt erfordert. Worauf ich hinauswill, ist eine dritte Art der Diskontinuität: die Diskontinuität des Patriarchats seit der Erfahrung der Conquista und der Kolonisierung. Ich glaube belegen zu können, dass die patriarchale Struktur in diesem Moment eine Transformation erfährt, eine Wendung hin zum modernen Patriarchat der Art, die wir heute kennen und die meines Erachtens das Patriarchat höchster Letalität ist (Segato 2015a).

Meine diesbezügliche Perspektive ist durch eine zehnjährige Zusammenarbeit mit der brasilianischen *Nationalen Behörde für Indigene Angelegenheiten* (FUNAI) geprägt. Im Jahr 2002 hatten sich zwei indigene Frauen an die Stiftung gewandt und Maßnahmen zur Gleichstellung für indigene Frauen gefordert – etwas, das es bis zu diesem Zeitpunkt nicht gegeben hatte. Nachdem Lula die Wahlen gewonnen hatte und im Januar 2003 die Präsidentschaft antrat, forderten die Frauen den Leiter der FUNAI auf, eine große Veranstaltung zu organisieren, um dann ihr Anliegen dem neuen Präsidenten zu überbringen, der gerade seinen Amtssitz im Planalto-Palast bezogen hatte. Ich wurde eingeladen, diese Veranstaltung, einen Workshop für 41 indigene Frauen aus allen Regionen Brasiliens, abzuhalten. Es war der Ausgangspunkt einer ganzen Reihe von Workshops in zwei unterschiedlichen Formaten, die insgesamt über zehn Jahre hinweg stattfinden sollten. Sie wurden in allen Regionen des Landes abgehalten und es waren sowohl ›entweilerte‹, also schon städtisch geprägte Frauen dabei, als auch solche, die noch in ihrer Welt der Weiler lebten oder leben; Frauen, die fließend portugiesisch sprachen, solche die es noch mit einem starken Akzent ihrer eigenen Sprache sprachen und auch solche, die es nicht beherrschten – das Wörtchen ›noch‹ ist übrigens Teil des evolutionistischen Erbes, von dem wir uns nicht befreien können. Ich habe dieses staatliche Handeln in der indigenen Welt begleitet und konnte in gewisser Weise dabei auch den Vormarsch der stets patriarchalen und gleichbleibend kolonialen Front, die ich die staatlich-unternehmerisch-medial-christliche Front nenne, ins Landesinnere hinein beobachten.

Eine der Fragen, die ich mir damals stellte, war, was wohl mit den Männern in den Weilern geschieht, also in jenem Feld, das ich in Anlehnung an den Weber'schen Idealtypus die »Welt der Weiler« nenne. In jenen Gegenden, den *Pueblos*, in denen die kommunitäre und kollektive Organisation noch existiert, mit Strategien der Kontrolle von Akkumulation und Konzentration, mit eigenen Techniken der Soziabilität und mit historischen Projekten, die von jenem des Kapitals abweichen – was geschieht hier mit den Geschlechtern? Was ereignet sich, wenn diese staatliche Front mit guten Absichten, mit ihren Nichtregierungsorganisationen, ihren öffentlichen Maßnahmen, den Schulen, den Gesundheitsstationen, den Aktionen für indigene Frauen etc. diese Welt betritt? Was sich ereignet, zusammen mit all dem, ist eine Zunahme von Gewalt. Großes Fragezeichen. Wie kann das sein? Es handelt sich um ein Phänomen, über das es sich ganz genau nachzudenken lohnt. Wie kommt es, dass gemeinsam mit der staatlichen Front – mit ihren Bündnissen aus Wirtschaft, Medien und Christentum – auch die Formen der Aggression gegen die indigene Frau auf dem Vormarsch sind und zunehmen? Denn genau das kann man beobachten, es ist die Realität. Hier eine Frau, deren Ehemann ihr einen Arm mit der Machete abgehackt hat, dort eine, die nach Schlägen und Hieben mit der Schaufel humpelt usw. Formen der häuslichen Gewalt, Formen der Grausamkeit und des Hasses der Frau gegenüber, wie sie für die kommunitäre Struktur zuvor untypisch waren. Sie haben mit dem Einhegen der Männer durch die koloniale Welt zu tun.

Ich fasse im Folgenden einen Gedanken zusammen, den ich in *Kolonialität und Geschlecht* ausgearbeitet habe (Segato 2015a). Es ist eine sehr grobe Zusammenfassung der Analyse, eher eine Skizze, die viel ausführlicher sein müsste. Ein zentrales Thema ist die *Criollisierung*. Ich bin Argentinierin, lange Jahre meines Lebens schien mir der Ausdruck ›*criollo*‹ eine sehr schöne Sache. Heute glaube ich, dass ›*criollo*‹, ›Vorurteil‹, ›Homophobie‹ und ›Misogynie‹ Synonyme sind. Unsere *Criollo*-Welt ist eine tödliche Welt für die Frauen. Und das hat mit der kolonialen Front zu tun. Ich bin nicht die Einzige, die so etwas sagt, französische Autorinnen haben das Gleiche in Bezug auf Afrika formuliert. Ich beobachte es in unserer Welt. Der Mann, der sich mit dem Kolonisator im Krieg befindet, *criollisiert* sich, und dabei ist es egal, ob es sich um einen Kolonisator der überseeischen Verwaltung, einen republikanischen Kolonisator aus unseren Republiken oder einen staatlichen Beamten handelt – es ist dasselbe.

Ausgehend von dieser Beobachtung bin ich auf den Gedanken gekommen, dass sie uns angeschwindelt haben, als sie sagten, dass unsere Republiken eine große Zäsur, einen großen Bruch mit der Welt der überseeischen Administration bedeuten würden. Das ist ein Mythos. Oder nicht einmal ein Mythos, das ist ein viel zu edles Wort, um es in diesem Zusammenhang zu benutzen. Wir sind einem Schwindel aufgesessen: Denn die Kontinuität unserer republikanischen Staaten, unserer *Criollo*-Regierungen mit der kolonialen Welt und der überseeischen Administration ist viel größer als die Diskontinuität, der Bruch, die Zäsur. Das sieht man an der Art, mit der sich diese Staaten an ihr Inneres, an die innere Welt unserer Nationen gewandt haben.

Der Fall Uruguays ist dabei besonders interessant. In Argentinien und Brasilien sind wir fasziniert von der großen Staatsbürgerlichkeit Uruguays. Aber wir übersehen dabei gern, dass es ein Land ist, das auf einem großen Massengrab errichtet wurde. Und diese Gespenster sind wahrnehmbar, sie sind immer präsent. Man kann eine Bevölkerung, die eine Landschaft bewohnt hat, nicht komplett unterdrücken und in Salsipuedes* verscharren So etwas kann man nicht machen.

Im Rahmen des Vormarsches der staatlichen Front findet zuerst eine Criollisierung der Männer statt: Sie werden eingefangen, zuerst um sich kriegerisch gegen die Conquista zu wehren und dann, um den Frieden auszuhandeln. Diese Männer werden durch die Muster des *weißen* Mannes, durch seine Version der *weißen* Sexualität eingefangen und eingehegt. Die Perspektive und die Bedeutung des Zugriffs auf einen Körper ändern sich komplett. Und der *criollisierte* Mann geht daraus zutiefst verändert und angepasst hervor, denn er muss eine Wahl treffen: Er muss sich zwischen Seinesgleichen, seinem Freund, seinem Bruder, dem *weißen* Mann oder seiner Frau, seinen Kindern und seinem Haus entscheiden. Die Prägekraft der *weißen* Männlichkeit ist sehr mächtig, vor allem deshalb, weil die *weiße* Männlichkeit von Erfolg gekrönt ist, weil sie den Sieg bedeutet. Dieser Mann liefert sich also dem Mandat der Muster von Sexualität aus,

* Anm.d.Ü.: Das *Massaker von Salsipuedes* fand am 11. April 1831 statt: Dabei ließ der erste Präsident Uruguays Fructuoso River die letzten Angehörigen des indigenen *Pueblos* der Charrúa am Fluss Salsipuedes erschießen bzw. gefangen nehmen.

dem Mandat der *weißen* Macht, und so verwandelt er sich in den Kolonisator im eigenen Haus.

Das ist meine Version der Geschichte, aber innerhalb des Feminismus können wir zu diesem Thema drei unterschiedliche Positionen ausmachen. Eine erste Position, die man vereinfachend als ›eurozentrisch‹ charakterisieren könnte, geht davon aus, dass ›Geschlecht‹ im Grunde überall gleich ist bzw. die Situation von Frauen in der ›peripheren‹ Welt – von Europa aus gesehen – eventuell noch schlimmer. Am anderen Ende der Skala gibt es eine Gruppe von Autorinnen, unter denen ich die in den USA lehrende Argentinierin María Lugones hervorheben möchte. Auch wenn ich nicht mit ihr übereinstimme, schätze ich ihre Essays und Texte. Ausgehend von ethnografischen und historischen Belegen verschiedener Autorinnen behauptet sie, dass es in der vorkolonialen Welt so etwas wie ›Geschlecht‹ nicht gegeben habe. Ihre große Inspiration ist die Nigerianerin Oyèrónké Oyěwùmí, die ebenfalls in den USA unterrichtet. Oyèrónké Oyěwùmí argumentiert, dass ›Geschlecht‹ in der Welt der Yoruba eine koloniale britische Erfindung sei, die vor der britischen Kolonisation nicht existiert habe. Dies ist die Position des anderen Extrems. Ich würde mich zwischen beiden verorten.

Ich vertrete den Standpunkt, dass es in der vorkolonialen Welt das Patriarchat, die Geschlechterhierarchie, das größere Ansehen des Mannes und der männlichen Aufgaben bereits gegeben hat; außerdem ein gewisses Maß an Gewalt, denn die Hierarchie muss, da wo es sie gibt, zwangsläufig mit gewaltsamen Methoden aufrechterhalten und reproduziert werden. Aber dieses Patriarchat war bzw. ist – dort, wo es weiterhin existiert und das tut es an vielen Orten, wenn auch mit abnehmender Tendenz – ein Patriarchat mit ›geringen Auswirkungen‹ oder ›niedriger Intensität‹. Wo eine Kommunität existiert, ist die Frau besser geschützt. Was sich im Übergang zur Moderne vollzieht, ist genau dieses koloniale Einhegen des *nichtweißen* Mannes und ein plötzlicher Verfall des Wertes und der Politizität des häuslichen Raums. In einigen Winkeln und Räumen können wir quasi dabei zusehen wie es geschieht.

In der kommunitären Welt haben wir zwei Räume. Einerseits den öffentlichen Raum. Monopol der Männer? Ja. Mit größerem Ansehen? Ja. In diesem öffentlichen Raum spricht nur der Mann? Ja, in ganz vielen Stammesgesellschaften ist das so. Andererseits den häuslichen Raum, mit weniger Ansehen, aber politisch, mit Politizität ausgestattet, nicht intim, nicht privat. In welcher Weise ist der häusliche Raum politisch? Wenn die Familie sich nuklearisiert, wenn der häusliche Raum eine Kapsel zwischen vier Wänden wird – Mama, Papa, Kinder –, dann entpolitisiert er sich. Das kann man in der indigenen Welt beobachten. Der häusliche Raum der Kommunität wurde zuvor von Dutzenden von Menschen durchzogen, die alles sahen. Den Begriff von Privatleben, wie es ihn unter uns gibt, die Idee, die Privatheit zu schützen, diesen Wert des Privaten, der völlig modern, völlig individualistisch ist, den hat es nicht gegeben. Auch das Intime, also etwas, das man nicht sehen darf, hat es nicht gegeben – denn eine derartige Perspektive auf die Welt hat es nicht gegeben. Es ist das kollektive Auge, das in der Kernfamilie verlorengeht. Die Modernisierung, der Individualismus, die Nuklearisierung der Familie – all das führt zu einem abrupten Bedeutungsverlust des speziellen häuslichen Raums, der zu einem intimen und privaten Raum wird. Das ist er früher nicht gewesen.

Eine andere sehr wichtige Differenz ist, dass der öffentliche Raum in der kommunitären Welt keine Sphäre ist, in der das Gesagte einen universellen Wert besitzt; es gibt keine Universalität. Die zwei Sphären sind eben genau das: zwei Sphären, es ist eine duale Welt. Mit der Moderne verwandelt sich diese strukturelle Dualität in einen Binarismus. Und das ist nicht dasselbe, es gibt Unterschiede zwischen Dualismus und Binarismus. Die binäre Struktur ist die Struktur des Einen. Um sich politisch zu äußern, um einen Diskurs zu führen, der universelle Gültigkeit besitzt und von allgemeinem Interesse ist, der also eine offenkundig politische Aussage ist – dazu ist es notwendig, sich in der öffentlichen Sphäre zu äußern. Diese Sphäre hat es in der Stammeswelt nicht gegeben, weil es lediglich ein öffentlicher Raum war, ein Raum von zweien. Hier, in der Welt der Moderne gibt es den Raum des Einen, die öffentliche Sphäre ist der einzige Raum, in dem das Gesagte eine politische Wirkung auf die Gesamtheit der Menschen hat. Wer hier sprechen möchte, der wird sich anpassen müssen, lernen sich zu verhalten, bestimmte Formen der Körperlichkeit, eine bestimmte Kleidung. Wir könnten meinen, dass sei eine Lüge, denn hier sprechen ja auch Frauen, *Schwarze*, Schwule, Behinderte, sie alle äußern sich in der öffentlichen Sphäre. Aber sie müssen dafür große Anstrengungen unternehmen, denn es erfordert eine Travestie und das Erlernen der Art und Weise, in dieser öffentlichen Sphäre zu sprechen. Hier spricht niemand, der eine Schürze um den Bauch hat, denn dies ist die Sphäre, die das Politische monopolisiert und totalisiert. Und der Rest ist nur ein Rest, er ist Abfall.

Das ist die Struktur der Moderne, tödlicher als je zuvor, denn sie verwandelt das Leben der Frauen, nuklearisiert die Familien und verändert alles, was uns widerfährt. Deshalb ist es auch unbedingt notwendig, darüber zu sprechen, was im Krieg mit uns geschieht. Nicht etwa, weil das zahlenmäßig wichtiger wäre, sondern weil es unser Denken über das verändert, was uns Frauen widerfährt: Denn es zeigt uns, dass das, was uns widerfährt eine komplett öffentliche Angelegenheit sein kann. Das ist von zentraler Bedeutung, weil alle Mechanismen, die wir beobachten, alle offiziellen Diskurse über Frauen das Schicksal der Frau in das Feld des Privaten, des Intimen, des Partikularen drängen. Es handelt sich um dieselbe Unterscheidung zwischen dem Allgemeinen und dem Partikularen, und die Art und Weise, in der wir dies in der Moderne klassifizieren – diese Unterscheidung ist durch den Binarismus strukturiert.

Es ist eine weitere der großen Meinungsverschiedenheiten, eine große Debatte innerhalb des Feminismus, die ich für extrem wichtig halte, um klarer zu denken. In einem Text, den ich über dieses Thema geschrieben habe, sage ich etwas, das abwegig klingt: ›épater le bourgeois‹ – aber es ist notwendig, die orthodoxen Schemata, mit denen wir uns nur im Kreis drehen, infrage zu stellen. Ich würde Folgendes formulieren: In der Stammeswelt würde der moderne Slogan »anders, aber gleich« eher »ungleich, aber anders« lauten, denn die Welt ist ganz offenkundig plural. Der moderne Slogan ist übrigens letzten Endes eine Fiktion, weil er in einer binären Struktur unmöglich ist: Es gibt keinen Ort für den Anderen, der Andere ist eine Funktion des Einen.

Wenn wir diesen unseren berühmten und so liebgewonnenen Slogan »anders, aber gleich« aussprechen, dann glauben wir an den Diskurs der Moderne. Es ist ein egalitärer Diskurs, aber es ist nur ein Diskurs. Wie es feministische Jurist:innen schon immer sehr zutreffend formuliert haben – und das ist ihre große Kritik: Die Moderne führt einen egalitären Diskurs, der die Ungleichheit verschleiert. Die Konzentration und die Ungleichheit waren in der Geschichte der Menschheit noch nie größer als in der Gegenwart. 85 Personen verfügen über das gleiche Vermögen wie die Hälfte der übrigen Menschheit. Noch nie war die Konzentration größer. Und das soll nicht heißen, dass die Ungleichheit eine Frage des Geldes ist. Es geht um Macht, diese Personen haben die Macht über Leben und Tod der Anderen.

In der Stammeswelt sind Männer und Frauen zwei unterschiedliche Wesen. Doch das Postulat eines universellen Äquivalents, eines universellen Menschen mit allen Problemen, die daraus entstehen können, existiert hier nicht. Sie sind hierarchisch nicht gleichgestellt, aber in dieser Ungleichheit sind beide vollständig in ihrem Wesen, in ihrer Verschiedenartigkeit, in dem, was sie sind. Und sie haben ihre je eigene Welt. Sie sind also ungleich, aber in einer pluralen Welt. »Ungleich, aber anders« auszusprechen, ist ein Weckruf, eine Herausforderung. In diesen Gesellschaften sind Männer und Frauen zwei Gruppen, zwei Gruppen ontologisch vollständiger, ganzer Personen; die eine Gruppe ist nicht Baustein zur Reparatur des Mangels der anderen, die Ersatzfunktion des Einen. Es ist nicht die Welt des Einen – wie unsere. Beide besitzen ihre Vollständigkeit, ihr historisches Projekt, ihre Pakte und ihre Formen der Politizität, ihre Bündnisse – sogar innerhalb der Differenz –, ihre je eigenen Räume, um Politik zu gestalten. Die Frau verfügt über eine Art Abschirmung, die Kommunität schützt die Frau, das kollektive Auge schützt sie, denn der häusliche Raum wird von einer großen Menge von Menschen gesehen, die ihn durchqueren.

Ich betone die Differenz, weil es uns so schwerfällt, die Existenz dieser Andersartigkeit des Seins zu begreifen. Die arabischen Frauen haben es schon so oft gesagt. Und wir sehen es auch in Amerika. Wer aufs Land fährt, wer sich dem kommunitären Leben nähert, der sieht, dass die Frauen ganz andere Verhaltensweisen an den Tag legen als im städtischen Leben. Ich lebe in Argentinien in einer sehr ländlichen Gegend in den Anden. Dort sind die Frauen sehr viel mächtiger als in der Stadt. Es ist ein Phänomen, das man beobachten kann, und das in dem Maße verloren geht, in dem die Urbanisierung voranschreitet, in dem die Massengesellschaft voranschreitet und in dem die Idee der Staatsbürgerschaft voranschreitet.

In der westlichen, in der europäischen Welt stellt die Differenz ein Problem dar, das irgendwie ›gleichgemacht‹ werden muss:

Und um Gleichheit herzustellen, muss man auf ein universelles Äquivalent zurückgreifen. Die kommunitäre Welt ist heutzutage von Gleichstellungsdiskursen durchzogen, vom Menschenrechtsdiskurs und von internen Debatten in den Gemeinschaften, die einen historischen Weg entwerfen – so zum Beispiel in Chiapas –, indem sie die guten, aus der Welt der Moderne stammenden Slogans nutzen. Es sind offene Welten.

Es geht hier nicht um eine Frage von Sitten und Gebräuchen, ich spreche nicht von Kultur, denn der Kulturalismus ist nur eine Variante des Fundamentalismus. In einigen Stammesgesellschaften, in indigenen Gesellschaften, beobachten wir manchmal Formen des Kazikismus, die *criollo* sind, aber wie eigene Bräuche daherkommen – als würde die Geschlechterhierarchie durch die Tradition vorgeschrieben. Ein derartiger Rückgriff auf Bräuche ist ein kulturalistischer Rückgriff und als solcher fundamentalistisch. So etwas gibt es nicht nur im Islam, sondern auch im Katholizismus, in einigen Formen evangelikaler Religionen und es passiert auch in der Stammeswelt. Deshalb spreche ich eigentlich nie von ›Kultur‹, außer es ist wirklich unverzichtbar. Ich spreche auch nicht von Sitten und Gebräuchen, sondern von historischen Projekten, von historischem Pluralismus, von einer anderen Geschichte. In diesen anderen historischen Projekten hat es immer interne Debatten gegeben, hat es immer Wandel gegeben. Die Menschheit ist nie gleichgeblieben, an keinem Ort der Welt. Die Vorstellung, dass ›Geschichte‹ etwas von uns sei, also der modernen, *weißen*, europäischen Welt zugehörig, und dass die anderen *Pueblos* Sitten und Gebräuche haben, ist eine binäre Erfindung, eine eurozentrische Erfindung, eine eurozentrische Sichtweise auf die Stammeswelt. Aber sie ist nicht zutreffend. Jedes *Pueblo* hatte schon immer Sitten und Gebräuche und eine Geschichte, beides. Und falls es denn zutreffend sein sollte, dass wir ein Volk sind, dann haben wir das auch.

In einigen Fällen wurde mir vorgeworfen, dass ich das Stammeswesen idealisiere. Aber ist es nicht eher so, dass wir Vorurteile gegenüber dem Stammeswesen hegen? Sollten wir nicht eher unsere Überzeugungen hinterfragen? Ist es nicht eine ständige Verpflichtung desjenigen, der forscht, auch seine eigenen Gewissheiten auf den Prüfstand zu stellen? Können wir in unserem Denken vorankommen, ohne an unseren Gewissheiten zu zweifeln? Nun gut, unsere Gewissheiten besagen, dass das Stammeswesen unterentwickelt ist. Und ich sage, dass die Welt sich in Richtung zunehmender Gewalt entwickelt, dass, wie es Hannah Arendt und Zygmunt Bauman gesagt haben, der Holocaust modern ist; das heißt, dass es ohne Moderne keinen Genozid gibt. Ich kann die Widerstände nachvollziehen, denn diese Position stellt für die allgemeine Überzeugung, das Stammeswesen sei unterentwickelt, eine Herausforderung dar. Ich sage es also im vollen Bewusstsein darum, dass ich damit eine ganze Reihe von unhinterfragten Gewissheiten, mit denen wir denken und arbeiten, in Zweifel ziehe. Und ich bin davon überzeugt, dass das notwendig ist, denn wir stehen kurz vor einer Niederlage: Die feministische Bewegung ist mit ihren Kämpfen, in denen es um eine Reduzierung der Gewalt geht, gescheitert. Dieser Appell, diese Warnung ist für gewöhnlich völlig konsternierend, und zwar deshalb, weil wir von einer Art bürgerlicher Blindheit betroffen sind, also einem bürgerlichen Glauben anhängen, der uns daran hindert, die Realität unserer Welt und die Realität unseres Glaubens zu sehen. Der Diskurs der Moderne ist egalitär, aber die rechtliche, liberale, allgemeine Gleichheit verschleiert eine zunehmend ungleiche Welt. Und wir haben all unsere Karten auf das staatliche Feld gesetzt. Die sozialen Bewegungen haben sich mit Haut und Haaren dem Feld des Staates verschrieben. Ich frage jetzt einfach mal: Was ist denn aus diesem Einsatz geworden? Was sind die Ergebnisse, die wir mit unserem Einsatz für das Projekt der Gleichheit erreicht haben?

Die Herausforderung ist enorm. Wenn wir all diese Unterscheidungen, von denen ich spreche, vornehmen müssen, und gleichzeitig davon ausgehen, dass das Fundament aller Gewalt eine gemeinsame Struktur, nämlich das sinnbildliche Patriarchat ist – was also sollen wir jetzt tun? Die Lösung besteht darin, historisch zu denken; wir dürfen weder unsere Theorien, noch unser Denken noch unsere

Kämpfe zerstückelt in verschiedene Schubladen stecken. Wir begehen einen Fehler, wenn wir unsere Kämpfe *gettoisieren*. Warum ich sagen kann, dass das ein Fehler ist? Weil wir damit keinen Erfolg haben. Wir sehen uns heute mit einer Welt konfrontiert, in der die Einübung der Pädagogik der Grausamkeit offenkundig ist: Es reicht, dem Raggaeton zuzuhören, es reicht, die Musik anzuhören, die massenhaft gehört wird, Fernsehen zu gucken, die Werbung zu sehen. Wir sehen die ganze Zeit, dass wir unterdrückt sind, wir werden in eine Pädagogik der Grausamkeit eingeübt. Das Bild des Fernsehens ist ein Bild der Plünderung, der Enteignung.

Und letzten Endes müssen wir uns auch fragen: Warum demonstrieren feministische Frauen diesen Willen zur historischen und zivilisatorischen Undifferenziertheit? Ich glaube, dass es ein Merkmal des aktuellen feministischen Denkens ist. Auf diese Art und Weise wird eine Ununterscheidbarkeit begünstigt: Die Formen der Herrschaft und die ungleiche Machtverteilung innerhalb der Bewegung selbst werden so verschleiert. Aber auch innerhalb der Bewegung selbst wird – wie alle Welt weiß – gekämpft, um Kontrolle, um Einfluss, um Ansehen und auch und vor allem um Ressourcen. Wir Frauen sollten die ersten sein, die den pluralen Charakter der Erfahrungen anerkennen, und die imstande sind, verschiedene historische Projekte zu denken.

Über die dem Staat zugewiesene Rolle

Es gibt eine vierte Meinungsverschiedenheit unter Feministinnen, auf die ich hier nur kurz eingehen möchte – und ansonsten auf die Literatur zu den Debatten des institutionalisierten Feminismus verweise: Sie spaltet jene Sektoren, die heute in der Mehrheit sind und ihr ganzes Vertrauen und ihre ganze Kraft in die Fortschritte innerhalb des staatlichen Feldes gesetzt haben, um mehr Gesetze, mehr öffentliche Maßnahmen und ein höheres Maß an Institutionalisierung zu schaffen. Und sie verweist auf jene feministische Strömung, die feststellt, dass die institutionelle Strategie wenig Früchte getragen hat, insbesondere hinsichtlich der tödlichen Gewalt und der Formen der Grausamkeit, welche die Frauen erleiden. Und die auch konstatiert, dass falls diese Strategie überhaupt Früchte getragen hat, davon vorrangig *weiße* Frauen aus der Mittelschicht profitiert haben, denen es auf diesem Wege gelungen ist, ›sich einzubringen‹ und in der öffentlichen Sphäre zu agieren. Die erstgenannte Strömung glaubt an eine kausale Beziehung zwischen den Gesetzen und der Praxis, was ich bei verschiedenen Gelegenheiten kritisiert habe.

Diese Position hängt mit der Debatte zusammen, die ich im vorhergehenden Absatz betrachtet habe, also jener, die die europäischen Feminismen den *nichtweißen* also unseren amerikanischen Feminismen gegenüberstellt. Und sie ergibt sich aus einer eurozentrischen Perspektive, die für eine Realität typisch ist, in der aus historischen Gründen das Verhältnis zwischen Staat und Gesellschaft nicht dasselbe ist wie das Verhältnis zwischen Staat und Gesellschaft auf unserem Kontinent, in einem Raum der Kolonisierung. Der republikanische Staat in unseren Gegenden hat – als Erbe der überseeischen Verwaltung – die koloniale Exteriorität hinsichtlich des nationalen Territoriums und der Gesellschaft immer beibehalten. Die Frauen, die diesen Weg weiterhin beschreiten, halten ohne Überprüfung an der Annahme fest, dass das institutionelle Versagen auf eine unzureichende Umsetzung der Richtlinien seitens staatlicher Beamten zurückzuführen wäre, die im öffentlichen Dienst an den Schaltern sitzen. Deshalb glauben sie, dass dieser umstandsbedingte Defekt mit einer adäquaten Ausbildung behoben werden kann, und auch, dass der Staat selbst reformiert werden kann, um zu einer besseren Erledigung seiner Verwaltungsaufgaben gegenüber der Gesellschaft zu gelangen. Dieser Glaube entsteht, wie oben erläutert, durch den Einfluss, den die Feminismen aus dem Norden auf uns haben. Sie drängen darauf, in unserer Mitte Zielsetzungen und Maßnahmen zu installieren, die ebenbildlich zu jenen Maßnahmen sind, die in ihrer geopolitischen Region von Nutzen sind, aber eben ohne jegliche Sensibilität für die Geschichte und die konstitutive Architektur des postkolonialen Staates. Diese konstitutive Architektur der Staaten auf unserem Kontinent, ist – seit ihrer Gründung durch die republikanischen *Criollo*-Eliten – dadurch gekennzeichnet, dass sie eine permanente Fähigkeit zur Aneignung und den Physiologismus ihrer Aneigner garantiert. Hierbei handelt es sich um ein konstitutives Versagen, denn die Geschichte hat noch nie bewiesen, dass die Aneignungsfähigkeit von Behörden, die territorial von einer sich endogam reproduzierenden Verwaltungselite betrieben wird, wieder rückgängig gemacht werden kann. Und wenn ich hier von Elite spreche, dann meine ich die gesamte Gruppe bzw. das Netzwerk staatlicher Akteure. Hinzu kommt der immer seltener justiziable und nicht aufzuhaltende Pakt zwischen Staat und Unternehmen, den der Menschenrechtsdiskurs erfolglos versucht hat, in seine Schranken zu weisen.

Angesichts dieser Situation fragen sich einige von uns, was der Staat für uns tun kann und was nicht und wir suchen nach Lösungen ›innerhalb‹ und ›außerhalb‹ des staatlichen Felds. Es sind diejenigen von uns, die mittlerweile überzeugt sind, dass wir uns – fast ohne es zu merken – den Strategien und Zielen der Feminismen des Nordens gebeugt haben. Sie haben uns dazu gebracht, alle Karten ausnahmslos auf das staatliche Feld zu setzen, allerdings ohne dass uns das mit Blick auf unsere Vorschläge und Forderungen besonders weit gebracht hätte. Ohne die Kämpfe an der staatlichen Front aufzugeben – die Kämpfe müssen an allen Fronten geführt werden –, ist es doch vonnöten, unsere Ziele auch jenseits des Staates, auf außerstaatlichen Wegen voranzutreiben. Und zwar indem wir aus den noch erkennbaren und lebendigen Fragmenten der Gemeinschaft, die ich als ›Fetzen der Kommunität‹ bezeichnet habe, das kommunitäre Gewebe rekonstruieren. Und niemals aus abstrakten Modellen, denn die Kommunität braucht eine Geschichte und eine symbolische Dichte, einen eigenen Kosmos, der den Zusammenhalt stützt und die Richtung des eigenen historischen Projektes aufzeigt.

Das Geschlechterproblem nicht ›gettoisieren‹

Diese fünfte Meinungsverschiedenheit habe ich bereits erwähnt, als es um die Differenz zwischen der dualen Welt der kollektivistischen und der binären Struktur der modernen Gesellschaften ging, aber sie verdient einen eigenen Abschnitt. In den modernen Gesellschaften bestimmt der binäre Entwurf des Verhältnisses zwischen der ›öffentlichen Sphäre‹ – also jener Ebene, die die Äußerung all dessen autorisiert, was von universellem Wert und allgemeinem Interesse ist – und seinen ›Rändern‹ – an denen sich all jene Themen versammeln, die von partikularem Interesse sogenannter ›Minderheiten‹ sind –, dass alles, was Geschlechterverhältnisse und das Leben der Frauen betrifft, der Politizität beraubt und in die Ecke des Intimen und Privaten gedrängt, verbannt und abgeschoben wird. Das hatte ich in meiner Analyse der Überschneidung von ›Geschlecht‹ und Kolonialität und dem daraus resultierenden Aufkommen eines kolonial-modernen Patriarchats hoher Intensität dargelegt. Diese binäre Struktur, die das Schicksal und die ›Staatsbürgerschaft‹ der Frauen im Bereich des Partikularen, des Spezifischen, des Partiellen festsetzt, liegt jenen Geschlechterdiskursen zugrunde, die es ›gettoisieren‹. Es handelt sich um Ansätze, die die Frage der Geschlechterverhältnisse, der Viktimisierung der Frau und all jener, deren Sexualität nicht der Norm entspricht, als ein Thema definieren, das ausschließlich im Bereich der männlichen und weiblichen Bindungen, der Affekte und der Repräsentation von Männern und Frauen betrachtet werden kann. Das ist eine Position, mit der ich mich weder als Theoretikerin noch als Aktivistin identifizieren kann.

Diese ›gettoisierende‹ Position leitet sich auch aus den Ansätzen, Kategorien und den sehr konsolidierten Praktiken der eurozentrischen Feminismen ab, die wir als ›produktivistisch‹ und institutionalisiert bezeichnen können. Diese Feminismen von ›Spezialistinnen‹ tendieren dazu, das Thema des Verhältnisses von Männern und Frauen zu isolieren, es aus einem weiteren Bezugsrahmen und allgemeinen Überlegungen hinsichtlich des Kontextes und der Machtbeziehungen des jeweiligen historischen Moments herauszulösen.

Im Gegensatz dazu steht ein Feminismus, der sich in erster Linie mit dem historischen Kontext befasst und das Schicksal der Frauen innerhalb dieses historischen Szenarios als grundlegend betrachtet, um die Macht zu lokalisieren und um Formen, in denen sie ausgeübt wird, zu analysieren. Dieser Ansatz begreift ›Geschlecht‹ als einen Gradmesser, als ein Feld, das im Lichte eines weiten Bezugsrahmens, der sich aus dem Geflecht von Kapital, Politik und gesellschaftlichen Praktiken im Allgemeinen zusammensetzt, lesbar und interpretierbar ist. Die jeweilige Position von ›Geschlecht‹ ermöglicht eine Diagnose der historischen Szenarien, und nur diese Analyse ermöglicht ihrerseits, die Ereignisse, die die Kategorie ›Geschlecht‹ betreffen, zu verstehen.

Nur wenn wir das Thema auf diese Art und Weise betrachten, dann verstehen wir, warum es so schwierig ist, die Frau aus der Position zunehmender Vulnerabilität, in der sie sich in der heutigen Welt befindet, zu befreien. Und das trotz der Zunahme von Gesetzen und institutionellen Maßnahmen zu ihrem Schutz und ihrer Förderung. Denn das Gefüge, das ihre untergeordnete Position festzurrt, ist bei weitem umfassender als jede Analyse, die die patriarchale Struktur ›gettoisiert‹ und spezialisiert.

Kapitel 7

Die neue Eloquenz der Macht

Ein Gespräch mit Rita Segato

In Deinem Essay *Die neuen Formen des Krieges und der Körper der Frau* verknüpfst Du die Kontrolle der Mafias, die immer weitere Sektoren der Gesellschaft umfasst, mit der Akkumulation und der repräsentativen Politik. Du prangerst an, dass es zwei parallele Realitäten gibt, eine legale und eine illegale, die aber in einer einzigen Struktur miteinander verwoben sind. Welche Konsequenzen ergeben sich aus dieser Struktur – die, wie Du schreibst, scheinbar sehr weit voneinander entfernte Bereiche von Gesellschaft und Politik miteinander verbindet – für die Gesellschaft?

Ich versuche, aus meiner Perspektive heraus ein Modell zu skizzieren, das über die Einzelfälle mit all ihrem Leid hinausgeht. Dieser theoretische Entwurf ist letztlich nichts anderes, als ein Diskurs über die Struktur der repräsentativen Massendemokratie selbst. Mit anderen Worten: Es geht mir nicht um eine konstruktive Kritik ihres schlechten Funktionierens, sondern um eine destruktive Kritik ihrer strukturellen Grundlagen, die man nicht verteidigen kann, weder vor ihren eigenen parastaatlichen Schatten, noch vor dem doppelten Kapitalfluss; das heißt, jenem in den Kreisläufen der Ersten Realität und jenem in den Kreisläufen der Zweiten Realität, die durch gut versorgte Blutgefäße kapillar miteinander verwachsen sind. Die Demokratie bröckelt, sie sieht sich einem neuen Putsch ausgesetzt, der nicht von oben kommen wird – von uniformierten Militärs, die sich mittels ihrer Macht den Staat, all seine Ressourcen und Institutionen aneignen. Vielmehr wird dieser Putsch die Demokratie von unten treffen, von der Kontrolle her, die die Mafias gewinnen – und das aufgrund ihrer eigenen Fähigkeit, die Politik zu finanzieren. Ohne ihren Beitrag kann heutzutage kein Kandidat gewählt werden, weil dieser Zufluss an Ressourcen notwendig ist, um den politischen Willen zu kaufen und die Koalitionen und Bündnisse im gegnerischen Lager zu zerstören.

Mein Argument der Hilflosigkeit des staatlichen Feldes gegenüber der Zweiten Realität ist daher in einem umfassenderen politischen und theoretischen Horizont zu betrachten. Es geht nicht darum, ein Heilmittel zu finden, um ein paar Fälle zu lösen und Gelegenheitstäter festzunehmen. Und es geht auch nicht darum, die Polizei zu reformieren, damit sie sich an Recht und Gesetz hält, sich zügelt und wieder vertrauenswürdig wird. Es gilt, den tatsächlichen Möglichkeiten, die angesichts der gemachten Erfahrungen denkbar sind, direkt und ungeschminkt ins Auge zu sehen und zu beurteilen, ob eine staatliche Struktur aus eigener Kraft imstande sein wird, das Ausmaß der Schwierigkeiten zu begreifen, vor denen wir stehen. Und das heißt, ob sie imstande sein wird, sich gegen die opportunistische Ausweitung des Parastaates abzuschirmen, der in ihrem Inneren oder neben ihr, also in der Zweiten Realität, agiert.

Ich habe mich diesbezüglich in all meinen Texten der letzten zehn Jahre klar positioniert und von einer Sache bin ich überzeugt: Nur ein Staat, der die Rekonstruktion der kommunitären Geflechte fördert, ein Staat also, der etwas zurückgibt, indem er ein ethnisches bzw. kommunitäres Forum rekonstruiert, wird die Menschen in Lateinamerika schützen können. Deshalb müssen wir wieder lernen, außerhalb der *Res Publica* zu denken, wir müssen uns von der Vereinnahmung aller Politik in der staatlichen öffentlichen Sphäre befreien. Die Bewegungen haben sich von dieser öffentlichen Sphäre einhegen lassen, und sie setzen ihre ganze Energie und Intelligenz in dieses Feld. Deshalb bin ich überzeugt, dass ihr Glaube in den Staat fromm ist und ihre Naivität total. Wir müssen erkennen, dass die Kämpfe und die politische Erneuerung sowohl innerhalb als auch außerhalb des staatlichen Feldes stattfinden müssen.

Wenn sich die Macht nicht mittels Recht und Gesetz durchsetzen kann, nutzt sie die Körper als Territorium der Einschreibung. In Ciudad Juárez bilden die Frauen diesen Ort, aber hier in Argentinien scheinen es junge Menschen zu sein, die als Schreibfläche für diese neue Form der Souveränität dienen.

Ich habe begonnen, das als eine alternative Erklärung für etwas zu betrachten, das mir irrational schien, denn wir suchen immer eine instrumentelle Dimension der Gewalt. Wir fragen uns: »Wozu?« Ich hingegen habe versucht, in diesen Verbrechen die expressive Dimension zu verfolgen. Jede Gewalt hat eine instrumentelle und eine expressive Dimension. Bei sexualisierter Gewalt ist die expressive vorherrschend. Es geht nicht darum, eine Dienstleistung in Anspruch zu nehmen, ohne dafür zu bezahlen. Der gewöhnliche sexuelle Angriff des Vergewaltigers auf der Straße folgt einer vagen Rationalität, die selbst für den Angreifer oft schwer nachvollziehbar ist. Wenn ein verurteilter Häftling eine Weile nach der Tat mit der Vergewaltigung konfrontiert wird, trifft er auf etwas dermaßen Undurchsichtiges, dass er erstaunt, ja schockiert ist: Er findet selbst keinen Zugang zur Rationalität dieser Tat, obwohl er sie begangen hat. Es ist, als würde die Vergewaltigung sich der Person des Vergewaltigers ermächtigen, als würde sie ihn überraschen. Es existiert eine gemeinsam geteilte Struktur, die mittels des Subjekts agiert, aus seinem Inneren heraus, und die das Individuum nutzt, um einen Weg zur Handlung zu ermöglichen. Und die Person löst sich in dieser Handlung auf. Das Subjekt, das auf der Suche nach der Wiederherstellung seiner Virilität ist, eignet sich einen weiblichen Tribut an und konstruiert sich so als Mann. Ich habe diese Art der Irruption einer gemeinsamen geteilten Vorstellung durch das Subjekt in der Vergewaltigung in meinem Buch *Die elementaren Strukturen der Gewalt* analysiert. Lacan kennt zwei verschiedene Kategorien, um diese Irruptionen zu beschreiben: das ›acting out‹, bei dem die Person anstatt zu sprechen einen Inhalt mittels eines expressiven Aktes zum Ausdruck bringt; und der ›passage à l'acte‹, bei dem das Subjekt sich in der Handlung selbst zerstört. Das geschieht bei der Vergewaltigung. Es ist sehr beeindruckend, anzuhören, wenn der Vergewaltiger sagt: »ich bin dabei gestorben«, »ich habe mich umgebracht«. In der kolonial-modernen patriarchalen Atmosphäre wird die Vergewaltigung wie ein moralischer Mord empfunden. Allein, dass die Frau, die vergewaltigt wird, keinen Grund hat, das so hinzunehmen. Dieser Standpunkt hat mir eine Menge Probleme mit Feministinnen bereitet, besonders in Mexiko. Die Vergewaltigung ist ein schrecklicher Angriff, aber nicht notwendigerweise ein moralischer Mord, selbst dann nicht, wenn dies die Absicht gewesen sein sollte. Es ist die patriarchale Atmosphäre, die wir atmen, die es in einen moralischen Mord verwandelt, die patriarchale Atmosphäre, für die der Vergewaltiger ein Vermittler ist.

Welcher Art ist die Macht, die sich in diesem Übergang zur Handlung, diesem ›passage à l'acte‹, den Du beschreibt, ausdrückt?

Es ist etwas, das das Subjekt durchquert, eine Struktur, die uns alle durchquert. Die Vergewaltigung ist keine Anomalie eines einsamen Subjekts, es ist eine Botschaft, die in Gesellschaft ausgesprochen wird. Es gibt eine Teilnahme der gesamten Gesellschaft an dem, was dort gesagt wird. Nicht im Sinne eines diskursiven Bewusstseins, aber schon in Form eines unmittelbaren, praktischen Bewusstseins. Der Zweck dieser Grausamkeit ist nicht instrumenteller Art. Diese Körper werden nicht zur Erbringung einer Dienstleistung gezwungen, vielmehr existiert eine Strategie, die auf etwas viel Zentraleres abzielt, eine Pädagogik der Grausamkeit, um die herum sich das gesamte Gebäude des Kapitalismus dreht. Es geht darum, einen Blick von außen auf die Natur und die Körper zu lehren; sich als Wesen außerhalb des Lebens zu produzieren, um von dieser Äußerlichkeit her das Leben zu kolonisieren und zu beherrschen, es auf eine neue Art und Weise zu erpressen und zu berauben. Aber wir sprechen hier von der Vergewaltigung in einem geschlechtsspezifischen Szenario, und vor allem von einer Art der Handlung, die auf die Konstruktion und Rekonstruktion von Männlichkeit abzielt. Wir wollten in diesem Gespräch aber ja primär über Kriegsverbrechen sprechen, also die Vergewaltigung und sexuelle Folter von Frauen – und in einigen Fällen, wie zum Beispiel in den Armenvierteln von Rosario, auch von Kindern und Jugendlichen – als Kriegsverbrechen im Kontext der neuen Konfliktformen in den peripheren Elendsvierteln der großen lateinamerikanischen Städte. Die Vergewaltigung im Kontext von Banden und Maras. Hier ist die Rationalität eine andere, obschon einige Elemente der patriarchalen Struktur weiter Bestand haben. So zum Beispiel das, was ich als das von der männlichen Bruderschaft ausgesandte Mandat der Vergewaltigung im mentalen Horizont des gewöhnlichen Vergewaltigers beschrieben habe. Es ist letztlich analog zum Mandat der Bande oder Mara, die anordnet, mit dem Mittel der Vergewaltigung die Frau, die zur gegnerischen Fraktion gehört, oder das Kind, das sich nicht rekrutieren lässt oder ungehorsam ist, herabzusetzen, zu unterwerfen und moralisch zu massakrieren.

Aber es gibt ja verschiedene Ebenen des Verstehens, also einerseits diejenigen, die die Grammatik, die Codes dieser Vergewaltigungen verstehen, und andererseits diejenigen, die auf Distanz bleiben und für die es nur Tode ohne jeden Sinn sind.

Um noch auf die vorherige Frage zu antworten: Als ich begonnen habe, zu untersuchen, was mit den Frauen im Fall Ciudad Juárez geschah – die Verstümmelungen und die sexuelle Folterung der Körper, die dann auf Brachen oder Müllhalden abgelegt wurden –, da wurde mir klar, dass das auch mit Kindern geschehen könnte. Es handelt sich hier nicht um einen Angriff auf den Körper des Feindes, den Körper des Auftragsmörders der verfeindeten Fraktion zum Beispiel, sondern um etwas Anderes. Die Angegriffenen sind zerbrechliche Körper, keine Krieger-Körper. Und das hat mich erschaudern lassen – Candela Rodríguez war ein Kind. In Argentinien gibt es auch einen beeindruckenden Fall von einem Kind, Marcos de Palma. Ein Kind, dessen Mutter bereits tot war und das gemeinsam mit dem Vater entführt wurde. Er war ein mittelständischer Geschäftsmann, dem es ganz gut ging und der sich ein Kleinflugzeug gekauft hatte. In der Tat fragt man sich, zu welchem Zweck er dieses Flugzeug gekauft hat... Den Vater bringen sie um, den Sohn aber bringen sie nicht nur um, sondern sie schneiden ihm auch noch die Hände ab. Und die Zeitungen schreiben: »Klar, sie haben ihn als Zeugen des Mordes an seinem Vater umgebracht«. Aber warum ihm dann die Hände abhacken? Das ist ganz klar eine mafiöse ›Handschrift‹. Es geht um die Ausdruckskraft dieser grauenerregenden Drohung, die sich an die ganze Gesellschaft richtet. Eine Botschaft unbegrenzter Fähigkeit zur Gewalt und niedrigster Schwellen in Bezug auf menschliche Sensibilität. In parastaatlichen Aktionen solcher Gruppen ist die Demonstration grenzenloser Grausamkeit von noch größerer Bedeutung, denn es gibt keinerlei andere Dokumente oder Abzeichen, die anzeigen würden, wer die Rechtshoheit innehat.

Für Rosario in Argentinien gibt es Statistiken über die Jugendlichen, die im Drogenhandel getötet werden, aber es gibt keine Daten über die Grausamkeit, die dabei im Spiel ist, und die Markierungen, die in jene Körper eingeschrieben werden, die man nicht tötet. Aus unseren Gesprächen mit Mitarbeiter:innen aus dem Gesundheitswesen haben wir erfahren, dass in diesen Fällen auf Bauchhöhe geschossen wird, dahin, wo der Ischiasnerv liegt bzw. die Wirbelsäule und in die Knie, damit die Opfer gelähmt bleiben.

Das hat auch die IRA in Irland mit Verrätern und Deserteuren so gemacht, im Englischen nennt man es ›knee-capping‹. Sie haben auf die Knie geschossen, weil so eine Verletzung kaum reparabel ist und die Person definitiv für immer humpeln würde. Mit anderen Worten: Man hinterließ eine unauslöschbare Markierung auf ihrem Körper. Im Fall der Schüsse ins Rückenmark, also auf die Wirbelsäule, bleibt die Person querschnittsgelähmt. Das sind Strafen, die für unbedeutendere Fälle von Beleidigung oder Verrat verhängt werden, die größeren werden mit dem Tod bestraft. Wir dürfen nicht vergessen, dass in dieser Zweiten Realität keine Gefängnisse unterhalten werden können, die in der Ersten Realität der Ort der Bestrafung sind.

All diese Formen der Bestrafung und der diffusen Gewalt – diese Angst, die sich unter den Menschen in den armen Peripherien in Rosario, in Córdoba, in Buenos Aires und in allen großen lateinamerikanischen Städten bereits festgesetzt hat – zeigen, dass es einen Nährboden gibt, von dem eine ganz eindeutige Drohung für die Gesellschaft als Ganzes ausgeht. Es sind Signale, die unauffällig und doch mit deutlicher, klarer Stimme ausgesandt werden, um zu verkünden, dass eine Gefahr für die Ordnung und die Vorhersehbarkeit der Existenz existiert. Die Codes und Konventionen, die allen zwischenmenschlichen Beziehungen Stabilität verleihen, werden so mit einem Fragezeichen versehen.

Ich denke an den außergewöhnlichen Film über die Genese des Nationalsozialismus von Ingmar Bergman, das *Schlangenei*. Es ist ein

Film, der zeigt, wie man ein neues Machtregime ausheckt, wie eine neue Macht aufsteigt. Es ist das Schlangenei, das in einem verborgenen Nest ausgebrütet wird. All das, was rund um diese Mafias geschieht, ist ziemlich neu. Diese Art von Grausamkeit – zum Beispiel am Körper der Frau – ist charakteristisch für die neuen Formen des Krieges, die ihren Anfang in unseren Militärdiktaturen und den schmutzigen Kriegen gegen die Menschen genommen haben, in Guatemala, in internen Konflikten, im Krieg im ehemaligen Jugoslawien, in Ruanda und nun im Universum der Auftragsmörder. Früher, in Kriegen, die heute als konventionelle Kriege bezeichnet werden, also von den Stammeskriegen bis hin zu jenen zwischen Staaten im 20. Jahrhundert, wurde die Frau gefangengenommen wie ein Territorium. Das Land, die Natur, das ist kein Territorium. Das Territorium ist der begrenzte, umzäunte und politisch bewohnte und verwaltete Raum. Die Frau ist als Teil von Eroberungszügen immer angeeignet, vergewaltigt und geschwängert worden. In sie wurde Samen eingepflanzt so wie er in die Erde gepflanzt wird, als Teil einer Aneignung. Aber das ist nicht das, was aktuell geschieht. Die Folterung von Frauen bis zum Tod ist eine Kriegshandlung anderen Typs. Es ist die Zerstörung des Feindes am Körper der Frau. Es geht nicht um seine aneignende Eroberung, sondern um seine Vernichtung. Ich glaube, dass hierin auch ein neuartiges Verhältnis des Raubbaus an der Natur zum Ausdruck kommt. Dieses Schlangenei, das ausgebrütet wird, und dessen Existenz sich in verschiedenen Epiphänomenen offenbart, ist eine neue Ordnung, in der das Böse die Regel ist.

In einigen Vierteln im Ballungsraum Buenos Aires hat es gleichlautende Anschuldigungen gegen Mitarbeiter:innen von sozialen Einrichtungen gegeben, weil sie angeblich Minderjährige missbraucht haben. Sie sollen von Mitgliedern krimineller Gruppen stammen, um dadurch Proteste hervorzurufen und Häuser niederzubrennen. Ziel ist, dass die Menschen ihren Ort verlassen und die Gruppen so über das Territorium verfügen können. Aber diejenigen, die die Kinder des Viertels angreifen, vergewaltigen und brutal behandeln, das sind die kriminellen Organisationen selbst.

Das ist die Umkehrung einer kommunitären Vorgehensweise, die die Banden als Methode übernommen haben, aber eben mit der entgegengesetzten Absicht: die kommunitäre Organisationsform, die Politisierung der Leute zu zerstören. Im Fall von Bestrafungen von Jungen durch Vergewaltigung ist die eigentliche Strafe die Feminisierung ihrer Körper, ihre Verschiebung auf die weibliche Position. Wobei man an diesem Punkt darauf hinweisen muss, dass die Vergewaltigung der Frauen ebenso ihre Entmachtung und ihre Festsetzung auf die weibliche Position darstellt: die Einschließung in dieser Position als Schicksal, das Schicksal des zum Opfer gewordenen, herabgesetzten und unterworfenen Körpers. Egal, ob eine Frau oder ein Mann vergewaltigt wird, die Absicht ist in beiden Fällen ihre Feminisierung. Das liegt daran, dass wir von einer kollektiven Vorstellung durchdrungen sind, die der Vergewaltigung eine Bedeutung zuschreibt, und die ein hierarchisches Verhältnis etabliert, das wir ›Geschlecht‹ nennen, das heißt eine ungleiche Beziehung, die die weibliche und die männliche Position zueinander in Relation setzt.

Wenn es sich um ein Kind handelt, wie im Falle dieses armen kleinen Jungen, dem sie die Hände abgehackt haben, dann erscheint das Kind in dieser allgemeinen Vorstellung in der gleichen Position wie die Frau: als das Wesen, das behütet werden muss, als der Körper, der per Definition geschützt werden muss. Das Unvermögen, für ihn zu sorgen, ihn vor dem bösen Feind zu schützen, ist ein Anzeichen für den moralischen Bankrott, eine der wichtigsten Formen der Niederlage in der archaischen, überlieferten kollektiven Vorstellungswelt. Die Vorstellung von ›Geschlecht‹ ist nicht so einfach zu verändern, das funktioniert nicht per Dekret, für einen solchen Wandel ist eine sehr große Zeitspanne notwendig. In der Perspektive dieser überlieferten Vorstellungswelt müssen die Körper von Frauen und Kindern beschützt werden. Dafür sind die Väter, die größeren Brüder, ihre Onkel, der Bürgermeister, die Soldaten zuständig: Sie müssen über den Körper der Frauen wachen, die sich in ihrer Obhut bzw. in ihrem territorialen Zuständigkeitsbereich befinden.

Wenn es sich allerdings – wie im Fall in der Stadt Rosario geschehen – bei den Opfern dieser Angriffe um Kinder handelt, die potentiell bereits Soldaten sind, also zwölf Jahre oder älter, ist die Struktur, die symbolische Ökonomie, die dieser Botschaft Bedeutung verleiht, nicht exakt dieselbe: Denn es handelt sich um ein Kind, das in der Wahrnehmung des kollektiven Bewusstseins bereits über eine gewisse Autonomie verfügt, weshalb es nicht mehr beschützt werden muss. Wenn man den Körper eines Kindes oder den einer Frau angreift, dann wird mittels dieses Körpers die Moral desjenigen herausgefordert und vernichtet, der imstande sein müsste, diesen Körper zu beschützen und für ihn zu sorgen. Im Fall der ›kleinen Soldaten‹ hingegen geht es um die Rekrutierung der Körper als Arbeitskräfte für den Krieg bzw. um die Bestrafung oder Vernichtung derjenigen, die sich dem nicht unterwerfen, die sich der Zwangsrekrutierung, den Schmuggelgeschäften und anderen Aufgaben an der neuen Front der Konflikte verweigern.

Der Unterschied, den Du zwischen dem Kind und dem kleinen Soldaten gemacht hast, könnte – selbst wenn sie gleich alt sind – ein Schlüssel für die Interpretation sein. Die Frage, warum man diese Jugendlichen nicht vergewaltigt, ihnen aber einen Schuss ins Knie oder in die Hüfte versetzt, hätte dann damit zu tun, sie als Arbeitskraft unbrauchbar zu machen…

Ja, klar. Die Botschaft ist: Wenn Du nicht in meinen Reihen stehst, dann wirst Du auch nicht in irgendwelchen anderen Reihen stehen! Außerdem ist besorgniserregend, dass es Methoden gibt, die sich länderübergreifend ausbreiten. Aber wie verbreitet sich das Wissen um solche Methoden? In dieser Zweiten Realität existiert eine kriegerische Tradition, die länderübergreifende Verzweigungen unterhält. Die Anführer ziehen von einem Land in das nächste. Man weiß, dass Kolumbianer nach Mexiko gegangen sind, und der *Sendero Luminoso* hat sich im Cono Sur ausgebreitet, während sie sich mitsamt ihren Methoden weiterbewegt haben. Außerdem gibt es Kuriere, die über neue Taktiken informieren und sie lehren.

Man hat den Eindruck, dass sich in dieser Zweiten Realität ein Kodex entwickelt, der eine spezifische *Fähigkeit* zur Entzifferung voraussetzt, die mit Blick auf das Bedeutungsfeld der Ersten Realität

immer ausdifferenzierter werden muss. Die Fähigkeit, diese Formen der Manifestation von Gewalt zu lesen, beschränkt sich fast ausschließlich auf jene, die in diesen Territorien leben, und wir, die wir es von außerhalb, also über die Medien vermittelt sehen, verstehen nicht wirklich, worum es eigentlich geht.

Ich habe bei einer Gelegenheit an einer Demonstration von Müttern aus Ciudad Juárez teilgenommen, die zwei Dinge forderten: Einerseits das Ende der Straflosigkeit und andererseits überraschenderweise die Freilassung der Angeklagten, die im Gefängnis saßen. Das war etwas noch nie Dagewesenes, denn die Opfer und ihre Angehörigen wollen eigentlich immer einen Schuldigen und dessen Lynchmord. Doch diese Mütter nicht. Diese Mütter wussten, auf eine beunruhigende Art und Weise, dass diejenigen, die im Gefängnis saßen, nicht die Schuldigen waren. Warum? Das ist das Interessante daran… Woher wussten sie das? Woher stammte ihre Gewissheit? Der Grund dafür ist – und das ist außergewöhnlich und sehr interessant –, dass in Ciudad Juárez ein Konsens darüber besteht, eine Art geteiltes Wissens, das nichts anderes ist, als die Gewissheit, dass diese seltsamen Verbrechen gegen Frauen Verbrechen der Macht sind. Und die Gefangenen sind weder die Macht, noch repräsentieren sie sie. Ich bin davon überzeugt, dass – genauso wie ich für das, was ich in diesem erstaunlichen Protest gesehen habe, einen Namen gesucht und mit der Formulierung ›Verbrechen der Macht‹ gefunden habe – es die Aufgabe von uns Intellektuellen ist, auf genau diesem Wege Rhetoriken zu erschaffen, ein Lexikon anzubieten, damit die Menschen das in Worte fassen können, was sie im Grunde bereits wissen. Denn die Menschen bei dieser Demonstration sagten: ›Die sind es nicht, es sind die Mächtigen.‹ Und wir sind diejenigen, die mit Worten arbeiten, diejenigen, die die Idee des ›Verbrechens der Macht‹ ausformulieren können.

Ich möchte an dieser Stelle allerdings auch betonen, dass die Unberührbarkeit und die Straflosigkeit, die in diesen Szenarien der heutigen Kriege zu beobachten ist, von einem gigantischen Ausmaß sind. Der Gouverneur der Provinz Buenos Aires, Daniel Scioli, hat während der Untersuchung des Kongresses im Fall Candela allen, die darin verstrickt waren, den Rücken gestärkt. Von daher: Ich glaube nicht, dass der Staat die Menschen schützen kann. Das ist eine Fiktion, es funktioniert nicht.

Welche Fortschritte gibt es denn auf der Ebene des Staates?

Was die Gewalt gegen Frauen betrifft, hat es noch nie so viele Gesetze zum Schutz der Frauen gegeben, noch nie hat es so umfassende Möglichkeiten gegeben, die Gewalt zur Anzeige zu bringen. Es gibt Gesetze, öffentliche Maßnahmen, Institutionen. Doch anstatt abzunehmen, nimmt die tödliche Gewalt gegen Frauen zu. In Brasilien stirbt alle anderthalb Stunden eine Frau. Aufgrund einer ganzen Reihe von immer dringlicher werdenden Problemen existiert keine Entsprechung zwischen Recht und Gerechtigkeit. Die Forderungen nach Gerechtigkeit lassen sich nicht in die Sprache des Rechts übersetzen. Das Recht ist von den wichtigen Fragen weit weg, das Leben feudalisiert sich zunehmend und die korporativen Netzwerke von Gefälligkeiten gewinnen im Leben der gewöhnlichen Bürger:innen immer mehr Raum. Diese Feststellung muss theoretisch gespiegelt werden, um eine zeitgenössische Kritik an der Struktur der repräsentativen Massendemokratie zu formulieren. Wie gesagt, es kann sein, dass eine konstruktive Kritik des schlechten Funktionierens schon nicht mehr ausreicht, weil die strukturellen Grundpfeiler sehr anfällig sind und bereits kompromittiert und involviert scheinen. Die Institutionen können sich gegen den doppelten Kapitalfluss, von dem ich gesprochen habe, schon jetzt nicht mehr wehren.

Das ist auch für uns eine Herausforderung, für uns, die wir Lesarten des Geschehens vorschlagen. Ein Modell ist eine Art Wette auf eine mögliche Lesart, mit deren Hilfe es gelingt, verstreuten Ereignissen, die lose und unzusammenhängend erscheinen, und deren Ursachen nicht aufgedeckt werden konnten, einen Sinn zuzuschreiben und sie zueinander in Beziehung zu setzen. Plötzlich beginnt man wahrzunehmen, dass es eine tieferliegende Struktur gibt, die wir nicht sehen können, aber die wir erst einmal annehmen müssen, um die Dinge an der Oberfläche in einen gewissen Zusammenhang bringen zu können. In diesem Sinne ist mein Essay über Ciudad Juárez eine mögliche Modellierung, mit dessen Hilfe eine Reihe von Ereignissen lesbar wird.

Analog könnten wir für Argentinien über den Menschenhandel sprechen und uns viele Fragen stellen, auf die wir nur mithilfe eines Modells unsichtbarer Beziehungen, die schwer zu beobachten und festzumachen sind, überhaupt eine Antwort finden. Wenn man diese Beziehungen als These annimmt, dann kann man einige unverständliche Aspekte des Phänomens erklären, wie zum Beispiel: Wie kann es sein, dass der Menschenhandel und die diesbezügliche Straflosigkeit andauern? Es scheint, dass verschiedene Verbrechen unantastbar sind, obschon es ganz einfach wäre, sie zu unterbinden. Der Menschenhandel geschieht vor aller Augen, an bekannten Orten. In kleinen Ortschaften ist es ziemlich leicht herauszufinden, wo die Bordelle sind. Woher stammt also diese Unmöglichkeit, den Menschenhandel zu bekämpfen, ihn zu zerschlagen, wenn er doch etwas so Offensichtliches ist?

Wir müssen also über Folgendes nachdenken: Worin wurzelt und worin besteht das, was den Menschenhandel schützt, was ihn unausrottbar macht, was zulässt, dass er ein Verbrechen vor aller Augen bleibt? Und um auf diese Frage zu antworten, müssen wir uns – genauso wie im Fall von Ciudad Juárez – vernünftiger, tragbarer und überzeugender Vermutungen bedienen. Also zum Beispiel den Aspekten, die seine Unantastbarkeit produzieren und garantieren: Erstens sind der Menschenhandel und die Ausbeutung der Zwangsprostitution aus ökonomischer Sicht Formen der Enteignung des Frauenkörpers, die einen Mehrwert abwerfen. Das heißt, der Körper erwirtschaftet bei einer sehr geringen Investition Kapital, bis dahin, dass man sagen kann, dass es sich um eine Art Ertrag handelt, der aus der Ausbeutung eines angeeigneten Körper-Territoriums stammt. Streng ökonomisch betrachtet kann man sogar von einer Akkummulation durch Enteignung sprechen. Nach UN-Angaben produziert der Menschenhandel mit dem Ziel sexueller Ausbeutung jährlich einen Gewinn von 27,2 Milliarden Dollar.

Zweitens, fließen meiner These zufolge die Erträge aus dem Menschenhandel über die Bestechungsgelder – die der Polizei gezahlt werden, damit sie nicht in die Bordelle eingreift – auch in die Wahlkampfkassen der Politiker. Ein Kommissar aus der Gegend von La Plata hat mir berichtet, dass ihm zwei Optionen angeboten wurden, als er der Ausbeutung von paraguayischen Mädchen in einem Bordell nicht länger zusehen wollte: entweder vorzeitig in den Ruhestand zu gehen oder in eine abgelegene und weniger bedeutende Gemeinde der Provinz Buenos Aires versetzt zu werden. Diese Anordnung kam direkt von einem Regierungsfunktionär und zwar deshalb, weil die Einnahmen für die Wahlkampfkasse zurückgegangen waren. Das Motiv ist daher nicht die schlichte Bereicherung, sondern – so meine Argumentation – die Speisung der Wahlkampfkassen im Rahmen dessen, was wir als ›repräsentative Demokratie‹ bezeichnen.

Ein drittes Element besteht darin, dass die Praxis des Menschenhandels gleichzeitig eine Rolle in einer symbolischen Ökonomie spielt, die ihrerseits die materielle Ökonomie des Marktes in dieser apokalyptischen Phase des Kapitals aufrechterhält und nährt. Denn diese Praxis inszeniert eine perverse Pädagogik – genau das, was ich weiter oben als ›Pädagogik der Grausamkeit‹ bezeichnet habe –, die das Schauspiel der vollständigen Ausplünderung des Lebens, bis dahin, dass es nur noch Abfall, nur noch Reste hinterlässt, fördert und so die Menschen daran gewöhnt. Damit wird die Idee propagiert, Konsum und Verschwendung führten zu Genuss und Vergnügen.

Viertens muss man berücksichtigen, dass die Motivation eines Bordellbesuchs bei den Männern heutzutage nicht die sexuelle Befriedigung ist – falls sie es je gewesen sein sollte. Die Kunden tauchen in der Regel in Gruppen auf. Es ist üblich, dass solche Gruppen das Bordell als Ort der Verbrüderung zwischen Männern nutzen, bei der auch Vereinbarungen, Allianzen, Geschäfte und Absprachen, die Unternehmer der verschiedensten Arten und Branchen miteinander treffen, gefeiert werden. Darunter sind Richter, Polizisten, Mitglieder verschiedener Streitkräfte sowie Politiker mit ihren Wahlkampfhelfern. Ein Nebenprodukt des Bordells als dem Ort für geschäftliche Absprachen zwischen Männern ist im übrigen der Ausschluss von Geschäftsfrauen, Politikerinnen, Richterinnen etc. von allen Geschäften, die dort abgeschlossen werden.

Der Menschenhandel und die sexuelle Ausbeutung in Bordellen ist somit eine runde Sache, ein Geschäft, das perfekt geschützt ist, egal aus welcher Perspektive man es betrachtet. Nur so können wir seine bewiesene Unzerstörbarkeit erklären.

Wir vertreten die These, dass im Rahmen dieser vielschichtigen Komplexität eine neue Art von sozialem Konflikt entstanden ist, der die Schaffung einer noch nie dagewesenen Art von politischer Intervention erfordert ...

Aus meiner Sicht ist die Beziehungsstruktur, die ich gerade beschrieben habe, der letzte Fallstrick für die Demokratie. Es ist ein ›Putsch‹, ein Schlag gegen die Demokratie, der ›von unten‹ kommt. Deshalb ist es keine Überraschung, dass die Auftragsmörder in Diensten krimineller Organisationen kommunitäre Einrichtungen angreifen, die sich bemühen, die Viertel zu politisieren und Kollektivitäten auszubilden, die auf Reziprozität setzen und Pole einer alternativen popularen Wirtschaft schaffen. Der Antagonismus zwischen den beiden Organisationsformen ist total: Die kriminelle Organisation agiert außerhalb des Gesetzes, aber wir sollten uns nichts vormachen, denn andererseits agiert sie – wie aus dem oben Gesagten hervorgeht – vollkommen innerhalb der Logik des Kapitals. Der Aufbau von alternativen, popularen Wirtschaftsformen, die auf Reziprozität und gegenseitiger Unterstützung basieren, ist daher ein gegnerisches Feld und dies stellt ein Hindernis für die Ausbreitung des Handelsmodells dieser Organisationen dar. Gleichzeitig bietet dieser kommunitär organisierte Bereich eine Alternative des Überlebens für jene Menschen an, die angesichts dieser Option lieber darauf verzichten, den Tod als Lebensprojekt zu akzeptieren. Es ist von zentraler Bedeutung, dass es keine Alternative zur Expansion des Kapitals in der Zweiten Realität gibt, mit den entsprechenden Folgen von Krieg und Tod als Lebensform. Denn die Menschen lassen sich nur dann auf dieses Szenario ein, wenn es gar keine Option mehr gibt. Das ist der Grund, warum die kriminellen Organisationen so viel Munition darauf verwenden, die Gesamtheit der Möglichkeiten auszulöschen, die auf Solidarität und kommunitärer Organisation basieren.

Was also ist die Option? Was könnte diese neuen Konfliktformen aufhalten? Was wäre die Rolle des Staates angesichts der Gefahr einer Ausweitung mafiöser Kontrolle über die Gesellschaft und die Politik?

Das Labor, das Zentralamerika hinsichtlich dieser Themen momentan darstellt, kann uns bei der Beantwortung dieser Fragen helfen und uns eine Richtung aufzeigen, wie die Zerstörung des popularen Projekts durch das mafiöse Projekt aufzuhalten ist. Es gibt ein sehr aufschlussreiches Phänomen, wenn es um die Frage geht, was ein günstiger Nährboden für die Ausbreitung von Banden ist, die im Dienste der kriminellen Organisationen stehen, und was nicht. Man weiß, dass die Maras, die sich von El Salvador aus in andere Länder der Region ausgebreitet und dort reproduziert haben, nicht über die südliche Grenze von Honduras gekommen sind. Und man weiß, dass das Territorium, das sie in Richtung Costa Rica und Panamá nicht durchqueren konnten, Nicaragua ist. Die Experten haben sich also gefragt, warum gerade Nicaragua sich bislang als dieses unüberwindbare Hindernis für die Banden erweist, die als Truppen von Auftragsmördern von den mafiösen Organisationen rekrutiert werden. Für dieses Rätsel, was Nicaraguas Mittel gegen die Maras ist, gibt es zwei Lösungen, die letzten Ende auf das gleiche Problem hinauslaufen: die Politik.

Der Experte Steven Dudley erklärt das Phänomen ausgehend von der unterschiedlichen Behandlung, die Migrant:innen aus Nicaragua in den USA in den achtziger Jahren des 20. Jahrhunderts zuteilgeworden ist: Diejenigen, die in dieser Zeit Nicaragua in Richtung USA verlassen haben, waren Dissident:innen der nach der Sandinistischen Revolution neu etablierten Ordnung in ihrem Land – und daher im Land des Nordens sehr willkommen. Im Gegensatz dazu wurden Migrant:innen aus El Salvador, Honduras und Guatemala als irrelevante Unerwünschte betrachtet und massenweise wieder in ihre Herkunftsländer deportiert, wo sie nach ihrer Rückkehr kriminelle Banden gegründet haben.

Die zweite Erklärung stammt von Francisco Bautista Lara, einem der Begründer der sandinistischen Polizei nach dem Sturz von Somoza und erscheint mir noch interessanter: Die Transformation der nicaraguanischen Gesellschaft im Prozess der sandinistischen Revolution und die Neuorganisation des Landes nach ihrem Sieg, mit starken Mechanismen popularer Beteiligung an der Politik. Dieser Autor weist auch darauf hin, dass Nicaragua ein Land ist, in dem die Menschen weiterhin starke kommunitäre Verbindungen pflegen. Hier also finden wir die Antwort, die wir suchen: Die Mafialisierung kann nur durch die politische Partizipation der Gesellschaft und ihre kommunitäre Organisation aufgehalten werden.

Um zusammenzufassen, was ich gerade ausgeführt habe: Man kann die Probleme des Staates nicht mehr als ein Versagen seiner Beamten, seiner Repräsentanten und seiner Manager betrachten. Wir müssen der Verwundbarkeit des Staates, seiner offenen Flanke für die Profitmacherei der kapitalistischen Expansion in seinen ›zwei Realitäten‹ ins Auge sehen. Wir müssen zur Frage nach der Struktur des Staates selbst zurückkehren, nach seiner tatsächlichen Fähigkeit, die Gesellschaft in Richtung Frieden, Gerechtigkeit und Gleichheit zu führen. Und wir müssen insbesondere nach den Motiven dafür suchen, dass sich sein Scheitern im Laufe der Geschichte der lateinamerikanischen Länder immer wiederholt, ja, im Grunde permanent ist. Warum haben die guten Absichten all derjenigen, die sich in Teilen für Korrekturen eingesetzt haben, nie Erfolge gezeitigt?

Wie an anderer Stelle dargelegt, bin ich davon überzeugt, dass die lateinamerikanischen Staaten den ›ethnischen Terror‹ beenden müssen, der seit der Gründung der Republiken den Prozess der nationalen Einigung angeführt hat. Und ich bin überzeugt, dass sie die Wiederherstellung kommunitärer Geflechte fördern müssen, die durch die koloniale Intervention – zuerst die überseeische und dann die republikanische – angegriffen und zerrüttet worden sind. Der einzige Staat, der in der Lage wäre, die Ausbreitung der Mafias zu bremsen, ist ein Staat, der das kommunitäre Gemeinwesen wieder installiert und die Mechanismen der internen Debatten garantiert – kurzum ein Staat, der die kommunitäre Staatsbürgerschaft wiederherstellt. Nur Gemeinschaften mit einem festen sozialen Geflecht, die politisch aktiv und mit einer verbindenden symbolischen Dichte ausgestattet sind, haben die Fähigkeit, alle Kategorien ihrer Mitglieder zu schützen, die Formen einer auf Reziprozität und Solidarität basierenden Wirtschaft aufrechtzuerhalten, und dem Leben einen Sinn zu geben. Wenn diese Option existiert, dann wird der Tod als Projekt abgelehnt.

Kapitel 8

Von einem anti-punitivistischen Feminismus zu einem feministischen Anti-Punitivismus

Die Antworten auf die entfesselte Gewalt gegen den Körper der Frau in unserer Zeit sind weit entfernt davon, als intelligent und wirkungsvoll bezeichnet werden zu können. Unser Einfallsreichtum angesichts dessen, was wir als eine wahrhafte Katastrophe bezeichnen können, ist recht dürftig. Aus diesem Grund darf das Nachdenken über das Problem geschlechtsspezifischer Gewalt nicht von einer strengen Selbstkritik entkoppelt werden, die ihrerseits nicht versuchen sollte, das Scheitern der Bemühungen zu verharmlosen, die wir in der Wissenschaft und auf staatlicher Ebene unternommen haben, um diesem Übel Einhalt zu gebieten.

In diesem Kapitel kombiniere ich zwei überarbeitete und teilweise neu geschriebene öffentliche Vorträge. Der erste fasst in einem leicht aphoristischen Format die Argumente zusammen, die ich bei einer Sachverständigenanhörung im argentinischen Senat vorgebracht habe. Darin ging es um die Einschätzung eines Gesetzentwurfs zur Verschärfung von Haftbedingungen und der Einschränkung von Haftentlassungen, das vom ›Ministerium für Sicherheit und Öffentliche Ordnung‹ der Regierung Mauricio Macri eingebracht worden war.

Für einen anti-punitivistischen Feminismus: *two wrongs don't make a right*

Das Gefängnis ist die Medizin, die das moderne positive Recht für Verbrechen vorsieht. Das Gefängnis ist tatsächlich ›das, was wir haben‹, das, was das Gesetz als die Lösung für Verbrechen entwirft; das, was für den modernen gemeinen Menschenverstand – den laienhaften und den juristischen – mit der Fähigkeit ausgestattet ist, das Problem des Verbrechens zu lösen. Im Falle des Verurteilten ist es also am besten, sich an das zu halten, was Jurist:innen als ›agnostische Theorie‹ der Strafe bezeichnet haben. Denn diese Theorie »nimmt hinsichtlich der Zweckmäßigkeit der Strafe eine argwöhnische und skeptische Haltung ein«, selbst dann, wenn es sich um so hehre Ziele wie Gerechtigkeit, Rehabilitierung oder Resozialisierung handelt. Wenn dem so ist – und die Strafe wirkt ja immer wie eine »Ausübung staatlich institutionalisierter Gewalt« –, dann ist also das einzige, was im Fall des Überführten bleibt, die Einnahme einer agnostischen Perspektive der Reduzierung des strafrechtlichen Schadens (Machado/Santos 2018). Auch für die Gesellschaft ist das Gefängnis ›das, was wir haben‹. Und wenn es um Sexualverbrechen geht, dann hat das Gefängnis keine überzeugende und abschreckende Wirkung gezeigt, die dem Problem je Einhalt geboten hätte. Daher besteht die wahre und die einzige Lösung darin, es gar nicht bis zum Verbrechen kommen zu lassen.

Ich schlage im Folgenden vor, über das Übel sexueller Angriffe zu reflektieren und dabei nicht dem Übel der schlimmsten und ineffizientesten Lösung dieses Problems zu verfallen: Das Gefängnis, wie wir es kennen. Zu diesem Zweck lege ich eine Reihe von Feststellungen oder Behauptungen dar, die zusammengenommen, meinen Standpunkt ergeben.

Stellungnahme in der öffentlichen Sitzung des argentinischen Senats am 20. April 2017 zur Frage der Strafverschärfung als Antwort auf den Femizid von Micaela García am 1. April 2017

1. Der Vergewaltiger ist das Symptom eines Übels, das gesellschaftlicher Natur ist, und das uns alle durchzieht.

Die Vergewaltigung, also die im Gesetz als Straftat erfasste und als Verbrechen beschriebene Handlung, ist die Spitze eines Eisbergs, an dessen Basis und in all dessen Schichten sich in verschiedenen Formen genau das wiederfindet, was ich als symbolische Vergewaltigungen beschrieben habe (Segato 2013). Verschiedenste Formen sexueller Übergriffe strukturieren die Welt und unsere Art und Weise in ihr zu leben – und allein deshalb können sie nicht als Straftaten betrachtet werden.

Um das zu verstehen, genügt es, die Nachrichten und einige Sendungen im Fernsehen anzuschauen, in denen ›Blickficker‹ – wie sie ein Funktionär des argentinischen Fußballverbandes gegenüber dem berühmten Moderator einer sehr populären Fernsehshow genannt hat – Frauen mit ihren Blicken vor laufender Kamera ausziehen und so auf dem Fernsehbildschirm vergewaltigen. »Wir brauchen hier keinen Blickficker« hatte Juan Carlos Crespi, Vize-Präsident des Vereins Boca Juniors, dem Kandidaten für das Präsidentenamt des Verbandes und Fernsehmoderator Marcelo Tinelli gesagt. Und damit verdeutlichte er, ganz lapidar, was wir jeden Tag im Fernsehen sehen.

Crespis Satz lautete: »Fußball macht man nicht, indem man kurze Röckchen angafft.« Eine Feministin hätte es nicht besser sagen können.

Wir behaupten also, dass die sexuelle Aggression, die wir als Straftatbestand erfassen können, lediglich die Spitze des Eisbergs eines umfassenden und normalisierten gesellschaftlichen Verhaltens ist, das wie eine ›Gewaltspirale‹ funktioniert. Die zahllosen Handlungen und Praktiken dieser Gewaltspirale, die in den alltäglichen Routinen in allen Lebensbereichen perfekt eingebettet sind, werden durch das Gesetz nicht kriminalisiert, und zwar, weil das in Wahrheit überhaupt nicht möglich wäre. Diese schlecht kaschierten unterdrückenden und auch gewalttätigen Routinen – in Wahrheit Routinen einer psychischen, moralischen, politischen, finanziellen und beruflichen Gewalt – bilden die Brutstätte, den Nährboden, den Brutkasten, in dem die schwerwiegenderen Angriffe, also die Verbrechen im rechtlichen Sinne, gedeihen. Und das ist der Grund, warum wir dieser Art von Verbrechen nicht beikommen, weder mit dem Gesetz, noch mit dem Gefängnis. Die Gesellschaft muss sich ändern. Ein Gesetz wird dann wirksam, wenn es in der Lage ist, die ethische Sensibilität einer Gesellschaft zu verändern, das heißt, wenn es eine rhetorische, diskursive, symbolische und performative Wirkmächtigkeit entwickelt, die die Menschen überzeugt und abschreckt und so die Gesellschaft mobilisiert und sie verändert.

Dieser Art von Verbrechen mit Gefängnisstrafen beikommen zu wollen, ist, als würde man ein Krankheitssymptom beseitigen wollen, ohne die Krankheit selbst zu bekämpfen. Man muss das gesamte Feld bestellen, es reicht nicht, die Auswüchse, also nur das Unkraut rauszureißen. Das wird vielmehr weiter wachsen, weil es sich um ein gesellschaftliches Symptom handelt, um ein gesellschaftliches Übel, um den Ausbruch einer Plage, die sehr viel weiter verbreitet ist, als wir denken, und in der gesamten Gesellschaft präsent.

Was also muss getan werden? Wir müssen an der Gesellschaft arbeiten.

2. Hinzu kommt die Feststellung, dass eine ausschließlich bestrafende, also punitivistische Lösung absurd ist: Und zwar deshalb, weil diese grob vereinfachende Sichtweise als einzige Lösung anzubieten hat, den Vergewaltiger in eine wahrhaftige Schule für Vergewaltiger zu stecken, wie es das Gefängnis ist. Meine jahrelange Arbeit in Gefängnissen – mit vielen Gruppen von Student:innen – hat mir gezeigt, dass Frauen- und Männergefängnisse, und auch Jugendstrafanstalten für Männer, aber auch jene für junge Frauen, wahrhaftige Schulen für Vergewaltiger sind. Hier wird nicht nur der Vergewaltiger vergewaltigt, um ihn zu bestrafen, wie es die Regel in der Gefängnisgemeinschaft ist. Vielmehr ist diese totale Institution ein Raum der Reorganisation, der erzwungenen Wiederaufbereitung von Geschlechtsidentitäten, wie es der großartige Jacobo Schifter in seiner außergewöhnlichen ethnografischen Studie *Amor de Machos* über ein Männergefängnis in Costa Rica gezeigt hat (Schifter 1997). Das Verhältnis zwischen denjenigen, die dominieren, und denjenigen, die gehorchen, wird in der Haftanstalt auf völlig durchsichtige Art und Weise mittels sexueller Dominanz und der Vergewaltigung der Schwächsten ausgedrückt.

3. Wie gesagt: Es ist wahr, dass das Gesetz keine tatsächliche Wirksamkeit erlangt, wenn es keine symbolische und rhetorische Wirkmächtigkeit, keine Überzeugungskraft, keine Kraft der Abschreckung entwickelt. Aber es ist äußerst wichtig zu begreifen, dass es im Fall geschlechtsspezifischer Verbrechen auch keine materielle Wirksamkeit erlangt, und zwar im Sinne von angemessenen richterlichen Urteilen. Das liegt daran, dass die Richter keine angemessenen Ent-

scheidungen treffen können, weil sie sich nie mit geschlechtsspezifischen Überlegungen beschäftigt haben, und das, obwohl auf diesem Feld längst umfassende und ausdifferenzierte theoretische Arbeiten vorliegen.

Diejenigen, die auf dem Feld des Rechts arbeiten, verstehen das Sexualverbrechen nicht. Sie verstehen es nicht als das, was es wirklich ist: Die Ausübung von Macht mittels einer Handlung. Eine Lehrstunde in Sachen Macht.

Das Problem der Richter Rossi und López sowie aller Anhänger der These von Zaffaroni einerseits und das Problem – am anderen Ende des rechtsdogmatischen Spektrums – derjenigen, die andererseits als Anhänger:innen punitivistischer Positionen bekannt sind, ist, dass keine der beiden Seiten das Problem als ein Problem der Gesellschaft begreift.[24] Im ersten Fall gelingt es Richter:innen bzw. Autor:innen nicht, sich von der Fehlannahme zu befreien, die sexuelle Aggression sei durch sexuelle Libido motiviert, also als ein Verbrechen der Intimität, mit einem sexuellen Motiv. Sie verkennen einen zentralen Punkt: nämlich, dass das Sexualverbrechen präzise formuliert ein Verbrechen ›mit sexuellen Mitteln‹ ist, vor allem aber ein exhibitionistisches, ein belehrendes und auch ein kriegerisches Verbrechen. Es ist ein Verbrechen, das auf die Kontrolle über das Opfer und die Zurschaustellung dieser Kontrolle abzielt, und das deshalb nicht der Welt der Intimität angehört, sondern der Welt der Herrschaft. Zwischen dem Angreifer und dem Opfer gibt es keine Intimität und es entsteht auch keine. Es ist nicht das sexuelle Verlangen, das die Tat auslöst. Der *modus operandi* ist sexueller Art, aber nicht das Motiv.

4. Es scheint ein Paradox, aber bei genauerem Hinsehen wird deutlich, dass der Angreifer ein Moralapostel ist, und zwar genauso wie die Verfechter einer punitivistischen Norm ebenfalls Moralapostel sind.

---

24 Hierbei handelt es sich um Richter, die Vergewaltiger nicht verurteilt bzw. freigelassen haben, die später schwerere Straftaten begangen haben, so z.B. den Feminizid von Micaela García im Fall des Richters Rossi, und jenen von Soledad Bargna und Tatiana Kolodziez im Fall der freigelassenen Überführten durch den Richter Axel López.

Meine Feststellung, dass der Angreifer ein moralisches Subjekt ist, verursacht bei einigen Zuhörer:innen großes Unbehagen. Das ist das Problem des guten Gewissens und der moralischen Überlegenheit, die sowohl den Rahmen als auch die Stütze für jede Form von Herrschaft bilden.

Der Vergewaltiger glaubt tatsächlich, dem Opfer moralisch überlegen zu sein, denn er nimmt es als jemanden wahr, der seine patriarchale Position missachtet. Der Vergewaltiger bestraft und diszipliniert ein ungehorsames Opfer. Die explizite Weiblichkeit des Opfers greift ihn an, fordert ihn heraus und widersetzt sich ihm. Das ist die Sichtweise des Vergewaltigers, des sexuellen Angreifers.

Die Mentalität des Angreifers ist narzisstisch und er rechtfertigt sich selbst. Der Angreifer erträgt es nicht, wenn Zweifel an seiner moralischen Überlegenheit aufkommen. Tief im Inneren wird er der Überzeugung sein, dass das weibliche Opfer moralisiert und bestraft werden muss, weil darin das Böse steckt, das ihn angreift, die Weiblichkeit, die ihn durch ihre bloße Existenz und Fülle herausfordert.

Auf ähnliche Art und Weise bewegen sich auch die Punitivisten auf der Ebene einer moralischen Überlegenheit und übernehmen die Rolle der Wächter über die Moral der Gesellschaft. Es mag überraschen, aber der Sexualstraftäter ist ein Subjekt, das sich auch auf diese Weise konstituiert.

Wenn man den Aussagen eines Vergewaltigers aufmerksam zuhört, bleibt man perplex und erschrocken zurück: Im Diskurs des Vergewaltigers steckt das Übel im Opfer, genauso wie für den Punitivisten das Übel im Vergewaltiger steckt. Aber das Übel steckt in der Gesellschaft, in der Art und Weise, in der sich die Keimzelle patriarchaler Herrschaft reproduziert, als erste Pädagogik der Herrschaft und der Gewalt.

Warum nun reagieren die Punitivisten mit einer solchen Heftigkeit, wenn ich sage, dass der Vergewaltiger ein Moralapostel ist? Eben gerade weil dort eine unvermutete Verwandtschaft auftaucht, ein Streit um das Monopol über das Gute, über die moralische Macht. Beide Seiten bedürfen einer Art Ablasszahlung und der reinigenden Katharsis, sie bedürfen der Konstruktion eines besiegten Anderen, eines besiegten Opfers, eines erniedrigten, um auf die Ebene ihrer Macht zu gelangen. Deshalb ist die Mentalität, die jener des Vergewaltigers am nächsten kommt, die des punitivistischen Subjekts. Beide Seiten sind auf die Zuschreibung des Übels an einen anderen angewiesen, und zwar mit der inneren Unruhe desjenigen, der dringend sein eigenes Übel abwerfen muss. Wir haben es also mit einem heuchlerischen Szenario zu tun, das identifiziert und abgeschafft gehört.

Für einen feministischen Anti-Punitivismus: »Femizid und die Grenzen der juristischen Erfahrung«

Der folgende Text ist die leicht korrigierte Version meiner Antwort auf die Vorschläge des bekannten argentinischen Juristen Eugenio Raúl Zaffaroni zur Lösung der Welle von Femiziden, die Argentinien aktuell erlebt. Ich füge diese Antwort hier als zweiten Teil des Kapitels ein, dass sich der Formulierung eines feministischen Anti-Punitivismus widmet.

Die am 12. und 18. Mai 2017 in *Página/12* veröffentlichten Artikel von Eugenio Raúl Zaffaroni über das, was er als »Epidemie der Femizide« bezeichnet, haben uns Feministinnen, die wir ihn lesen, respektieren und die wir seine Texte in unsere Lehre aufnehmen, entmutigt und bestürzt. Wir versuchen hiermit nun, zum wiederholten Male, dem großen Gelehrten, unseren Standpunkt verständlich zu machen. Zu diesem Zweck werde ich die Irrtümer in seiner Argumentation Revue passieren lassen. Und ich appelliere daran, dass sich der angesehene Rechtswissenschaftler, den unser Land in die großen Bibliotheken und die Konferenzsäle der Welt exportiert hat, einprägen möge, wovon die Debatten handeln, die er selbst nicht zu kennen scheint – und das, obschon er mit Blick auf den Feminismus schreibt, er berücksichtige die »reichhaltigen Diskussionen in all ihren theoretischen Varianten«. Ich beschränke im Folgenden meine Kritik auf einige wenige Probleme seiner Argumentation – denn für alle reicht der Platz hier nicht aus:

1. Die Definition von Femizid, die er gewählt hat, um ausgehend davon auf das Problem einzugehen: »als solche werden die Tötungsdelikte verstanden, die auf einer machistischen Motivation basieren«, die »gemeinsam haben, dass der Widerstand der Frau, eine Beziehung

einzugehen oder fortzuführen oder der Widerstand, für eine sexuelle Handlung zur Verfügung zu stehen, den (in seiner ›Mannhaftigkeit‹ verletzten) ›Macho‹ dazu veranlasst, sie oder eine dritte Person aus Rache zu töten. Im Kopf des femizidalen Verbrechers herrscht die Überzeugung vor, die Frau habe kein Recht, sich dem Willen des ›Alphatiers‹ zu widersetzen«. Na wunderbar! Eine derartige Charakterisierung dessen, was wir unter ›Femizid‹ verstehen, ist nichts anderes als eine extrem vereinfachende Fassung der differenzierten Debatten, die wir in diesem Jahrhundert über die Motive geführt haben, warum eine Frau (oder auch ein Mann) mit sexuellen Mitteln verletzt oder getötet wird; und zwar gleichermaßen auf einem Polizeirevier, bei einem Überfall auf offener Straße, zumeist durchgeführt von Gleichaltrigen oder einer Gruppe von Männern, oder im Rahmen des Szenarios der neuen Kriege, wie sie sich heute von Mexiko über den Kontinent hinweg ausbreiten.

Zaffaroni wagt sich hier an eine Analyse, und formuliert einen Standpunkt zu dieser Art von Verbrechen, ohne sich die geringste Mühe gemacht zu haben, auch nur einen Blick in die aktuellen Debatten zu diesem Thema zu werfen. Die Angriffe mit sexuellen Mitteln werden nicht durch das Begehren des Alphatiers nach Frauen verursacht, lieber Richter und Professor! Sie werden durch den Wunsch oder das Begehren des Alphatiers verursacht, der männlichen Korporation anzugehören! Ein Wunsch, der nur dann befriedigt wird, wenn der Mann in der Lage ist, vor Seinesgleichen unter Beweis zu stellen, dass er zu einem Akt der Aneignung und Beherrschung fähig ist!

Die Anziehungskraft, die der Angreifer durch das Ansehen dieser Gruppenzugehörigkeit – der Gruppe der Männer, auf die seine Handlung ausgerichtet ist und die er zu befriedigen sucht – verspürt, ist eine narzisstische Anziehungskraft. Wenn hier überhaupt Libido im Spiel ist, dann ist sie dort im Spiel, in konzentrierter Form. Hat der verehrte Richter zum Beispiel von dem bekannten Fall der Vergewaltigung einer alten Frau durch die mexikanische Polizei während der Repression von Atenco gar nichts mitbekommen, jener Frau, die unmittelbar nach Erstattung ihrer Anzeige gestorben ist? Das ist ein klassischer Fall, der Licht auf diese Art von Verbrechen wirft. Wenn man einen Standpunkt zu diesen Verbrechen formulieren will, dann muss man diesen

Fall kennen. Es gibt keine Subjekte, die von einer unkontrollierten Libido, die beim Anblick eines Frauenkörpers ausgelöst wird, in den Wahnsinn getrieben werden. Das ist nicht das, was in einem solchen Szenario geschieht. Was es aber sehr wohl gibt, ist eine wahnsinnige Gier nach Macht und Ruhm von Subjekten, die bereit sind, zu töten, zu massakrieren, zu schänden, um zu gewinnen, oder besser gesagt, um sich als Sieger, als potent, als viril präsentieren zu können. Es geht um einen Schlag gegen den Körper – der Kontrolle wegen, der Macht wegen – und nicht etwa um ein erotisches Vergnügen. Es ist ein Krieg. Es ist Missbrauch. Es ist eine Deklaration von Willkürmacht. Es ist ein Wettbewerb zwischen Männern, zwischen Fraktionen. Es ist Rache und es sind Streitereien zwischen verschiedenen Interessengruppen. Es ist die Einnahme eines Territoriums, eine tatsächliche Eroberung. Es ist die Aussage hoheitlicher Souveränität über Körper und Territorien, die in die Welt hinausgerufen wird, und insbesondere in Richtung der anderen Männer; und das mit der Lüsternheit eines Begehrens, das darauf abzielt, als ein solcher Mann akzeptiert zu werden. Es ist eine Frage der Mannhaftigkeit, in einem stumpfen Sinn verstanden als Korporation, als Kaste, als Elite – einer Elite, die sich in ihrer Kontrolle der Welt auf diese Art und Weise reproduziert und zwar mithilfe einer Struktur, deren Asymmetrie, deren Abgründe der Ungleichheit mit jedem Tag größer werden. Und das falsche Versprechen der Moderne, diese Asymmetrie zu verringern, wird niemals eingelöst werden. Letzten Endes war der Großwildjäger in Zimbabwe, der vor drei Tagen zum Glück unter dem Gewicht eines verletzten Elefanten zu Tode gekommen ist, weder ein Mexikaner, noch ein Guatemalteke, noch Honduraner, noch El Salvadorianer, noch Kolumbianer, noch Brasilianer, noch Argentinier. Es war ein *weißer* Bure, der von nordamerikanischen Millionären angeheuert worden war, um in Afrika zu töten.[25] Und er war – wenn auch mit mehr Geld – Teil derselben

25 »Am Freitag tötete ein Elefant einen bekannten Jäger in einem Reservat der Region Gwayi im Westen von Zimbabwe, als er von einem Schuss getroffen auf ihn fiel, berichteten Behörden und lokale Medien am Montag. Es handelt sich um den Südafrikaner Theunis Botha, einer der weltweit erfahrensten Berufsjäger und Experte für Großwild. Botha organisierte Trophäenjagden vor allem für Kunden aus den USA, die bereit waren, Tausende Dollar zu bezahlen, um

Struktur, zu der unsere Bandenmitglieder und Auftragsmörder gehören: Der Struktur einer Macht, die existiert und die der Zurschaustellung ihrer Potenz bedarf, um sich reproduzieren zu können. War hier Libido im Spiel? Ja. Aber war sie auf den Elefanten gerichtet, der munter in seiner Landschaft umherwanderte? Nein. Sie richtet sich auf einen anderen Ort: Auf das Auge des Betrachters aus der Bruderschaft, auf ein Mitglied der Korporation.

Das ist es, was Vergewaltigung und Femizid an jedem Tag, an jedem einzelnen Tag, inszenieren und versinnbildlichen. Obwohl ich weiß, dass das Gesetz kausal nichts mit dem Verhalten zu tun hat, es sei denn es überzeugt und schreckt ab, würde ich gern fragen: Kann das Recht nicht ein Gesetz erlassen, im Sinne des Aussendens eines wirkmächtigen Diskurses, einer Absichtserklärung, die entschlossen verkündet, dass diese massive Akkumulation von Macht und ihre exhibitionistischen Exzesse überhaupt nicht lustig sind? Kann das Recht sich nicht zumindest selbst erklären und versuchen, die Gesellschaft somit zu überzeugen und dazu zu erziehen, dass sie sich zugunsten der Enteigneten, der Beraubten, und derjenigen Menschen, die für die Bedürfnisse der Reproduktion dieser Macht schwer besteuert werden, positioniert? Kann das Recht die Machtverhältnisse nicht entziffern und Gesetze erlassen, um ihnen Einhalt zu gebieten, zumindest performativ und mittels einer Art Beschwörung, die darauf hofft und daran glaubt, dass ein Wunder geschehen wird? Sollte das Recht etwa nicht Ausdruck des Bedürfnisses einer Gesellschaft sein, die durch das beschämende Schauspiel der von ihrer eigenen Macht erotisierten Subjekte verwundet ist? Es ist eine Gesellschaft, die angesichts der Fälle von Lucía, von Micaela, von Araceli und so vielen anderen, für deren Aufzählung die Buchstaben des Alphabets nicht ausreichen, leidet. Die Antwort darauf scheint, ein ums andere Mal, zu sein, dass das Recht sich nur in Begriffen der ›Staatsbürgerschaft‹ ausdrücken kann, und dass es verpflichtet ist, deren egalitäre Fiktion aufrechtzuerhalten.

Leoparden, Giraffen, Elefanten und andere Tiere zu töten.« S. »La dramática muerte de uno de los cazadores más famosos del mundo«, *El País*, Crónicas Internacionales, Madrid 13. Mai 2017.

Wie ich bereits einige Male dargelegt habe, ist das Recht nichts anderes als ein effizientes begriffliches System mit einer besonderen Fähigkeit zur Überzeugung und zur Abschreckung, denn ohne diese Voraussetzungen hat es in einer Gesellschaft keinen Einfluss auf das Verhalten der Menschen. Deshalb sind der Zugang und die Einschreibung in dieses System von Begriffen genauso wichtig oder noch wichtiger als die materielle Wirksamkeit von Urteilen. Und deshalb sprechen wir oft von dem »Recht, das Leid im Recht kenntlich zu machen«. Der Hammer des Richters ist das, was für die Gültigkeit und die Vernehmbarkeit dieser Benennungen sorgt – oder es eben lässt, und nicht etwa umgekehrt. Es geht nicht darum, härter zu bestrafen. Es geht darum, die Stimme des Rechts in einen Kreislauf zu bringen, in dem sie von vielen gehört werden kann. Es geht darum, zu begreifen, dass das Gesetz, wenn es nicht wie eine Pädagogik agiert, jene Gesten, die Leid verursachen und reproduzieren, nicht verändern wird.

2. An einer anderen Stelle schreibt der Autor: »Die öffentlichen Kundgebungen und Demonstrationen sind positive Mittel des Kampfes, die das Bewusstsein gegen die machistische Kultur schaffen, aber sie haben kurzfristig keine präventive Wirkung (sic), erst recht nicht angesichts der tatsächlich zu verzeichnenden stetigen Zunahme von Femiziden.« In diesem Satz offenbaren sich zwei enorme Irrtümer, auf die ich nur kurz eingehen werde. Der erste Irrtum liegt in der unreflektierten Herangehensweise an ein Argument, das wir nur zu gut kennen: die Zuschreibung des Übels an das Verhalten des Opfers. Die Demonstrationen hätten also – aus dieser Perspektive, der das Getöse auf den Straßen offenbar missfällt und unangenehm ist, eine Perspektive übrigens, die wir ganz zweifelsfrei als reaktionär bezeichnen können –, eine kontraproduktive Wirkung, denn sie erscheinen hier als das Motiv für das, was sie abschaffen wollen. Und so sind wir ein weiteres Mal bestürzt angesichts der Ignoranz und Distanz, die Zaffaroni hier hinsichtlich der feministischen Reflektion an den Tag legt: Die Demonstrationen fördern ein Bewusstsein für die Situation der Geschlechter. Sie führen dazu, dass die Frauen erkennen, dass es Schutz gibt, und vor allem, dass es andere Formen des Glücks gibt, die

in Reichweite sind, die machbar sind, die wir auf unsere eigene Art erreichen können, die durch unsere Techniken der Soziabilität und unseren Stil der Politizität geformt werden – und die nach einer langen Phase der Unterdrückung und Lethargie heute wieder zum Leben erweckt werden.

Der zweite Aspekt ist, dass unser Gelehrter, scheinbar ohne sich dessen bewusst zu sein, ebenso kurzsichtig ist wie die schlechten Journalisten, Richter und Polizisten sowie der gemeine Menschenverstand der Massen, denn er zielt auf eine »präventive Wirkung«, die »sofort« erreicht werden soll. Das führt zu einer Frage: Wie würde denn dieses ›sofort‹ aussehen? Was für eine einfache Lösung wäre das? Begibt sich der Autor hier nicht in einen Konflikt mit seinen eigenen großartigen Beiträgen, die er in kontinuierlichen Bemühungen, über Verbrechen und Strafe im Laufe der Zeit der Geschichte nachzudenken, geleistet hat? Diejenigen unter uns, die wir mit dem Thema vertraut sind, wissen allerdings auch, dass der ständige Einwand derjenigen, die in ihrem Regierungshandeln wenig Rücksicht auf das Wohlbefinden der Menschen und *Pueblos* erkennen lassen, sich immer wieder auf das Argument eines ›raschen Handelns‹ stützt.

3. Eine große Überraschung ist schließlich die Stelle, an der unser Autor seine Lösung vorschlägt. Er schreibt: »Es muss anders gehandelt werden« – und damit sind wir sehr einverstanden. Aber wieder enttäuscht er uns, denn das, was er dann formuliert, beschränkt sich auf eine Analyse, die nicht über das Feld des Rechts hinausgeht, gefangen in der Kurzsichtigkeit von Gerichtsakten mit ihrem Imperativ einer ›Reduktion auf Begriffe‹; und das bedeutet, gefangen in dem Anspruch, den Reichtum der Pluralität von Geschichte(n) auszusieben und in das Raster juristischer Begriffe und die Kategorien des richterlichen Rituals zu übertragen. Zumal die Gerichtsakten von Personen diktiert, redigiert und transkribiert werden, die nicht die geringste Ahnung über gewalttätige Geschlechterbeziehungen haben; in einem Justizwesen, dessen großes Manko ungezählte Male offenkundig geworden ist: Es ist nicht in der Lage, in Begriffen von Machtverhältnissen zu denken, die sich durch die Asymmetrie zwischen der weiblichen und der männlichen Position in der Gesellschaft konstituieren;

und die durch die kollektive Vorstellungswelt einer immens langen historischen Zeitspanne untermauert wird, die nur sehr schwer zu destabilisieren ist. Und Zaffaroni irrt auch dort, wo er behauptet, dass auf dem Feld der Femizide ›die Dunkelziffer‹ in der Justiz – also jene Verbrechen, in denen es zu keiner Verurteilung kommt – kein Problem darstelle, da quantitativ betrachtet, die Mehrzahl dieser Verbrechen von bekannten Tätern begangen werde, die leicht zu identifizieren seien. Er irrt, weil es hier nicht um eine quantitative Frage geht, sondern um eine qualitative, um eine hermeneutische – es geht um das Verständnis des Themas. Denn das Problem ist nicht die Identifizierung des Schuldigen, sondern der Umgang, die Entscheidungen und die Wege, die Richter, Staatsanwälte und andere staatliche Beamte in den Fällen, die uns beschäftigen, beschreiten. Und er irrt, weil es nicht nur in Kolumbien, den Ländern Mittelamerikas und Mexiko Massengräber gibt, in denen Leichen liegen, die unterworfen und sexuell massakriert worden sind. Auch in unserem Land gibt es Massengräber und sie stammen aus jüngerer Vergangenheit. Es verhält sich nämlich so, dass wir ohne das Verständnis und die Verknüpfung der öffentlichen und kriegerischen geschlechtsspezifischen Verbrechen, anonym und nie aufgeklärt wie sie sind, – also jenen, die dem Gelehrten zufolge die ›Dunkelziffer‹ in der Justiz erhöhen – weder die Rolle noch die Bedeutung eines einzigen sexuellen Angriffs verstehen werden und umgekehrt – das eine Feld erhellt das andere.

Deshalb sagen wir, dass die Lösung des Problems solange unmöglich bleiben wird, solange wir nicht über das juristische Feld hinausgehen. Das Recht kann in einem Straftatbestand nur die Spitze des Eisbergs erfassen. Das heißt, es kann nur einige Formen der Gewalt, die aus der geschlechtsspezifischen Beherrschung heraus entstehen – aus der misogynen, homophoben und transphoben Bestrafung, die das Patriarchat allem zuteilwerden lässt, was sein Mandat herausfordert und missachtet –, in ein strafbares Verbrechen verwandeln. Aber das Problem kann nur im Inneren des Eisbergs, das den Nährboden bildet, wirksam untersucht, verstanden und behandelt werden – und das bedeutet, im Leben der Gesellschaft. Der Kern der Argumentation von Zaffaroni ebenso wie die allgemeine Perspektive des Rechts und seine eigenen Grenzen hinsichtlich der Konzeption des gesetzlich Regelbaren konvergieren in der falschen Vorstellung einer Vorherrschaft des Intimen bei allen geschlechtsspezifischen Verbrechen. Doch die feministische Theorie bestreitet heute den libidinösen und erotisierten Charakter der geschlechtsspezifischen Verbrechen und klassifiziert sie, in einem komplexen Sinne, als Verbrechen der Macht.

Während ich dies schreibe, wächst meine Ernüchterung angesichts der Anmaßung eines Intellektuellen, an dessen Intelligenz wir keinen Zweifeln haben können. Ich frage mich: Gibt sich der große Professor mehr Mühe, wenn er im Ausland spricht, als wenn er es für uns, seine Leute, tut? Oder ist es doch vorstellbar, dass er – der so viele und so wichtige Beiträge zur kritischen Kriminologie und der Humanisierung des Rechts geliefert hat – einen schrecklichen Schlenker hin zur Frauenfeindlichkeit macht? Man kann einem hochgebildeten Gelehrten vom Format Eugenio Rául Zaffaronis ja kaum Unwissenheit unterstellen! Das, was wir festhalten und worauf wir ihn vielleicht hinweisen können, ist seine mangelnde Bereitschaft zu einem offenen und unvoreingenommenen Dialog mit den elaborierten Beiträgen des Feminismus auf diesem Feld. Man kann keine Meinung äußern, ohne vorher zu denken. Und man kann nicht denken, ohne das zuvor bereits Gedachte zur Kenntnis zu nehmen, auch auf die Gefahr hin, dass man dabei das Schießpulver entdeckt.

Kapitel 9

Zum Abschluss: Ein Leitfaden für die Lektüre geschlechtsspezifischer Gewalt in unseren Tagen

Ich habe dieses Konzept bzw. die folgende Anleitung für die Analyse geschlechtsspezifischer Gewalt entworfen, um damit eine Bestandsaufnahme der Geschlechterverhältnisse in der Nationalen Zivilpolizei von El Salvador durchzuführen; und zwar im Auftrag ihres Generaldirektors Kommissar Howard Augusto Cotto und vermittelt über die parlamentarische Beraterin Roxana Delgado. Im Jahr 2018 hatte man mich gebeten, die operativen Kapazitäten, das Potenzial und die Wirksamkeit der Nationalen Zivilpolizei im Umgang mit Verbrechen gegen Frauen und Personen mit nicht der Norm entsprechenden Sexualitäten zu begutachten, und zwar sowohl innerhalb der Polizei als auch in der Gesellschaft insgesamt.

Mein erster Schritt war die Erarbeitung des vorliegenden Leitfadens, der, so scheint mir, als abschließender Text die Kapitel dieses Buches resümierend miteinander verbindet. Er basiert auf Konzepten, die sich aus den gesammelten Erfahrungen von rund 25 Jahren ergeben haben. 25 Jahre, in denen ich mich bemüht habe, die Entwicklung der geschlechtsspezifischen Gewalt, die die gesamte Gesellschaft viktimisiert, zu verstehen, zu analysieren und einzudämmen. Wenn ich sage, dass diese Gewalt die ganze Gesellschaft zum Opfer macht, dann sage ich das mit Nachdruck, denn dieser Art von Gewalt fällt nicht eine ›Minderheit‹ zum Opfer, wie man gemeinhin gerne glaubt. Wir müssen endlich begreifen, dass geschlechtsspezifische Gewalt die Brutstätte für alle anderen Formen von Gewalt ist, vom Raubüberfall bis hin zum Krieg – sie ist der Nährboden, der Grundstock. Gewalt in all ihren Formen wird dort eingeübt. Die Familie, das Haus, die eigenen vier Wände – das ist der Ort der ersten unterdrückenden und gewalttätigen Pädagogik, die sich dann auf allen Ebenen wiederholt.

Die Erarbeitung dieses Leitfadens und der hier vorgestellten Kategorien basiert auf einer Reihe von Untersuchungen, die ich über die Jahre durchgeführt habe (Segato 2013, 2013a, 2014, 2015, 2021).

Außerdem habe ich seit 2003 mit verschiedenen Organisationen in Mexiko-Stadt und Ciudad Juárez, insbesondere mit *Nuestras Hijas de Regreso a Casa*, in Seminaren und Workshops zum Thema ›Femizide‹ zusammengearbeitet und diverse Beiträge für Regierungs- und Nichtregierungsorganisationen verfasst, aus denen Berichte, Gutachten und Stellungnahmen hervorgegangen sind: mit Frauenorganisationen in El Salvador wie *Las Dignas, Ormusa, Las Mélidas* und dem *Instituto Salvadoreño para el Desarrollo de la Mujer* (ISDE-MU); in Guatemala mit dem Konsortium *Mujeres Transformando el Mundo* (MTM), der Frauengewerkschaft von Guatemala (UNAMG) und der *Equipo de Estudios Comunitarios y Acción Psicosocial* (ECAP); in Nicaragua mit den Organisationen *Aula Propria* und *La Corriente*, in Honduras mit dem *Observatorio Nacional de la Violencia* der *Universidad Nacional Autónoma de Honduras*; und in Kolumbien mit der *Jurisdicción Especial para la Paz* (JEP). In folgenden Kontexten bin ich als Expertin hinzugezogen worden: zum Thema frauenverachtende Gewalt beim *Tribunal de Direitos de las Mulheres Viena+20*, das 2013 von Mugarik Gabe und 22 Organisationen in Bilbao organisiert worden ist; als Gutachterin des *Ständigen Völkertribunals* bei der Anhörung zum Thema Gewalt gegen Frauen in Mexiko, die 2014 in Chihuahua stattgefunden hat; von 2014 bis 2016 als Sachverständige für das Innenministerium von Guatemala im Fall Sepur Zarco, einem Verbrechen häuslicher und sexueller Sklaverei von Frauen durch guatemaltekische Militärs in einer Maya-Q'eqchi-Gemeinde während der Diktatur; und als Richterin im *Tribunal de Justicia y Defensa de los Derechos de las Mujeres* während des *Sozialforums Panamazónico* in Tarapoto, im Amazonas Perus 2017.

Ausgehend von den oben zitierten Werken und Beiträgen auf dem Feld des internationalen Aktivismus, habe ich eine Herangehensweise und eine Reihe von Konzepten und theoretischen Kategorien erarbeitet, die ich im Folgenden in aller Kürze vorstellen möchte. Sie bilden einen konzeptionellen Rahmen, der es ermöglicht, das Problem der geschlechtsspezifischen Gewalt in Lateinamerika sowie ihre kontinuierliche Eskalation in Bezug auf die Häufigkeit und die Formen der Grausamkeit zu beleuchten.

Konzeptioneller Rahmen: Die Asymmetrie der Geschlechter und was sie aufrechterhält

Die größte Herausforderung und das größte Hindernis für die Beseitigung der Formen von Gewalt und Unterdrückung, die wir Frauen im häuslichen Raum, in Institutionen und auf der Straße erleiden, ist ein Schritt, der als Voraussetzung unerlässlich ist, um dieses Ziel zu erreichen: Es gilt, die Frage des Patriarchats vom Rand ins Zentrum des Paradigmas zu rücken, mit dem wir die Welt denken und nach Lösungen suchen. Ohne diesen Wandel des Paradigmas, das die Art und Weise strukturiert, in der wir über das ›Problem der Frau‹ nachdenken, werden wir nur dekorative, letztlich überflüssige Veränderungen erzielen, aber das Problem der Ungleichheit der Geschlechter nicht lösen. Denn das Problem geschlechtsspezifischer Ungleichheit zu lösen, bedeutet nicht einfach nur, das Problem von Männern und Frauen zu lösen, sondern es bedeutet die Demontage von zwei Strukturen: Erstens, die binäre Asymmetrie zwischen Themen allgemeinen Interesses – das rein Politische – und solchen eines partikularen Interesses, also Themen am Rande, Themen, die als Rest gelten, solche, die nicht das rein Politische betrachten. Und zweitens, die Demontage des Mandats der Männlichkeit, das diese Asymmetrie, diesen Binarismus der Erkenntnis, der Subjektivität und der politischen Ordnung aufrechterhält. Die Geschichte wieder auf einen rechten Weg bringen, würde also bedeuten, dass wir in der Lage sind, das falsche und gefährliche Muster der Minorisierung anzugreifen und zum Beispiel zu verstehen, dass die Gewalt gegen Frauen kein Problem einer partikularen Interessengruppe der Gesellschaft ist, sondern die Brutstätte und der Nährboden für alle anderen Formen von Gewalt und Herrschaft.

Das, was die zentrale Bedeutung der Geschlechterverhältnisse in der Geschichte verschleiert, ist genau dieser binäre Charakter einer Struktur, die die öffentliche Sphäre allumfassend und totalisierend macht, auf Kosten des Restes: dem privaten, persönlichen Bereich –

und das heißt, das Verhältnis zwischen politischem und nicht-politischem Leben.

Dieser Binarismus determiniert die Existenz eines Universums, dessen Wahrheiten mit universellem Wert und allgemeinem Interesse ausgestattet sind, und die – so die Vorstellung – von einer männlichen Figur ausgesprochen werden, während alle restlichen Wahrheiten mit partikularer, marginaler und minoritärer Bedeutung ausgestattet sind. Die unüberwindbare Kluft zwischen dem Universalisierten und Zentralen auf der einen Seite, und dem minorisierten Rest auf der anderen Seite, konfiguriert eine unterdrückende – und daher inhärent gewalttätige – binäre Struktur in einer Art und Weise, in der andere hierarchische Ordnungen dies nicht sind. Genau aufgrund dieses Mechanismus der Minorisierung, der charakteristisch für die binäre Struktur der Moderne ist, wird den Verbrechen gegen Frauen bzw. die weibliche Position in der patriarchalen kolonial-modernen Vorstellungswelt weder der ihnen gebührende Raum im Rechtssystem, noch ihr vollständig öffentlicher Charakter zugestanden.

Die beiden Achsen geschlechtsspezifischer Angriffe: Vergewaltigung, Belästigung, physische, moralische und psychische Gewalt. Das Mandat der Männlichkeit

In jedem geschlechtsspezifischen Angriff kreuzen sich zwei Gesprächsachsen. Zum einen, eine vertikale Achse, die vom Angreifer zum Opfer hin verläuft. Auf dieser Achse bzw. in dieser Beziehung wendet sich der Angreifer an sein Opfer: Er teilt seinem Opfer mit, dass es Teil ›seines‹ Territoriums ist, er lässt es wissen, dass er seine Existenz unter Kontrolle hat und er bestraft es, weil er dem Opfer zuschreibt, dass es potenziell die patriarchale Ordnung missachtet. Das heißt, er erkennt in seinem Opfer einen Ungehorsam hinsichtlich seiner Position als Patriarch oder als Autorität auf diesem Territorium. In diesem Sinn habe ich zum Beispiel formuliert, dass der Vergewaltiger ein ›Moralapostel‹ ist.

Zum anderen die horizontale Achse: Hier findet ein Gespräch zwischen dem Angreifer und Seinesgleichen statt. Es ist die bestimmende Achse in der symbolischen Ökonomie jeder Aggression: Denn der Angreifer erhält den Anreiz für seine Tat von Seinesgleichen und ihnen – seien sie physisch in diesem Szenario anwesend oder im geistigen Horizont des Angreifers – widmet er die Zurschaustellung der Inbesitznahme und den Akt der Kontrolle über den Körper seines Opfers. Das Mandat der Männlichkeit geht von Seinesgleichen aus, genauso wie die Titulierung als ›Mann‹, die demjenigen zugeschrieben wird, der das Mandat erfüllt. In der verbalen Aggression, zum Beispiel im Kontext von Belästigungen am Arbeitsplatz, ist die vertikale Achse dominant.

In der Vergewaltigung erlangt die horizontale Achse entscheidende Bedeutung, weil der Angreifer auf dieser Achse auch jene erreicht und mit ihnen konkurriert, die in der archaischen Vorstellungswelt als diejenigen gelten, die für den Schutz und die Obhut dieses Körpers verantwortlich sind. Hier entsteht ein Wettbewerb oder ein Schlagabtausch innerhalb der männlichen Ordnung – und zwar mit denjenigen, die in der Lage sein müssten, den angegriffenen Körper zu beschützen. Dieses konfliktive Verhältnis, eine Art Herausforderung mittels des weiblichen Körpers als dem Schlachtfeld, ist in Kontexten des Krieges, also den neuen Kriegsformen die Matrix bzw. die Sinnstruktur der Vergewaltigung.

Femizid und Femigenozid

Es ist unbedingt notwendig, zwischen intimen Femiziden, die im Rahmen zwischenmenschlicher Beziehungen begangen werden, und jenen kriegerischen Charakters zu unterscheiden. Obschon beide geschlechtsspezifische Verbrechen sind, dürfen sie bei den polizeilichen Ermittlungen und in den Gerichtsverfahren nicht auf dieselbe Art und Weise betrachtet werden. Wenn ich von kriegsähnlichen Femiziden spreche, die ich auch als ›Femigenozide‹ bezeichne, weil sie unpersönlich, völlig öffentlich und nicht intim sind bzw. nicht auf zwischenmenschliche Beziehungen zwischen Bekannten zurückgeführt werden können, gehe ich davon aus, dass sich in Lateinamerika (wie auch in anderen Gegenden der Welt) ein informelles Kriegsszenario ausbreitet. Statistisch betrachtet sind Femigenozide seltener als intime Femizide, aber auf unseren Kontinent nimmt ihre Häufigkeit zweifelsohne zu.

Bei Femigenoziden ist das Verhältnis zwischen den Tätern und der Anzahl der Opfer ein anderes als beim intimen Angriff. Bei letzterem kann der Angreifer eine begrenzte Zahl von Opfern erreichen: eine, zwei oder vielleicht auch drei Partnerinnen oder Ex-Partnerinnen seines Leben zum Beispiel. Dieses Verhältnis ist durch die Bedingung der Zwischenmenschlichkeit determiniert, einer Beziehung, in der man sich kennt. Im Fall des Femigenozids hingegen erzielen die Auftraggeber und die direkten Täter im Kontext der informellen kriegerischen Ordnung von bewaffneten Korporationen einen viel höheren Anteil an Opfern, die sie qua Femizid töten, denn das Motiv ist weder intim noch zwischenmenschlich, sondern kriegerisch und vollkommen öffentlich.

An dieser Stelle muss man auch darauf hinweisen, dass, obwohl mehr Männer ermordet werden als Frauen, die Ungerechtigkeit bei den Femiziden darin besteht, dass wir Frauen so viel häufiger getötet werden, als wir selber töten. Frauen töten nicht, die Rate mordender Frauen ist sehr niedrig, aber wir sterben ermordet – und in diesem Missverhältnis besteht die Ungerechtigkeit.

Zwei Rechtskategorien, deren Anerkennung im internationalen Menschenrechtsdiskurs aussteht

In der Formulierung juristischer Kategorien im Rahmen des internationalen Menschenrechtsdiskurses stehen zwei Aspekte noch aus: Erstens, die Schaffung einer eigenen Kategorie, samt Garantien und Sanktionen, für die Praktiken der neuen Formen des Krieges. Das bedeutet, die Gesamtheit der informellen Konflikte anzuerkennen und zu benennen, die auf unserem Kontinent eine beträchtliche Zahl von Todesopfern fordern. Und zweitens, ein Übereinkommen, das den Femigenozid betrifft.

Das internationale Recht der Hohen Gerichtshöfe für Menschenrechte unterscheidet sich von der Justiz der Nationalstaaten, weil es einen viel größeren Einfluss auf die Mentalität der Menschen hat. Das heißt, es hat eine symbolische Wirkung, die das ethische Empfinden der Menschen beeinflussen und verändern kann. Die so entstehende Öffentlichkeit ist wesentlich größer und eine Justiz ohne Öffentlichkeit bleibt immer harmlos.

Die Zusicherung von Gerechtigkeit und Wiedergutmachung sowie die Garantien, die der Staat formuliert, dass sich das Verbrechen nicht wiederholen wird, sind aus meiner Sicht in all unseren Ländern mehr als unzureichend. Das liegt auch daran, dass das Verhältnis zwischen Staat und Gesellschaft in Lateinamerika ein ganz anderes ist als in Europa. In Europa hat dieses Verhältnis eine andere Geschichte: Dort ist der Staat das Ergebnis einer Geschichte der Gesellschaft. Das ist in unserer Welt nicht der Fall: Hier ist der Staat die Fortsetzung des kolonialen Staates, der auf das Territorium übergegangen ist. Und jeder Mensch hier kann das selbst erleben, wenn er an die Tür einer öffentlichen Einrichtung klopft: Alles dort gibt ihm das sichere Gefühl, dass er in diesem Raum fremd ist. Die Bevölkerung nimmt die staatliche Ordnung als fremd wahr, und sie irrt damit nicht. In Wahrheit merkt sie, dass die Geschichte dieses Staates eine koloniale Geschichte ist. Sie stellt die Übertragung des überseeischen metropolitanen Staates auf das Territorium einer lateinamerikanischen Nation dar, aber mit dem gleichbleibenden Ziel, das Leben der Menschen und den Reichtum der Territorien von außen zu verwalten. Das Verhältnis zu dem, was verwaltet und geleitet werden muss, hat seine Exteriorität nie verloren – sie besteht bis heute. Diese Feststellung widerspricht dem staatsbürgerlichen Glauben der gelehrten Welt, aber solange diese Exteriorität nicht korrigiert wird, wird es mit den Rechtssicherheiten schwierig bleiben.

Die Bedeutung eines länderübergreifenden und vergleichenden Ansatzes

Es ist notwendig, Grenzen zu überschreiten. Die vergleichende Perspektive und eine Herangehensweise, die den Subkontinent und das Globale berücksichtigt, ist essenziell, um die Femigenozide und die Matrix hinter diesen Verbrechen zu verstehen. Warum das so wichtig ist? Weil es Verbrechen gibt, die Muster reproduzieren, die sich – wenn auch mit Abweichungen – auf dem gesamten lateinamerikanischen Subkontinent wiederholen und die somit wiedererkennbar sind. Vor allem das Dreieck, das entsteht, wenn bei einem tödlichen, mit sexuellen Mitteln begangenen Angriff auf ein Opfer, dieser Angriff auf einen individuellen oder kollektiven anderen Gegner gerichtet ist.

Bestimmte Praktiken wie diese Dreiecksbeziehung und die moralische Zerstörung des Feindes mittels der Schändung des Körpers der Frauen, wiederholen sich in den informellen Kriegsszenarien. Die Regelmäßigkeit dieser Praxis wird dann erkennbar, wenn man die verschiedenen nationalen Universen vergleicht, weshalb ein komparativer Ansatz fundamental ist. Was gilt es zu beobachten? Die Regelmäßigkeit und Systematik gewisser Handlungen, denn die Form, in der die Macht paktiert, entscheidet und ihre Strategien entwirft, kann nicht beobachtet werden, sondern nur die Auswirkungen dieser Pakte. Mit dem Begriff ›Macht‹ beziehe ich mich auf verschiedene Formen der Macht, als da seien: staatliche und parastaatliche, militärische und paramilitärische, legale und illegale ökonomische Macht. In die Definition von Parastaat schließe ich auch Beamte und Staatsbedienstete mit ein, die in bestimmten Szenarien parastaatlich agieren bzw. sich parastaatlich entfalten, wie es bei den Militärs während der repressiven Kriege auf unseren Kontinent der Fall war. Diese Lücke im Rechtsgefüge ist sogar im Gesetz festgeschrieben und es ist aus dieser Lücke der Parastaatlichkeit, der im Gesetz vorgesehenen Para-Legalität heraus, dass ein Polizist auf der Straße gleichermaßen die Rolle des Polizisten wie die eines Richters einnimmt und autorisiert ist, außergerichtliche Hinrichtungen durchzuführen. Man kann sagen, dass der Polizist auf der Straße zum Richter wird: Wenn er behaupten kann, dass sein Leben oder das Leben eines anderen Menschen in seiner Nähe in Gefahr ist, dann ist er befugt, der Person, von der seiner Meinung nach diese Gefahr ausgeht, den Prozess zu machen, sie zu vernehmen, über sie zu urteilen und sie zu bestrafen, kurzum: sie zu erschießen. Dies führt zu außergerichtlichen Hinrichtungen, die in lateinamerikanischen Ländern, zum Beispiel in Brasilien, sehr zahlreich sind. Ein anderes Beispiel dafür, dass der Beamte über ein Ventil oder ein Schlupfloch verfügt, um auch parastaatlich agieren zu können, gibt es in all jenen Ländern, in denen die Polizei Doppelschichten macht: eine staatliche und eine parastaatliche, zum Beispiel in privaten Sicherheitsdiensten oder in Polizeieinheiten bestimmter Unternehmen.

Es sind diese beobachtbaren Regelmäßigkeiten in verschiedenen nationalen Kontexten, die eine Erarbeitung von Protokollen und Richtlinien für die Interpretation dessen ermöglichen, was sich hinter diesen registrierten Fällen versteckt. Und somit kann die Untersuchung der Fälle mit der Annahme eines *modus operandi* verfahren, den die Polizei bei der Aufklärung von gewöhnlichen Straftaten und auch bei der Identifizierung von Serienmördern bereits nutzt. Für die Aufklärung von Verbrechen bewaffneter parastaatlicher Korporationen gegen das Leben und die Würde der Frauen, seien sie krimineller oder paramilitärischer Art, ist der Begriff des *modus operandi* unverzichtbar, um Aussagen über die Regelmäßigkeit bestimmter Verbrechen machen zu können, deren Struktur wiedererkennbar und systematisch ist.

Para-Staat, neue Formen des Krieges und der Femigenozid

Die Mühelosigkeit, mit der sich die parastaatliche Sphäre der Kontrolle auf das Leben ausdehnt, sich etabliert, anschwillt und aufbläht ist ein gemeinsames Merkmal in unserer Region. Ich habe dieses Konzept der parastaatlichen Sphäre als ›Zweiten Staat‹, später als ›Zweite Realität‹, und in einigen als Fällen ›terziarisierten‹ bzw. ›übernommenen‹ Staat bezeichnet. Zu diesem Staat gehört die Existenz einer illegalen Wirtschaft, die gleichzeitig aufgrund ihrer Kaufkraft (von Wählerstimmen, Bündnissen, Waffen etc.) im Prozess der Kapitalakkumulation derart relevante Mengen produziert, dass sie die institutionellen Kontrollen zum Erliegen bringt. Mit anderen Worten: Diese parastaatliche Sphäre der Kontrolle über das Leben, die sich auf unserem Kontinent so mühelos ausbreitet, ist durch eine nichtstaatliche Ökonomie (Gewinne und/oder die Verwahrung von nicht deklariertem Kapital) sowie durch ein nicht-staatliches Recht und nicht-staatliche bewaffnete Korporationen geprägt. Die Liste reicht von Parastaaten, in denen staatliche Beamte parastaatlich agieren, bis hin zu kriminellen Parastaaten, und von Banden und Maras bis hin zu Mafias mit Geschäften verschiedenster Art.

Die Idee einer parastaatlichen Sphäre der Kontrolle des Lebens ist für Juristen und staatliche Mitarbeiter im Justizwesen nur sehr schwer zu akzeptieren. Die Vorstellung, es gäbe einen sehr wichtigen Bereich der Kontrolle des Lebens jenseits der Rechtssphäre, ist für diejenigen, die eine Ausbildung im Feld des Rechts haben, schlichtweg inakzeptabel. Trotzdem ist es sehr wichtig, sich dessen bewusst zu werden, damit die Justiz sich bemüht, geeignete Strategien zu entwickeln, um dieses schwer zu regulierende Netz, das sich allmählich über unsere Länder stülpt, zu fassen und zu beherrschen.

Die Notwendigkeit, sexuelle Angriffe von Libido zu trennen und den geschlechtsspezifischen Angriff in ein komplett öffentliches Verbrechen zu verwandeln

Ich beschäftige mich seit Anfang der neunziger Jahre mit dem Thema Gewalt. Ich habe damit begonnen, als ich im Gefängnis von Brasília Häftlinge interviewte, die wegen gewöhnlicher Vergewaltigungen auf der Straße verurteilt worden waren. Danach habe ich die Femizide von Ciudad Juárez untersucht. Und von Ciudad Juárez aus habe ich mich auf die Femizide in Kriegsszenarien – in den neuen Kriegen – spezialisiert, wie sie für Mexiko, El Salvador, Kolumbien und Guatemala charakteristisch sind. Auf diesem Weg ist mir klargeworden, dass die Frage der Libido oder des Begehrens unbedingt problematisiert werden muss. Und ich bin zu dem Schluss gelangt, dass folgendes Verständnis von zentraler Bedeutung ist: Der Akt der Vergewaltigung eines Körpers ist nicht notwendigerweise das Ergebnis eines unkontrollierbaren sexuellen Begehrens, wie es der gemeine Menschenverstand annimmt, sondern ein exhibitionistischer Akt der Beherrschung. Die Libido ist dabei in der Zurschaustellung der Potenz vor den Augen der Gleichgesinnten, und auch in einem selbstbezüglichen narzisstischen Vergnügen verortet. Deshalb bin ich der Meinung, dass wir bei der gewöhnlichen Vergewaltigung ebenso wie bei Vergewaltigungen im Krieg nicht von ›Sexualverbrechen‹ sprechen sollten, sondern von ›Verbrechen mit sexuellen Mitteln‹, weil diese Verbrechen aus dem Willen zur Herrschaft entstehen und nicht dem Wunsch nach sexueller Befriedigung entspringen.

Die Überzeugung, sexuelle Übergriffe würden aus einem sexuellen Begehren heraus stattfinden, aus der kollektiven Vorstellungswelt zu verbannen, also die klare Trennung zwischen sexuellem Angriff und Libido, ist kein leichtes Unterfangen.

Und das ist deshalb so, weil in der Welt der Moderne, in der das moderne positive Recht entstanden ist, all das, was mit Frauen zu tun hat, und all das, was uns Frauen widerfährt, in das Feld des Intimen abgeschoben wird. Ein sehr anschauliches Beispiel hierfür ist das, was im Urteil im Fall *Campo Algodonero* geschehen ist: Die Richterin Cecilia Medina, die 2009 in Santiago de Chile dem Gericht vorsaß, das das als *Campo Algodonero* bezeichnete Verbrechen von Ciudad Juárez verhandelte, musste letztlich ihr Votum separat abgeben, da das Gericht in der Mehrheit nicht akzeptierte, dass es sich um Folter mit sexuellen Mitteln handelte. Warum hat es das nicht getan? Meine Interpretation ist folgende: Hätte man es als ein Folterverbrechen mit sexuellen Mitteln betrachtet, hätte dies bedeutet, zu akzeptieren, dass es sich um einen öffentlichen Angriff auf die Körper gehandelt hat, der nicht – wie wir immer denken – auf sexuelle Gewalt zurückzuführen ist, das heißt, auf ein unkontrollierbares Verlangen, sich den Körper der Frau zu nehmen. Seit meinen ersten Begegnungen mit gewöhnlichen Vergewaltigern im Gefängnis von Brasília, wo ich über ein Jahr lang etliche Interviewstunden aufgezeichnet habe, ist mir klargeworden, dass das, was wir als sexuelles Verlangen einordnen, dort gar nicht vorhanden ist.

In einer Kriegssituation verwandelt sich das Szenario in einen bewaffneten Konflikt zwischen Korporationen verschiedenster Art: staatliche Armeen, die parastaatlich in den repressiven Kriegen agieren; Gruppen von Auftragskillern; Maras und andere Arten von Banden; mafiöse Organisationen und auch solche im Bereich des politischen Wettbewerbs zwischen Fraktionen und Parteien. Der Konflikt erreicht auch den Staat selbst und fordert ihn in seiner Verpflichtung heraus, die Körper der Frauen und Kinder schützen zu können. Der Kriegsgegner wird durch den sexuellen Angriff auf seine Frauen demoralisiert. Die Truppenmoral wird bekanntermaßen kultiviert, in der Ausbildung der Armeen vermittelt und gefördert. In jeder Armee findet eine Ausbildung in den notwendigen Kriegsfertigkeiten statt und eine Ausbildung, die darauf abzielt, die Moral und das Selbstbewusstsein der Truppe zu stärken. Die Vergewaltigung der Frauen des *Pueblos* oder der gegnerischen Fraktion führt zum Zusammenbruch dieser Moral und dieses Selbstbewusstseins. Die Vergewaltigung bewirkt also die moralische Zerstörung der gesamten Gruppe, die eigentlich die Hüterin der angegriffenen Körper sein sollte. Deshalb sprechen die Spezialist:innen für die neuen Kriegsformen im Nahen und Mittleren Osten heute von einem feminisierten Krieg, der an den Körpern der Frauen ausgetragen wird. Ein feiger und sehr billiger Krieg, in dem das Gerüst einer Gesellschaft durch die Vergewaltigung und Tötung ihrer Frauen vernichtet wird. Das war zum Beispiel in Guatemala offensichtlich und das konnten wir im anthropologischen und geschlechtsspezifischen Gutachten herausarbeiten. Auf die Körper der Frauen einer Gemeinschaft oder Fraktion zu zielen, indem diese sexuell angegriffen und – wie es häufig geschieht – sogar getötet werden, ist so, als würde eine Bombe exakt im Zentrum eines Gebäudes platziert, die es auf günstige und schnelle Art implodieren lässt.

Wie gesagt, man muss die nationalen Grenzen überschreiten und die Situation in verschiedenen Ländern miteinander vergleichen, um die kontinentale und globale Ausbreitung der gewalttätigen Praktiken wahrzunehmen, die Regelmäßigkeit in der Matrix ihrer Ausführung. Die Feminisierung des Krieges ist eine dieser Tendenzen, die, wie gesagt, bereits von Autor:innen, die die neuen Kriege im Nahen und Mittleren Osten analysieren, beobachtet und so benannt worden sind. Diese Feminisierung breitet sich weiter aus und ist eines der Merkmale der charakteristischen Parastaatlichkeit in Lateinamerika. Die repressiven Kräfte in Guatemala, die Maras in El Salvador, das organisierte Verbrechen in Mexiko, die Paramilitärs in Kolumbien – sie alle haben auf diese Art und Weise gehandelt und tun es weiter. Für Guatemala konnte festgestellt werden, dass dieses Handlungsmuster bereits in Anweisungen und Handlungsleitfäden des repressiven Krieges der achtziger Jahre enthalten ist.

Gewalt als Ausdruck. Die Spezifik der Botschaft: Fähigkeit zur Grausamkeit und territoriale Herrschaft

Wie ich bereits sagte: Die Entscheidungen der Macht können nicht beobachtet werden, weil die Geheimhaltung das entscheidende Merkmal oder Prädikat der Pakte der Macht ist. Was also können wir beobachten? Wir können nur die Regelmäßigkeit von bestimmten Epiphänomen beobachten. Zum Beispiel kann man in verschiedenen Gegenden des Kontinents den systematischen Angriff auf den Körper der Frau als eine Art und Weise beobachten, die lokale und kommunitäre Gemeinschaft und ihre Verwurzelung zu zersetzen oder zu vernichten. Der Fall von Kolumbien zum Beispiel, wo es noch Regionen gibt, in denen Landwirtschaft im kleinen Rahmen betrieben wird, inklusive der Besetzung des Territoriums durch kleine Ländereien oder Siedlungen wie an der pazifischen Küste, wo diese jahrhundertealten Ortschaften durch den Verfassungstext von 1991 geschützt werden. Hier besteht die Art und Weise, das Territorium einzunehmen darin, jene Körper grausam anzugreifen, die nicht diejenigen des bewaffneten Feindes sind, Körper die in der archaischen Vorstellungswelt – und das ist die Vorstellungswelt von ›Geschlecht‹ – nicht die Körper des einfachen Soldaten der feindlichen bewaffneten Korporation sind. Vielmehr sind es friedliche Körper, unschuldige Körper: die Körper der Frauen und, in einigen Fällen, auch die von Kindern. Dabei spielt es keine Rolle, dass unter bestimmten Umständen auch eine Frau an einem Verbrechen beteiligt sein kann, eine Frau diejenige ist, die foltert, eine Frau in den Sicherheitskräften oder der Armee dient, eine Frau in den Maras agiert, denn in der archaischen Vorstellungswelt, die die Art und Weise ist, in der wir die Welt sehen, ist die Frau nicht der bewaffnete Gegner, nicht der Feind im Krieg. Weil die Grausamkeit, die den Körpern der Frauen und Kinder angetan wird, keine Grausamkeit mit einer materiellen kriegerischen Instrumentalität ist, funktioniert sie isoliert und als eine spezifische Botschaft der grundlosen, willkürlichen und zweckfreien Grausamkeit, die nur derjenige ausüben kann, der die vollständige territoriale Kontrolle innehat. Auf diesem Weg verkünden der Parastaat und seine Herrscher ihre Existenz.

Mit anderen Worten: Die Vernichtung eines Körpers mit sexuellen Mitteln, der nicht der Körper des feindlichen Soldaten ist, ist Ausdruck der Willkür dieser Souveränität. Das heißt, ich wende meine Grausamkeit an, indem ich diesen Körper mittels sexueller Aggression zerstöre, ich schände diesen Körper, ich demoralisiere diese Person und ihre Beschützer als Ausdruck meiner Willkür, meiner hoheitlichen Kontrolle über das Territorium und über das Leben. Und ich stelle meine Straflosigkeit zur Schau.

Gewalt als Ausdruck: Die Zurschaustellung von Straflosigkeit

Ich habe begonnen, dieses Muster zu begreifen, als ich auf den Fall von Ciudad Juárez gestoßen bin. Der Punkt war nicht, dass es hier ein ›Problem mit der Straflosigkeit‹ gab, das es zu lösen galt. Die Situation stellte sich tendenziell als eine andere dar: Es ging um eine Form, die Straflosigkeit zur Schau zu stellen, die in Wahrheit als eine Zurschaustellung der institutionell unkontrollierten Macht verstanden werden kann. Das heißt, es handelt sich um eine Aussage, die die Unfähigkeit der Institutionen, die Macht der Täter zu kontrollieren, bestätigt.

Die Diskontinuität in der Geschichte der Kriege

Das eben Ausgeführte hat mich zu dem Schluss kommen lassen, dass es in einem bestimmten Moment der jüngeren Zeit einen Wandel in der Geschichte der Kriege gegeben hat. Einige Autor:innen verorten den Zeitpunkt dieser Veränderung im Krieg im ehemaligen Jugoslawien. So legt Elizabeth Odio Benito, die Richterin des Ad-Hoc Tribunals und spätere Richterin am Internationalen Strafgerichtshof, in ihrem wichtigen Beitrag über den Krieg und die Frauen dar, dass sie in den Zeugenaussagen eine bis dahin unbekannte Grausamkeit gegenüber den Körpern der Frauen wahrgenommen zu haben glaubt. Eine exzessive Grausamkeit, bei der es nicht damit getan war, zu vergewaltigen, vielmehr sollten die Körper mittels der sexuellen Aggression vernichtet werden, so wie es auch in den repressiven Kriegen in Guatemala und El Salvador der Fall gewesen ist. Man kann angesichts der Geschichte der Kriege also einen Wandel hin zu informellen Kriegen konstatierten, mit denen sich das Ziel verlagert: Von der Annektion der Körper als Territorien, also der Eroberung des Territoriums und damit auch der Frauen, die es bewohnen – indem sie vergewaltigt werden oder als Konkubinen oder Sklavinnen angeeignet werden – hin zur Vernichtung des Körpers der Frauen – ihrer moralischen und physischen Ermordung – als einem Ziel, das durch die Aggression mit sexuellen Mitteln verfolgt wird.

Mit anderen Worten: Von den Stammeskriegen bis hin zu den Staatenkriegen haben die Frauen Kollateralschäden des Krieges erlitten. In den neuen Formen des Krieges werden sie zum taktischen Ziel des Krieges, und zwar, um das strategische Ziel der Zerstörung des Zusammenhalts und der Moral des Gegners zu erreichen, ganz gleich, ob es sich um eine bewaffnete Korporation, eine Fraktion oder ein *Pueblo* handelt. Deshalb sagt man, dass der Krieg sich heute feminisiert hat.

Das Mandat der Männlichkeit und die Reproduktion von Akteuren für den Krieg

Bei Verbrechen gegen Frauen in den informellen Kriegen geht es, unabhängig davon, ob die Täter aus paramilitärischen repressiven Banden oder kriminellen Gruppen oder Gangs stammen, um das Thema des Territoriums: Das Eindringen in die Territorien und ihre Eroberung, die Zerstörung oder Beschlagnahmung des Eigentums, die Auflösung der lokalen und kommunitären Verwurzelung. Das Interesse ist immer eines der Aneignung und der Ausplünderung. Aus diesem Grund habe ich bei verschiedenen Gelegenheiten immer wieder betont, dass der Prozess der Conquista auf unserem Kontinent in Wahrheit nie abgeschlossen worden ist und in der aktuellen Phase des historischen Projekts des Kapitals, in der sich die ursprüngliche Akkumulation wiederholt, mit voller Wucht fortgesetzt wird. Die aktuelle Art und Weise der Bereicherung ist die Aneignung von Land zum Zwecke extraktivistischer Landwirtschaft, des Bergbaus oder der Immobilienausbeutung. Dazu ist es unerlässlich, die Territorien von ihren traditionellen Bewohner:innen zu säubern. Das Beispiel der Stadt Buenaventura an der Pazifikküste Kolumbiens ist ein solcher Fall. Das Interesse des Kapitals hier ist der Bau von drei Häfen, die zum Nabel des Trans-Pazifik-Vertrags werden sollen, sowie einem riesigen Hotelkomplex. Deshalb ist es notwendig, die Menschen, die sich dort niedergelassen haben und deren verfassungsmäßige Rechte anerkannt sind, zu vertreiben.

Genau dort brachte mich eine Frage zu jenem Punkt, an dem sich meine Überlegungen zur Gewalt derzeit befinden. Eine Frau aus dem Publikum fragte mich bei einer Veranstaltung: »Wie beendet man einen solchen Krieg, in dem es kein Friedensabkommen geben kann, ein Krieg, der nie erklärt worden ist und in dem der Staat überhaupt keine Rolle spielt? Ein Krieg der entfesselten Ausbeutung, der Ausbeutung von uns. Ein Krieg, der anders ist als jener zwischen der FARC und dem Staat; ein Krieg, der gar kein Krieg des Staates ist. Wie schließt man ein Friedensabkommen zwischen den Banden, die hier die Leute terrorisieren und umbringen, und sie aus ihren Territorien vertreiben, damit die Unternehmen eindringen können? Wie beenden wir diesen Krieg?«

Ich hatte bis zu diesem Moment noch nie darüber nachgedacht, aber ich habe dann folgende Antwort gegeben, die aktuell meine Forschung leitet: »Indem wir das Mandat der Männlichkeit demontieren. Denn ohne Gehorsam gegenüber dem Mandat der Männlichkeit, wird es keine kriegerischen Akteure mehr geben, die rekrutiert werden können. Und wenn es keine menschlichen Ressourcen für den Kriegsdienst gibt, dann kann er auch nicht ausgeführt werden.«

Damit eintritt, was wir so sehr hoffen, nämlich dass sich die Geschichte, die Kriege, die Gewalt nicht wiederholen, müssen wir unbedingt darüber nachdenken, wie – also mit welchen Mitteln – das Mandat der Männlichkeit demontiert werden kann. Ein Mandat, das Männer angesichts der Vorstellung, eine Position männlichen Ansehens erlangen zu müssen, dazu zwingt, ihre Fähigkeit zur Empathie aufzugeben und Potenz und Fähigkeit zur Grausamkeit zur Schau zu stellen. Die Männer werden so zu Kanonenfutter und sterben früher als sie sollten. Eine Botschaft, die sich durchsetzen muss, ist, dass das erste Opfer des Mandats der Männlichkeit die Männer selbst sind, mit ihrem vorzeitigen Tod und ihrem Leben in ständiger Anspannung. Junge Männer und Jugendliche davon abzuhalten, sich den grausamen Anforderungen des Mandats der Männlichkeit, das heute in vielen Nischen unseres Kontinents zu beispiellosen Todesraten führt, zu beugen und sich ihnen zu unterwerfen – das ist eine sehr dringliche Aufgabe.

Glossar

Die Einträge und Begriffe in diesem Glossar sind nach Erscheinen im Text geordnet.

weiß & schwarz
im Orig. *blanco & negro*, bezeichnen ein europäischstämmiges Individuum heller Hautfarbe bzw. ein afrikanischstämmiges Individuum dunkler Hautfarbe. Es sind Unterscheidungen entlang des Konstrukts von *Raza*, als solche dienen sie zur rassistischen Klassifizierung. Phänotypische Merkmale als Differenzierungs- und Hierarchisierungsmerkmale von Menschen entbehren jeder wissenschaftlichen Grundlage, sind als Kategorien aber weiterhin wirkmächtig. Sie werden daher kursiviert.

Weißmachen & Weißsein
im Orig. *blanquear/blanqueamiento & blanquitud*, bezeichnen im Machtmuster der Kolonialität ein Dispositiv, demzufolge sich alle lateinamerikanischen Bevölkerungsgruppen einem *weißen* Ideal annähern sollen. Die Begriffe werden durch Kursivierung als Konstrukt markiert.

Raza
dt. ›Rasse‹, bezeichnet im Werk von Aníbal Quijano ein Konstrukt, eine Fiktion, eine Erfindung, die er als das grundlegende Element des als Kolonialität bezeichneten Machtmusters definiert. Entlang dieses Konstrukts wird mit den Begriffen *schwarz, indigen, mestizisch, criollo und weiß* eine Klassifizierung in Untergruppen der Spezies Mensch vorgenommen, die wissenschaftlich gegenstandslos, aber in der Vorstellung und der sozialen Praxis des rassistischen Markierens weiterhin wirkmächtig ist. *Raza* ist somit auch im Spanischen immer rassistisch kodiert. Gleichwohl finden sich im lateinamerikanischen Kontext auch affirmative Bezugnahmen, so z.B. im Entwurf der ›raza cósmica‹ von José Vasconcelos. In Abgrenzung zum deutschen Begriff ›Rasse‹, der zudem nationalsozialistisch und antisemitisch kon-

notiert ist, wird der spanische Begriff beibehalten. Entsprechend wird der Prozess der Zuschreibung als Rassialisierung/rassialisieren und das somit Zugeschriebene als Rassialität/rassial bezeichnet. Auf die – im Grunde konsequenteren – Ableitungen (Razialisierung, Razialität & razial) wird mit Blick auf die im Deutschen bereits übliche Übertragung, die teilweise auch für Übersetzungen des Englischen ›race‹ benutzt wird, verzichtet.

Pueblo

hat im lateinamerikanischen Kontext eine andere Begriffsgeschichte und somit andere Bedeutung(en) als in der deutschen Sprache: Erstens bedeutet das Wort nicht nur ›Volk‹, sondern auch ›Dorf‹. Zweitens bezeichnet es ›die Leute‹ und damit sind zumeist die ›einfachen Leute‹, die sozial und strukturell benachteiligten Teile der Gesellschaft gemeint. So wird *Pueblo* auch als »vielschichtige Gemeinschaft der Unterdrückten« (Fornet-Betancourt) mit einer eigenen ›popularen‹ Kultur definiert. In dieser Konnotation gibt es Anknüpfungspunkte bei Antonio Gramsci. Drittens werden die autochthonen Bevölkerungsgruppen als ›pueblos indígenas‹ bezeichnet. Sie waren von je her eine »partikulare Gruppe innerhalb oder jenseits der Vorstellung vom modernen Nationalstaat« weshalb der deutsche Begriff ›indigene Völker‹ ein Widerspruch in sich ist (s. Kastner). Im Deutschen hingegen wird der Begriff Volk zum einen stark mit Staat, Nationalstaat und Nation assoziiert, zum anderen ist er spätestens seit dem Nationalsozialismus mit seinem ›völkischen‹ Gedankengut auch biologistisch und rassistisch konnotiert.

criollo

dt. kreolisch, Kreole, in Hispanoamerika aber auch ›Einheimischer‹, worin sich die komplexe Bedeutung des Wortes bereits andeutet: Im spanischen Kolonialreich wurden als *Criollos* die ersten Nachfahren von Europäer:innen, meist Spanier:innen, in Abgrenzung zu Spanier:innen aus dem Mutterland klassifiziert. In der Entstehung des argentinischen Nationalstaats im 19. Jh. kam den *Criollos* eine zentrale Rolle zu, im 20. Jh. spielt der Begriff bei der Herausbildung einer spezifischen kulturellen Identität in Literaturwissenschaft, Theater und im Tango eine bedeutende Rolle. Heute wird der Begriff teilweise in Abgrenzung zu Personen nichteuropäischer Herkunft, aber häufig auch als Synonym für ›argentinisch‹ benutzt, obwohl sich nur wenige Argentinier:innen selbst als *criollo/criolla* bezeichnen würden. Aus dekolonialer Sicht haben die *Criollos* das Machtmuster der Kolonialität ihrerseits naturalisiert und zeichnen somit seit der Unabhängigkeit für eine innere Kolonisierung verantwortlich, daher Segatos Ableitungen *criollisieren/Criollisierung*. Der Begriff klassifiziert Menschen entlang des Konstrukts *Raza* und wird daher hier kursiviert.

Kommunität – Gemeinschaft – Gemeinde – Kommune
im Orig. *comunidad/comunal, comunitario*, bezeichnet im vorliegenden Buch Gruppen, die sich dem kolonial-modernen Muster – und damit dem Individualismus und dem Kapitalismus – teilweise verweigern, insofern als ihre Vorstellungen und Praktiken anderen Maximen folgen, die Segato als beispielgebend beschreibt. ›Comunidad‹ ist häufig synonym für afrodeszendente oder indigene *Pueblos*. Ähnlich wie im Gemeinschaftlichen Feminismus (*feminismo comunitario*) von J. Paredes scheint die ›comunidad‹ bei Segato als Ausgangs- und Anknüpfungspunkt für gesellschaftliche Veränderung auf. Im Deutschen variiert die Übertragung: ›Gemeinde‹ akzentuiert die räumlich-geografische Verfasstheit dort, wo der Bezug zum Lokalen, der Allmende, dem Territorium oder der Landschaft, also dem Ort, den diese Gruppe bewohnt und der für ihre kollektive Identität bedeutsam ist, im Vordergrund steht. ›Gemeinschaft‹ betont den Zusammenhalt der Mitglieder dieser Gruppe, wobei Segato nicht klar zwischen Gemeinschaft und Gesellschaft differenziert. ›Kommune‹ vereint in seiner Doppeldeutigkeit als Synonym für Gemeinde im Sinne einer kleinen Verwaltungseinheit und als Bezeichnung für Formen verbindlichen Zusammenlebens und Wirtschaftens beide Aspekte. Das Adjektiv ›kommunitär‹ bezieht sich auf ›Kommunität‹, was gleichermaßen Gemeingut wie Gemeinschaft bedeutet.

indigen
ist ursprünglich als kolonial-moderne Kategorie mit *indío* verknüpft. Seit den Achtziger Jahren haben sich Teile der so bezeichneten Gruppen den Begriff angeeignet und verwenden ihn in emanzipatorischer Intention als positive Selbstbezeichnung. Im politischen und

nationalstaatlichen Kontext agieren heute unterschiedliche *Pueblos* häufig als ›indigene Organisation‹ und setzen so ihre Ethnizität als politische Ressource ein.

indío

dt. Indianer, nannten die europäischen Kolonisatoren die autochthonen Bevölkerungen Amerikas. Die Verallgemeinerung *indío* ist ein politisches und soziales Konstrukt, mit dem die Kolonialherren die Kolonisierten zu einer homogenen Gruppe zusammenfassten, auf dieser Basis rassistische Kategorisierungen vornahmen und so Ungleichheitsstrukturen schufen. Der Begriff klassifiziert entlang des Konstrukts *Raza* und wird daher kursiviert.

mestizisch

Im Orig.: *mestizaje/mestizo*; bezeichnet die rassistische Vorstellung der ›Vermischung‹ zwischen indigenen und europäischstämmigen Bevölkerungen seit der Kolonialisierung. Der Begriff klassifiziert entlang des Konstrukts *Raza* und wird daher kursiviert.

Literatur

Exner, Isabel; Rath, Gudrun (Hg.): Lateinamerikanische Kulturtheorien. Grundlagentexte. Konstanz: Konstanz University Press 2015.

Graneß, Anke; Kopf, Martina; Kraus, Magdalena (Hg.): Feministische Theorie aus Afrika, Asien und Lateinamerika. Wien: Facultas 2019.

Kastner, Jens: Pueblo. Probleme einer Übersetzung. In: MALMOE, Wien, 62 (2013), S. 24, s. http://www.jenspetzkastner.de/artikel/diskurs/archiv-diskurs/pueblo.

Quintero, Pablo; Garbe, Sebastian (Hg.): Kolonialität der Macht. De/Koloniale Konflikte: zwischen Theorie und Praxis. Münster: Unrast-Verlag 2013.

Quijano, Aníbal: Kolonialität der Macht, Eurozentrismus und Lateinamerika. Aus dem Spanischen von A. Jenss & S. Pimmer. Wien: Turia + Kant 2016.

Theurer, Karina; Kaleck, Wolfgang (Hg.): Dekoloniale Rechtskritik und Rechtspraxis. Baden-Baden: Nomos Verlagsgesellschaft 2020.

Tuider, Elisabeth; Burchardt, Hans-Jürgen; Öhlschläger, Rainer (Hg.): Frauen (und) Macht in Lateinamerika. Baden-Baden: Nomos Verlagsgesellschaft 2013.

Quellennachweis

Kapitel 1
Die Einschreibung in die Körper der ermordeten Frauen von Ciudad Juárez

2006 publiziert von der Universidad del Claustro de Sor Juana, Mexiko, und dann aufgenommen in Segato 2013a.

Epilog

Vortrag der Autorin bei der Vorstellung des Buches *Ciudad Juárez: Auf dieser Seite der Brücke* und des Werks *Lacrimosa* von Rogelio Sosa, interpretiert von Lorena Glinz, vorgetragen; gemeinsam mit dem spanischen Antikorruptions-Staatsanwalt Carlos Castresana und Isabel Verict, am 29.11.2004 im Museum El Chopo von Mexiko-Stadt.

Kapitel 2
Die neuen Kriege und der Körper der Frauen

Erstveröffentlichung in *Las nuevas formas de la guerra y el cuerpo de las mujeres.* Puebla: Pez en el árbol 2014.

Kapitel 3
Patriarchat: Vom Rand ins Zentrum. Disziplinierung, Territorialität und die Grausamkeit in der apokalyptischen Phase des Kapitals

Teile dieses Textes wurden bereits veröffentlicht: Rita Laura Segato: »Patriarchy from Margin to Center: Discipline, Territoriality, and Cruelty in the Apocalyptic Phase of Capital«. In: *The South Atlantic Quarterly* 115(2016)3; sowie: Rita Laura Segato: *Revista Nueva Sociedad*, 264(2016) Jul-Aug.

Kapitel 4
Kolonialität und modernes Patriarchat

Auszug aus: Rita Laura Segato: »Género y Colonialidad en busca de claves de lectura y de un vocabulario estratégico descolonial«. In: Karina Andrea Bidaseca, Vanesa Vazquez Laba (Hrsg.): *Feminismos y Poscolonialidad. Descolonizando el feminismo desde y en América Latina*. Buenos Aires: Ed. Godot 2011, S. 17-48.

Kapitel 5
Femigenozid als Verbrechen im internationalen Menschenrechtsdiskurs

Erstveröffentlichung in: Rosa Linda Fregoso, Cynthia Bejarano (Hrsg): *Feminicidio en América Latina*. México: UNAM-CIIECH/Red de Investigadoras por la Vida y la Libertad de las Mujeres 2011; was wiederum der im zweiten Teil erweiterte Beitrag »El derecho a nombrar el sufrimiento en el Derecho« In: Dalila Polack, Leandro Despouy (Hrsg): *Voces y silencios de la discriminación. Acceso a la justicia*. Buenos Aires: Asamblea Permanente por los Derechos Humanos 2009, ist.

Kapitel 6

Fünf feministische Debatten. Gewalt gegen Frauen anders denken

Die Unterkapitel dieses Textes sind Verschriftlichungen von Vorträgen und Konferenzen, die teilweise im Internet verfügbar sind: »Drei Themen einer anderen Überlegung über Gewalt gegen Frauen«, *Jornadas de Debate Feminista*, Montevideo 5. Juni 2014, https://www.youtube.com/watch?v=GhoRxuaSRHQ; »Drei Debatten über Gewalt und Rechte der Frauen in den zeitgenössischen feministischen Strömungen«, *III Congreso de Género y Sociedad »Voces, cuerpos y derechos en disputa«*, Universidad Nacional de Córdoba, 24. September 2014; Vortrag: »Die Forschung zu Gender und Gewalt: Spannungen und Herausforderungen«, *Seminario Internacional Los Caminos Trazados por los Estudios de Género*, Pontificia Universidad Católica del Perú, 17. Juni 2015; Debatte anlässlich der Präsentation meines Buches: *Las nuevas formas de la guerra y el cuerpo de las mujeres. La nueva elocuencia del poder*, México, Pez en el Árbol, 2014, Universidad de Puebla, 13. April 2015.

Kapitel 7

Die neue Eloquenz der Macht. Ein Gespräch mit Rita Segato

Verschriftlichung des Interviews mit dem *Instituto de Investigaciones y Experimentación Política*, das 2013 zwischen Buenos Aires, Río Cuarto und Brasília stattgefunden hat; aufgenommen in: Rita Laura Segato: *Las escrituras en el cuerpo de las mujeres asesinadas en Ciudad Juárez*. Buenos Aires: Tinta Limón 2013 und in: dies.: *Las nuevas formas de la guerra y el cuerpo de las mujeres*. Puebla: Pez en el Árbol 2014.

Kapitel 8

Stellungnahme in der öffentlichen Sitzung des argentinischen Senats am 20. April 2017 zur Frage der Strafverschärfung als Antwort auf den Femizid von Micaela García am 1. April 2017

Video der Sitzung unter: https://www.youtube.com/watch?v=prUqWHKnUd4.

Für einen feministischen Anti-Punitivismus: »Femizid und die Grenzen der juristischen Erfahrung«

Erstveröffentlichung in der Beilage *Las12* der Zeitung *Página/12*, Buenos Aires, 26. Mai 2017.

Bibliografie

Abu-Lughod 2002
Lila Abu-Lughod: *Feminismo y Modernidad en Oriente Próximo.* Valencia:Cátedra 2002 [1998].

Agamben 2002
Giorgio Agamben 2002: *Homo Sacer. Die souveräne Macht und das nackte Leben.* Frankfurt am Main: Suhrkamp 2002.

Agamben 2004
Giorgio Agamben: *Ausnahmezustand.* Frankfurt am Main: Suhrkamp 2004.

Alvazzi del Frate 2011
Anna Alvazzi del Frate: »When the Victim Is a Woman«. In: Geneva Declaration Secretariat (Hrsg.): *Global Burden of Armed Violence: Lethal Encounters.* Cambridge: Cambridge University Press 2011, S. 113-144.

Amir 1971
Menachem Amir: *Patterns in Forcible Rape.* Chicago: University of Chicago Press 1971.

Arendt 1958
Hannah Arendt: *Elemente totalitärer Herrschaft.* Frankfurt am Main: Europäische Verlagsanstalt 1958.

Assis Climaco 2009
Danilo Assis Climaco: *Tráfico de mulheres, negócios de homens. Leituras feministas e anti-coloniais sobre os homens, as masculinidades e/ou o masculino.* Doktorarbeit Florianópolis: Universidade Federal de Santa Catarina 2009.

Atencio 2003
Graciela Atencio: »El circuito de la muerte«. In: *Triple Jornada* (Beilage der Zeitung La Jornada), Nr. 61, September 2003, S. 14.

Azzelini 2007
Dario Azzelini: »Mercenarios y nuevas guerras«. In: *Revista Nómada.* Buenos Aires: Universidad Nacional de General San Martín 2(2007)8.

Azzellini/Kanzleiter 2005
Dario Azzelini, Boris Kanzleiter: *Das Unternehmen Krieg.* Berlin: Assoziation A 2003.

Bhabha 2001
Homi K. Bhabha: »The Right to Narrate: Interview Kerry Chance with Bhabha«. Bard College 2001.

Benhabib 1995
Seyla Benhabib: *Selbst im Kontext. Kommunikative Ethik im Spannungsfeld*

von Feminismus, Kommunitarismus und Postmoderne. Frankfurt am Main: Suhrkamp 1995.

Blacking 1970
John Blacking: *Process and Product in Human Society.* Johannesburg: Witwatersrand University Press 1970.

Cabanillas 2009
Natalia Cabanillas: »La construcción de la categoría mujer a través de la política de derechos humanos en Sudáfrica: la noción jurídica de *víctima* en la Comisión de la Verdad y la Reconciliación«. Vortrag: *II Coloquio en Estudios de Género Cuerpos, Tráficos y Poder.* Universidad Autónoma de Querétaro, Mexiko 2009.

Cabanillas 2011
Natalia Cabanillas: *Género y memoria en Sudáfrica post apartheid: la construcción de la noción de víctima en la Comisión de la Verdad y la Reconciliación (1995-1998).* México: El Colegio de México 2011.

Campbell 2004
Federico Campbell: *La memoria de Sciascia.* Mexiko Stadt: Fondo de Cultura Económica 2004 [1989].

Campos Machado 2016
Maria das Dores Campos Machado: "»Ideologia de género«": Discurso cristão para d desqualificar o debate académico e os movimentos sociais". Conferencia Magistral presentada em el Congreso de la Associacáo Brasileira de História das Religiões, ABHR Florianopolis 2016.

Campuzano 2006
Giuseppe Campuzano: »Reclaiming Travesti Histories«. In: *IDS Bulletin,* 37(2006)5, S. 34-39.

Campuzano 2009a
Giuseppe Campuzano: »Contemporary Travesti Encounters with Gender and Sexuality in Latin America«. In: *Development* 52(2009)1, S. 75-83.

Campuzano 2009b
Giuseppe Campuzano: »Andróginos, hombres vestidos de mujer, maricones... el Museo Travesti del Perú«. In: *Bagoas,* 4(2009) S. 79-93. Carcedo 2010
Ana Carcedo (Hrsg.): *No olvidamos ni aceptamos: Femicidio en Centroamérica 2000-2006.* San José de Costa Rica: CEFEMINA y Horizons 2010.

Carcedo 2010
Ana Carcedo (Hrsg.): *No olvidamos ni aceptamos: Femicidio en Centroamérica 2000-2006.* San José de Costa Rica: CEFEMINA y Horizons 2010.

Castells 1999
Manuel Castells: *La era de la Información. Fin de milenio.* México: Siglo XXI 1999.

Clastres 2020
Piere Clastres: *Staatsfeinde. Studien zur politischen Anthropologie.* Konstanz: Konstanz University Press 2020 [1974].

Copelon 2000
Rhonda Copelon: »Gender Crimes as War Crimes. Integrating Crimes against Women into International Criminal Law«. In: *McGill Law Journal* 2000(46), S. 217-240.

Cornell 2001
Drucilla Cornell: *En el corazón de la libertad. Feminismo, sexo e igualdad.* Madrid: Ediciones Cátedra 2001 [1998].

Deleuze 1993
Gilles Deleuze: »Postskriptum über die Kontrollgesellschaften«. In: ders.: *Unterhandlungen 1972-1990.* Frankfurt am Main: Suhrkamp 1993, S. 254-262.

Derrida 1988
Jacques Derrida: *Randgänge der Philosophie.* Wien: Passagen Verlag 1988.

Enríquez 2009
Lourdes Enríquez: »Eficacia performativa del vocablo feminicidio y legislación penal como estrategia de resistencia«. In: Ana María de la Escalera Martínez (Hrsg.): *Feminicidio: Actas de denuncia y controversia.* Mexico: UNAM 2009.

Fernández 2009
Mirko Daniel Fernández: *Protocolo sobre violencia sexual contra mujeres asesinadas en masacres perpetuadas por grupos de autodefensa durante el período 1997-2003, y factores que determinan el registro de este tipo de violencia por parte del INML y CF.* Bogota: Instituto Nacional de Medicina Legal y Cuerpo Forense 2009

Foucault 1999
Michel Foucault: *In Verteidigung der Gesellschaft. Vorlesungen am Collège de France (1975-76).* Frankfurt am Main: Suhrkamp 1999.

Foucault 2004a
Michel Foucault: *Geschichte der Gouvernementalität I: Sicherheit, Territorium, Bevölkerung.* Frankfurt am Main: Suhrkamp 2004.

Foucault 2004b
Michel Foucault: *Geschichte der Gouvernementalität II: Die Geburt der Biopolitik.* Frankfurt am Main: Suhrkamp 2004.

Foucault 2005
Michel Foucault: »Subjekt und Macht«. In: ders.: Schriften in vier Bänden. Dits et Ecrits. Band IV. 1980-1988. Frankfurt am Main: Suhrkamp 2005, S. 269-294.

Fraenkel 1974
Ernst Fraenkel: *Der Doppelstaat. Recht und Justiz im »Dritten Reich«*. Frankfurt am Main: Europäische Verlagsanstalt 1974 [1941].

Gautier 2005
Arlette Gautier: »Mujeres y colonialismo« In: Marc Ferro (Hrsg.): *El libro negro del colonialismo. Siglos XVI al XXI: Del exterminio al arrepentimiento.* Madrid: La esfera de los libros 2005, S. 677-723.

Gonzalez 1988
Gonzalez, Lélia: "A categoría político-cultural de amefricanidade". In: *Tempo Brasileiro,* Rio de Janeiro, Nr. 92/93 (Jan./Jun.)1988, S. 69-82.

González Rodríguez 2002
González Rodríguez: *Huesos en el desierto.* Barcelona: Anagrama 2002.

Gorbach/Rufer 2016
Frida Gorbach, Mario Rufer (Hrsg.): *(In)disciplinar la investigación. Archivo, trabajo de campo y escritura.* Ciudad de México, Siglo XXI/Universidad Autónoma Metropolitana 2016.

Gott 2002
Gil Gott: »Imperial Humanitarianism: History of an Arrested Dialectic«. In: Berta Esperanza Hernández-Truyol (Hrsg.): *Moral Imperialism: A Critical Anthology.* New York: New York University Press 2002.

Grey 2013
Barry Grey: »Justice and Financial Fraud: The Blanket Settlement with J. P. Morgan: A $13-Billion Cover-up«. In: *Global Research 2013.*

Gutiérrez/Palomo 1999
Margarita Gutiérrez, Nelly Palomo: »Autonomía con Mirada de Mujer«. In: Aracely Burguete Cal y Mayor (Hrsg.): *México, experiencias de autonomía indígena.* Guatemala, Kopenhagen: IWGIA/Grupo Internacional de Trabajo sobre Asuntos Indígenas 1999, S. 54-86.

Habermas 1987
Jürgen Habermas: *Eine Art Schadensabwicklung. Kleine politische Schriften VI.* Frankfurt am Main: Suhrkamp 1987.

Hernández 2003
Rosalva Aída Hernández: »Re-pensar el multiculturalismo desde el género. Las luchas por el reconocimiento cultural y los feminismos de la diversidad« In: *La Ventana. Revista de estudios de género,* 18(2003) S. 7-39.

Hernández/Sierra 2005
Rosalva Aída Hernández, María Teresa Sierra: »Repensar los derechos colectivos desde el género: Aportes de las mujeres indígenas al debate de la autonomía«. In: Martha Sánchez (Hrsg.): *La Doble Mirada: Luchas y experiencias de las mujeres indígenas de América Latina.* México: UNIFEM/ILSB 2005, S. 105-120.

Hirsi Ali 2006
Ayaan: »La violencia mundial contra las mujeres es ya otro Holocausto«. In: *Noticias Red Feminista.*

Jhering 2019
Rudolf von Jhering: *Der Kampf ums Recht.* Frankfurt am Main: Vittorio Klostermann 2019 [1872].

Kaldor 2000
Mary Kaldor: *Neue und alte Kriege. Organisierte Gewalt im Zeitalter der Globalisierung.* Frankfurt am Main: Suhrkamp 2000.

Koyré 1997
Alexandre Koyré: »Betrachtungen über die Lüge«. In: *Freibeuter,* Nr. 72: »Versportung«. Berlin: Verlag Klaus Wagenbach 1997 [1943].

Lemaitre Ripoll 2009
Julieta Lemaitre Ripoll: *El Derecho como conjuro.* Bogotá: Universidad de los Andes 2009.

Lugones 2020
María Lugones: *Heterosexualismus und das koloniale/moderne Gendersystem.* In: Karina Theurer, Wolfgang Kaleck (Hrsg.): Dekoloniale Rechtskritik und Rechtspraxis. Baden-Baden: Nomos 2020, S. 159-192 [2007]

Machado/Santos 2018
Bruno Amaral Machado, Rafael Seixas Santos: »Constituição, STF e a política penitenciária no Brasil: uma abordagem agnóstica da execução das penas«. In: Antonio Henrique Graciano Suxberger, Bruno Amaral Machado (Hrsg.): *Revista Brasileira de Políticas Públicas. Dossiê Especial: Políticas públicas eboas práticas para o sistema penal.* Brasília: Editora UNICEUB 2018.

MacKinnon 1993
Catharine MacKinnon: »Crimes of War, Crimes of Peace«. In: Stephen Shute, Susan Hurley (Hrsg.): *On Human Rights. The Oxford Amnesty Lectures 1993.* New York: Basic Books 1993.

Maia 2010
Claudia de Jesús Maia: *A Invenção da ›Solteirona‹: Conjugalidade Moderna e Terror. Moral. Minas Gerais (1890-1948).* Florianópolis: Editora das Mulheres 2010.

Mario/Pantelides 2008
Silvia Mario, Edith Alejandra Pantelides: »Estimación de la magnitud del aborto inducido en la Argentina«. In: *Notas de Población* XXXV(2008)87, S. 95-120.

Mato Nunpa 2008
Chris Mato Nunpa: »Minnesota's genocide and concentration camps«. *Censored News* 2008. http://censored-news.blogspot.com/2008/08/chris-mato-numpa-minnesotas-genocide.html

Matos Menezes 2009:
Elisa Matos Menezes: 0 *Inimputável. Crimes do Estado contra a Juventude Criminalizada*. Brasília: Universidade de Brasília 2009.

MacKinnon 1993
Catharine MacKinnon: »Crimes of War, Crimes of Peace«. In: Stephen Shute, Susan Hurley (Hrsg.): *On Human Rights. The Oxford Amnesty Lectures 1993*. New York: Basic Books 1993.

Mignolo 2003
Walter Mignolo: *Histórias Locais/Projetos Globais*. Belo Horizonte: Editora UFMG 2003.

Monárrez Fragoso 2010
Julia E. Monárrez Fragoso: »Las diversas representaciones del feminicidio y los asesinatos de mujeres en Ciudad Juárez 1993-2005«. In: Julia E. Monárrez Fragoso et. al.(Hrsg.): *Violencia contra las mujeres y inseguridad ciudadana en Ciudad Juárez*. Tijuana: El Colegio de la Frontera Norte 2010, S. 361-394.

Münkler 2002
Herfried Münkler: *Die neuen Kriege*. Reinbek bei Hamburg: Rowohlt 2002.

Münkler 2003
Herfried Münkler: *Die Kriege des 21. Jahrhunderts*. In: Gewerkschaftliche Monatshefte 4/2003, S. 193-204.

Muñoz 2013
Lily Muñoz: *Mujeres mayas: Genocidio y delitos contra los deberes de la humanidad*. Guatemala: Centro de Acción Legal en Derechos Humanos 2013.

Neves 1998
Marcelo Neves: *Symbolische Konstitutionalisierung*. Schriften zur Rechtstheorie, Heft 187. Berlin: Dunker und Humboldt 1998.

Odio Benito 2001
Elizabeth Odio Benito: »De la violación y otras graves agresiones a la integridad sexual como crímenes sancionados por el derecho internacional humanitario (crímenes de guerra)«. In: Órgano Informativo de la Comisión de Derechos Humanos del Estado de México 2001, S. 98-112.

Otero Bahamón/Quintero Márquez/Bolívar 2009
Silvia Otero Bahamón, Viviana Quintero Márquez, Ingrid Bolívar: »Las barreras invisibles del registro de la violencia sexual en el conflicto armado colombiano«. In: *Revista Forensis* 2009, S. 335-349.

Oyěwùmí 1997
Oyèrónké Oyěwùmí: *The Invention of Women. Making an African Sense of Western Gender Discourses*. Minneapolis: University of Minnesota Press 1997.

Paixão/Carvano 2008
Marcelo Paixão, Luiz M. Carvano (Hrsg.): *Relatório anual das desigualdades raciais no Brasil 2007-2008.* Río de Janeiro: Garamont Universitaria 2008.

Paredes 2010
Julieta Paredes: *Hilando fino desde el feminismo comunitario.* La Paz: Mujeres Creando Comunidad 2010.

Passos 2008
Tiago Eli de Lima Passos: *Terror de Estado: uma crítica à perspectiva excepcionalista.* Brasília:Universidade de Brasília 2008.

Pateman 1988
Carole Pateman: *The Sexual Contract.* Cambridge: Polity Press 1988.

Patterson 1988
David Patterson: *Literature and Spirit. Essays on Bakhtin and his contemporaries,* Lexington: The University Press of Kentucky 1988.

Quijano 1991
Aníbal Quijano: »La modernidad, el capital y América Latina nacen el mismo día«. In: *ILLA. Revista del Centro de Educación y Cultura* 10(1991) S. 44-56.

Quijano 1992
Aníbal Quijano: »Colonialidad y Modernidad/Racionalidad«. In: Heraclio Bonilla (Hrsg.): *Los conquistados. 1492 y la población indígena de las Américas.* Quito: Tercer Mundo/Libri Mundi/FLACSO-Ecuador 1992, S. 437-447.

Quijano 2000
Aníbal Quijano: »Colonialidad del poder y clasificación social«. In: *Journal of World-Systems Research,* 6 (2000)2, S. 342-386.

Quijano 2016
Aníbal Quijano: Kolonialität der Macht, Eurozentrismus und Lateinamerika. Wien: Turia & Kant 2016 [2000]

Quijano/Wallerstein 1992
Aníbal Quijano, Immanuel Wallerstein: »La americanidad como concepto, o América en el moderno sistema mundial«. In: *Revista Internacional de Ciencias Sociales. América: 1492-1992.* 134(1992), S. 583-591.

Radford/Russell 1992
Jill Radford, Diana E.H. Russell: *Femicide: The Politics of Woman Killing.* New York: Twayne Publishers 1992.

Reguillo 2015
Rossana Reguillo: »La turbulencia en el paisaje: de jóvenes, necropolítica y 43 esperanzas«. In: *Juvenicidio. Ayotzinapa y las vidas precarias en América Latina y España,* Guadalajara, ITESO/El Colegio de la Frontera Norte/Ned Ediciones 2015.

Rufer 2009
Mario Rufer: *La nación en escenas. Memoria pública y usos del pasado en contextos poscoloniales.* Mexiko: El Colegio de México 2009.

Sahlins 1972
Marshall Sahlins: *Stone Age Economics,* New York: Aldine 1972.

Said 2000
Edward Said: »Permission to Narrate«. In: Moustafa Bayoumi, Andrew Rubin (Hrsg.): *The Edward Said Reader.* New York: Vintage Books.

Santana 2013
Interview mit Oslain Santana. In: *Jornal O Globo,* 19.10.2013

Schifter 1997
Jacobo Schifter: *Amor de Machos.* San José: Editorial ILPES 1997.

Schmitt 1922
Carl Schmitt: *Politische Theologie. Vier Kapitel zur Lehre von der Souveränität.* Berlin: Duncker & Humblot 1922.

Sciascia 1988
Leonardo Sciascia: *Schwarz auf schwarz.* Wien/Darmstadt: Paul Zsolnay Verlag 1988.

Segato 2003
Rita Laura Segato: *Uma Agenda de Acões Afirmativas para as Mulheres Indígenas do Brail (nova versão).* Brasilia: Dept. de Antropologia:Universidade de Brasília 2003.

Segato 2005
Rita Laura Segato: *Santos e Daimones. O politeísmo afro-brasileño e a tradição arquetipal.* Brasilia: EdUnB 2005[2] [1986]

Segato 2006
Rita Laura Segato: »Antropologia e direitos humanos: alteridade e ética no movimento de expansão dos direitos universais«. In: *MANA,* Nr. 12 (1)2006, S. 207-236.

Segato 2007
Rita Laura Segato: *La Nación y sus Otros.* Buenos Aires: Prometeo Libros 2007.

Segato 2007a
Rita Laura Segato: »El color de la cárcel en América Latina: Apuntes sobre la colonialidad de la justicia en un continente en deconstrucción«. In: *Nueva Sociedad,* 208(2007)3-4, S. 142-161.

Segato 2007b
Rita Laura Segato: »Qué es un feminicidio. Notas para un debate emergente«. In: Marisa Belausteguigoitia, Lucía Melgar (Hrsg:): *Fronteras, violencia, justicia: nuevos discur*sos. Mexiko: Pueg/Unifem, S. 35-48.

Segato 2008
Rita Laura Segato: »Closing ranks: Religion, society and politics today«. In: *Social Compass,* Nr. 55 (2)2008, S. 203-15.

Segato 2010
Rita Laura Segato: »Femi-geno-cidio como crimen en el fuero internacional de los Derechos Humanos: el derecho a nombrar el sufrimiento en el derecho«. In: Rosa-Linda Fregoso (Hrsg.): *Feminicidio en América Latina.* Mexico: UNAM 2010, S. 249-278.

Segato 2011
Rita Laura Segato: »Que cada pueblo teja los hilos de su historia: El pluralismo jurídico en diálogo didáctico con legisladores«. In: Victoria Chenaut, Magdalena Gómez et. al. (Hrsg.): *Justicia y diversidad en América Latina. Pueblos indígenas ante la globalización.* Ecuador: Flacso 2011, S. 357-382.

Segato 2011a
Rita Laura Segato: »Género y colonialidad: en busca de claves de lectura y de un vocabulario estratégico descolonial«. In: Karina Bidaseca, V. Vázquez Laba (Hrsg.): *Feminismos y poscolonialidad.* Buenos Aires: Ed. Godot 2011.

Segato 2011b
Rita Laura Segato: »Femi-geno-cidio como crimen en el fuero internacional de los Derechos Humanos: el derecho a nombrar el sufrimiento en el derecho«. In: Rosa-Linda Fregoso, Cynthia Bejarano (Hrsg.): *Feminicidio en América Latina.* Mexico: Centro de Investigaciones de Ciencias Sociales y Humanidades y Universidad Nacional Autónoma de México 2011.

Segato 2012
Rita Laura Segato: »Femigenocidio y feminicidio: una propuesta de tipificación«. In: *Revista Herramienta,* Nr. 49, Buenos Aires 2012.

Segato 2013
Rita Laura Segato: *Las Estructuras Elementales de la Violencia.* Buenos Aires: Prometeo Libros 2013[2] [2003].

Segato 2013a
Rita Laura Segato: *La escritura en el cuerpo de las mujeres asesinadas en Ciudad Juárez. Territorio, soberanía y crímenes de Segundo Estado.* Buenos Aires: Tinta Limón 2013 [2006].

Segato 2014
Rita Laura Segato: *Las nuevas formas de la guerra y el cuerpo de las mujeres.* Puebla: Pez en el árbol 2014.

Segato 2015
Rita Laura Segato: »La Norma y el Sexo: frente estatal, desposesión, patriarcado y colonialidad«. In: Maria Belausteguigoitia, María Josefina Saldaña-Portillo Rius (Hrsg.): *Des/posesión: Género, territorio y luchas por la autodeterminación.* Mexico: UNAM 2015.

Segato 2015a
Rita Laura Segato: *La Crítica de la Colonialidad en Ocho Ensayos y una Antropología por Demanda*. Buenos Aires: Prometeo Libros 2015.

Segato 2016
Rita Laura Segato: *Juicio Sepur Zarco: Peritaje antropológico cultural de género*. Siehe: https://www.ivoox.com/juiciosepurzarco-parte1-peritaje-antropologico-cultural-genero-audios-mp3_rf_10549052_1.html

Segato 2021
Rita Laura Segato: *Wider die Grausamkeit. Für einen feministischen und dekolonialen Weg*. Wien: Mandelbaum Verlag 2021.

Segato/Carvalho 2002
Rita Laura Segato, José Jorge de Carvalho: »Uma proposta de cotas para estudantes negros na Universidade de Brasília«. In: *Série Antropologia* 314(2002), S. 1-52.

Segato/Libardoni 2013
Rita Laura Segato, Marlene Libardoni: »Derecho a una vida libre de violencia.« In: Mugarik Gabe (Hrsg.): *Tribunal Internacional de Derechos de las Mujeres*. Bilbao: Mugarik Gabe 2013.

Sem 1995
Amartya Sen: »Las mujeres desaparecidas«. In: *Nueva Economía del Bienestar. Escritos seleccionados*. Valencia: Ediciones de la Universidad de Valencia 1995.

Sondereguer 2012
María Sondereguer (Hrsg.): *Género y poder. Violencias de género en contextos de represión política y conflictos armados*. Buenos Aires: Editorial de la Universidad Nacional de Quilmes 2012.

Theidon 2004
Kimberly Theidon: *Entre prójimos. El conflicto armado interno y la política de la reconciliación en el Perú*. Lima: Instituto de Estudios Peruanos 2004.

Toledo Vásquez 2009
Patsilí Toledo Vásquez: *Feminicidio*. Mexiko: Consultoría para la Oficina en México del Alto Comisionado de las Naciones Unidas para los Derechos Humanos/OACNUDH 2009.

Uprimny Yepes et al 2008
Rodrigo Uprimny Yepes, Diana Esther Guzmán Rodríguez, Julissa Mantilla Falcón: *Violación sexual como crimen de lesa humanidad*. Lima: Asociación Pro Derechos Humanos 2008.

Valenzuela 2015
José Manuel Valenzuela (Hrsg): *Juvenicidio. Ayotzinapa y las vidas precarias en América Latina y España*. Guadalajara, ITESO/El Colegio de la Frontera Norte/Ned Ediciones 2015.

Vereinte Nationen 2003
Informe de la Comisión de Expertos Internacionales sobre la Misión en Ciudad Juárez, Chihuahua. Mexiko: Oficina de las Naciones Unidas contra la Droga y el Delito 2003.

Vereinte Nationen 2014
Global Study on Homicide 2013. Wien: United Nations Office on Drugs and Crime 2014.

Vicentini 1999
Ana Vicentini: »Entre tyche e autómaton: o própio nome de Édipo« In: *Percurso*, Nr. 23, 1999, S. 61.

Villegas 1993
Mauricio García Villegas: *La eficacia simbólica del derecho: Examen de situaciones colombianas*. Bogotá: Uniandes 1993.

Warner 1990
Michael Warner: *The Letters of the Republic: Publication and the Public Sphere in Eighteenth-Century America*. Cambridge (Mass.): Harvard University Press 1990.

Washington 2005
Diana Washington Valdez: *Cosecha de mujeres. Safari en el desierto mexicano*. Mexico: Editorial Océano 2005.

West 2000
Robin West: *Género y Teoría del Derecho*. Bogotá: Siglo del Hombre Editores. 2000 [1988].

Williams/Pierce 1996
Brackette Williams, Pauline Pierce: »And Your Prayers Shall Be Answered Through the Womb of a Woman. Insurgent Masculine Redemption and the Nation of Islam«. In Brackette Williams (ed.), *Women out of place: The gender of agency and the race of nationality*. New York/London: Routledge 1996, S. 186-215.

Young 2000
Iris Marion Young: *Inclusion and democracy*. Oxford: Oxford University Press 2000.

Zaffaroni 1993
Eugenio Raúl Zaffaroni: *En busca de las penas perdidas. Deslegitimación y dogmática jurídico-penal*. Bogota: Temis 1993^{2}.

Zaffaroni 2006
Eugenio Raúl Zaffaroni: *El enemigo en el Derecho Penal*. Madrid: Dykinson 2006.

Thinking of You 2015

Öffentliche Kunstinstallation

Mit der Installation *Thinking of You* nutzte die Künstlerin Alketa Xhafa Mripa ein Fußballstadion in Prishtina, Kosovo, als Leinwand, die sie mit Tausenden von gespendeten Kleidern bemalte, um an die Überlebenden sexueller Gewalt zu erinnern und das Schweigen über Vergewaltigungen in Kriegszeiten zu durchbrechen.

»Überall im Kosovo meldeten sich Männer und Frauen, junge und alte, um einen Rock zu spenden und sich an dieser aktivistischen Kunstinstallation zu beteiligen. Dadurch, dass jeder Teil der Installation wurde, indem wir in jede Stadt fuhren, die Röcke und andere Kleidungsstücke einsammelten und mit den Überlebenden sprachen, bekam das Werk ein Eigenleben. Es wurde zu einer Reise, auf der man sich die Geschichten aus dem ganzen Kosovo anhörte. Es wurde zu einem Ort, an dem die Frauen ihre Geschichten und ihre Sorgen teilten. Es war eine sehr emotionale und tiefgreifende Lernerfahrung für mich und für alle, die geholfen und mitgemacht haben.

Für viele der Überlebenden war die Teilnahme, die Übergabe ihrer Kleidung und das Aufhängen ein emotionaler, beruhigender Akt des Loslassens, der ihnen die Möglichkeit gab, zu sprechen und sich gemeinsam gestärkt zu fühlen.

Das ist es, was die künstlerische Arbeit so wertvoll macht: Zugang zu den Massen zu haben, ein Werk unter freiem Himmel zu schaffen, das für alle zugänglich ist und nicht nur für einige wenige ...

Und deshalb spreche ich von der Macht der Kunst ... und davon, was Kunst erreichen kann, wenn sie sichtbar vor einem steht, unabhängig von Sprache, Glaube oder Nationalität!

Obwohl die Kunstinstallation *Thinking Of You*, die 2015 installiert wurde, ihre Wurzeln im Kosovo hat, ist sie allen Überlebenden von sexueller Gewalt auf der ganzen Welt gewidmet. Sie hat eine eigene, universelle Sprache, die von allen verstanden und gefühlt werden kann.

Thinking of You brachte uns zusammen, um uns an ihren Schmerz zu erinnern und die 20.000 Überlebenden zu ehren. Wir sind zusammengekommen, um ihnen zu versichern, dass sie nichts falsch gemacht haben, um ihnen zu sagen, dass wir ›an euch denken‹, und gemeinsam werden wir das Schweigen und die Stigmatisierung brechen.«

Alketa Xhafa Mripa